Jiaoshi Zhuanye Fazhan De

Lilun Quxiang Yu Shixian Lujing

教师专业发展的
理论取向与实现路径

潘裕民 著

广西师范大学出版社
· 桂林 ·

图书在版编目(CIP)数据

教师专业发展的理论取向与实现路径/潘裕民 著.—桂林:广西师范大学出版社,2013.1(2018.1 重印)
ISBN 978-7-5495-2825-7

Ⅰ.①教… Ⅱ.①潘… Ⅲ.①基础教育-师资培养-研究-中国 Ⅳ.①G635.12

中国版本图书馆 CIP 数据核字(2012)第 261065 号

出 品 人:刘广汉
责任编辑:刘冬雪
装帧设计:孙豫苏

广西师范大学出版社出版发行
(广西桂林市五里店路 9 号　　邮政编码:541004
网址:http://www.bbtpress.com)
出版人:张艺兵
全国新华书店经销
销售热线:021-31260822-882/883
山东临沂新华印刷物流集团印刷
(山东省临沂市高新技术开发区新华路东段　邮政编码:276017)
开本:690mm×960mm　1/16
印张:17.75　字数:220 千字
2013 年 1 月第 1 版　2018 年 1 月第 6 次印刷
定价:39.00 元

序

王　洁*

2012 年暑期一个炎热的下午，我收到潘裕民老师的短信，让我为他的书稿写个序。书稿的题目很吸引我，但是说起写序我犹豫了。我一时想不好，以怎样的角度和身份切入。潘老师从事区县教师教育工作已有十多年，在这十多年的时间里，上海的教师教育发生了很大的进步，也存在一些迫切需要解决的问题。本书就是潘老师在十年多时间里的积累、思考和作为。潘老师用质朴而又温润的文字，将这些尽数呈诸笔端，引发了我很多的思考。

记得一位画家曾说过这样一段话：从事艺术者，每天和艺术的实际性东西接近，年深月久，欣赏水平远远把自己的艺术实践水平抛在百里之后。眼光高了，先是看不起同辈的作品，评头品足，最后连自己的劳作也轻蔑起来，干脆什么也不做……看到潘老师的书稿，我在惭愧自己没有作为的同时，由衷地感慨潘老师思想之鲜活，笔触之尖锐，敬佩之心油然而生。

潘老师谈及教师教育时，脱开了教科书式的线路，完全站位于理论与实践中介的角度，因应教育转型的现实，由教师专业发展的内涵，提出教师专业发展中的“文化自觉”，最后落脚到“为师的境界与追求”，做一个有境界的老师。书稿的线索由历史谈到现实，由理论谈至具体的实践操作，无论是

* 王洁，著名学者，上海市教育科学研究院研究员，普通教育研究所副所长。

对研究人员，还是对一线的中小学教师都是有启发的。

对于我个人来说，最欣赏的是本书的第二篇“教师阅读”。语文老师出身的潘老师对于读书有着自己独特的理解。他首先从教师读书的当下意义说起，提出“读书作为日常生活中的一个重要组成部分，就像呼吸空气那样自然”，今天教师的阅读，要与文本对话，要与“经典”对话。其次，在一个开放的环境里，教师的阅读要“坚守与学习”，要有境界和品位，要“从阅读中看到未来和希望”。第三，读书不能等，要趁早养成读书的习惯，一个人必须要挤出时间读书，如果等有时间再去读，可能永远也没有时间。第四，要让阅读成为内心的需要，读书不可以贪多，要读深读透和读懂，买书不难，难的是静下心来细细品位一本书，“真正意义上的阅读，应该是专心致志的”。第五，读书要善于选择，读书要做到有所为，有所不为，不应带着浓重的功利色彩，“人可以带着目的读书，但不能太有目的，正如可以带着目的与人交往，又不能总带着目的，否则会很可怕”。第六，读书要讲究方法，“不是抓紧每一分钟学习，而是抓紧学习的每一分钟”。最后，潘老师提出，读书是教师生存的需要，对于一线教师来说，要读思结合，读写结合，读用结合，读书要借鉴，读书需要意志。书中的这些简单而有操作性的建议，让我有一种想去尝试的冲动。

如果说第二篇“教师阅读”让我不断地反省自己的阅读行为的话，书稿中的另外两篇“教师继续教育”和“教育思考”，则让我看到了一个有思想的行动者跋涉于教师在职教育的“破冰”之旅所留下的一串串坚实的脚印。潘老师从他的工作出发，对于正在发生的教师继续教育实践进行了思考、剖析。尤其是最后一篇“教育思考”，其中的章节看似有点散，但背后却有一根红线将它们串联起来，这便是一个教育工作者强烈的学术责任和专业思考。

论述教师专业发展的书不少，但是结合教育转型的背景，从区域教师队伍建设的实践经验出发，进行理性的剖析，提炼“实作性经验”的不多。我相信本书对于教师教育的管理者、研究者以及一线中小学教师都会有启发和帮助的。

目 录

contents

第一篇　教师专业发展

第二篇　教师阅读

第一篇
教师专业发展

20世纪60年代以来，“教师专业发展”逐渐成为世界上许多国家教育改革与发展的核心。在我国，进入80年代后，尤其是在新课程背景下，教师的专业化发展一直是基础教育改革关注的热点问题。

教师专业化是一个“动态”的发展过程，既包含教师专业成长的过程，也指促进教师专业成长的教师教育过程。在笔者看来，教师个体是专业发展的主体，而教师教育是教师专业发展的外驱力。这两条基本路径，前者是内在的、自主的、积极的，后者是外界的、强制的、被动的，但二者在教师专业化发展的进程中相辅相成，缺一不可。

第一章　教师专业发展的内涵、途径与方法

一、问题的提出

古往今来，世界上没有一个国家不是从抓教师队伍建设开始抓教育的。因为，教师是立校之本，是一个国家教育发展的脊梁。一个国家的教师质量从根本上决定着教育的质量，进而决定着人才的质量、国家的未来。关注教师就是关注国家的前途和命运。

教师是一项特殊的职业，承担着教书育人的重任。“古之学者必有师”，《师说》开篇第一句便揭示了教师的重大作用。君不见古往今来，曾有多少美好的词语赞美教师职业的崇高，多少动听的诗篇歌颂教师职业的伟大。古代大教育家荀况有云：“国将兴，必贵师而重傅；贵师而重傅，则法度存。”别林斯基在《新年的礼物》中写道：“教育者多么伟大，多么重要，多么神圣。因为人的一生幸福都操纵在他的手中。”如今，中国经济已融入全球化的大潮中，教育也必须与国际接轨，教师将成为一种国际职业，要能参与国际竞争。随之，社会对教师的职业越来越重视，人们对教师的要求也越来越高，加上社会发展和教育改革的需要，提高教师专业化水平成为必然。

自从国际劳工组织和联合国教科文组织于1966年提出《关于教师地位的建议》以来，教师职业的专门知识和特别技术问题一直受到世界各国的广泛关注。世纪之交，我国把这种价值取向概括为“教师专业化”。

其实，现在流行的“教师专业化”指的就是“教师专业发展”，因为“化”就是“变化”、“发展”的意思。当然，新中国成立以来，尤其是改革开放以来，随着教师队伍的不断发展以及社会发展对教师质量要求的不断提高，

“教师专业化”思想越来越深入人心。早在1994年,我国就颁布了《教师法》,其中第三条明确规定:“教师是履行教育教学职责的专业人员。”这是我国第一部关于教师专业地位的法律。1995年,国务院又颁布了《教师资格条例》;2000年,国家又颁布了《教师资格条例实施办法》,更加具体、明确地规定了教师资格证书的操作办法,并从2001年4月1日起,在全国范围内开始了教师资格认定工作。这些法规与其他相关政策的相继出台,标志着我国对教师专业发展的认识和重视程度在不断提高。

目前,教师的专业发展,无论在理论上还是实践上都成为国内外教育改革与教师教育所关注的焦点。在此背景下,“推进教师专业发展以提升国家人力资源质量”的观点得到了人们的广泛认同。但同时应当承认,我国是教师教育起步较晚的国家,与发达国家相比,教师专业化程度较低,教师素质有待提高,教师队伍的现状无法满足我国新时期教育改革与发展的要求。1993年中共中央和国务院发布的《中国教育改革与发展纲要》也明确指出:“振兴民族的希望在教育,振兴教育的希望在教师,建设一支具有良好政治业务素质、结构合理、相对稳定的教师队伍是教育改革和发展的根本大计。”但长期以来我国教师教育改革的力度不够,师范教育在教师专业发展中起不到应有的作用。究其原因是多方面的,其中一个重要原因就是教师专业化界定不明确。

因此,在科学发展观的指导下,立足我国教育改革的实际,借鉴国外教师教育的有益经验,探讨教师专业发展的内涵、途径与方法,不仅具有理论价值,而且富有现实意义。

二、教师专业发展的内涵

20世纪80年代,“教师专业发展”作为“教师专业化”的内在理论依据成为当代教育关注的焦点和教育改革的核心问题。人们普遍认识到新课改不仅指向于促进学生的发展,也力求促进教师的专业发展。没有教师的发展，学生的发展就成了无源之水、无本之木；没有教师的发展，学校的发展也失去了有形的支撑，成了空中楼阁。“专业化发展”是教师队伍建设的关键。

至于“教师专业化”的内涵是什么？理论界就此问题迄今没有一个明确的定论，但分歧不大。在英国，教师专业能力的领域主要划分为三大部分：(1) 教师的知识；(2) 教师的技能和能力；(3) 教师的价值信念与承诺。这三个领域的能力对于教师的专业发展缺一不可，并相辅相成。在我国，教师专业素养是指教师在教师教育和教育实践中获得的，在教育活动中体现出来并直接作用于教育过程的，具有专门性、指向性和不可替代性的心理品质，是教师从事教育工作的心理条件。它主要包括：教育专业知识、教育专业能力和教育专业精神。“教育专业知识”是教师在教师教育和教育实践中获得的、直接作用于教育过程的实用性知识。“教育专业能力”是教师组织教育活动，对学生施加有目的的影响的主体“行动”能力。“教育专业精神”是教师对教育专业所抱有的理想、信念、态度、价值观和道德操守等倾向性系统，是指教师从事本专业工作的精神动力。

显然，“教师专业化”是个内涵不断丰富的过程。如前所述，早在20世纪60年代，国际劳工组织和联合国教科文组织提出的《关于教师地位的建议》就以官方文件形式对教师专业化做出了明确说明，提出“应把教育工作视为专门的职业，这种职业要求教师经过严格的、持续的学习，获得并保持专门的知识和特别的技术”。据刘捷博士在《专业化：挑战21世纪的教师》一书中的看法，教师专业是“一个形成中的专业”。他认为：“要成为一个成熟的教育专业人员，需要通过不断的学习与探究历程来拓展其专业内涵，提高专业水平，从而达到专业成熟的境界。”从一定意义上说，我觉得顾明远先生关于教师专业化的论述颇为精辟。他在《教育现代化与教师专业化》一文中指出：“教师的专业化至少包括以下几个方面：经过教师教育专业训练，取得教师资格证书；有较高的职业道德，敬业爱生；有终身学习的意识，不断进修学习。”

由此看来,对教师专业化的学术定义已经不少,但它的内在专业结构可以包括四个方面：一是强调专业知识;二是强调专业能力;三是强调专业精神;四是强调自我专业意识。这是一个成熟的教育专业人员应具备的四大专业素养,也是教师专业化的四大支柱。

三、教师专业发展的途径与方法

在针对学校自身发展的自我诊断中,我们发现新时期的教师教育工作必须关注教师的专业发展,努力挖掘各种有效的渠道,建立以校为本的教研制度和培训制度,致力于提升教师的专业水平,创造一定的情境让教师自己感受提升专业水准的紧迫感,从而积极地、自觉地改变自己的行为和观念。

就教师专业发展的途径和方法而言,应该包括两大方面：一是外在的影响,指对教师进行有计划、有组织的培训和提高,它源于社会和教育发展对教师角色与行为改善的规范、要求和期望;二是教师内在因素的影响,指教师的自主意识、自主能力和个人实践,它源于教师自我角色愿望、需求以及教育实践和奋斗目标。

(一)在外在因素方面,学校要为教师专业发展创设良好的外部环境和条件

教师专业化是一个动态和发展的过程,主要是指教师在严格的专业训练和不断主动学习的基础上,逐渐成长为一名专业人员的过程。这一发展过程的实现不仅需要教师自身主动的学习和努力,而且需要良好外部环境的创设。

应该指出的是,教师的专业发展不仅仅是政府和师范院校等教师教育机构的任务,更是教师任教学校的任务。因此,学校应更加注重在一个更高平台上有针对性地提升全体教师的专业水平,并针对不同年龄的教师,提出不同的培养与发展规划,努力提供和创设教师可持续发展的空间,引领教师

不断走向专业化。

1. 建立各种制度

（1）以师德建设为核心，坚持教师学习制度，引导教师认真学习邓小平理论和“三个代表”重要思想，努力提高教师的思想政治素质和职业道德。道德是教育之本，是教师之魂。在道德上对教师的要求，首先是对教师职业本身的内在要求，即要求教师自觉做到教书育人，为人师表。

（2）发挥本校名师、学科带头人的专业引领作用，完善带教制度。支持和鼓励青年教师参与各种形式的听课评课和教学比赛活动，建立让青年教师脱颖而出的机制。

（3）建立教师成长记录袋，丰富教师评价的内容和方法，使教师能看到自己的成长过程。同时，学校也可以通过教师成长记录袋了解教师队伍的现状，为促进教师的专业发展和学校的可持续发展提供决策依据。

2. 优化各种资源

（1）完善资源系统，通过各种途径为教师提供丰富的学习资源。要把教师人文素养培养纳入学校发展规划，作为全校教师学习的重要内容。组织教师参加以中外优秀文化、科技创新、城市发展为主要内容的参观考察活动，陶冶情操，体验人生。积极开展文学、历史、哲学、艺术等知识学习，丰富教师的精神世界。

（2）以校本研修为抓手，加强校际合作，整合优质资源，促进教师的专业成长。目前对于校本研修，提到最多的是“个人反思、同伴互助和专业引领”。这三要素，在教师的专业发展中一个也不能少。

3. 创设发展条件

（1）为教师专业发展提供空间，要求教师特别是中青年教师制定个人专业发展规划。有学者认为，缺乏职业生涯规划的教师，其专业发展是缓慢的、自发的，也是盲目的。教师的专业发展规划，是对教师专业发展的各个方面和各个阶段进行的设想和规划，具体包括：教师对职业目标与预期成就的设想，对各专业素养的具体目标的设计，以及所采取的具体方法和措施等。

(2) 采取在职进修、攻读学位、名师指导、社会考察、国内外学术交流等措施,形成多层次、多渠道、多方位的人才培养格局,努力造就一批具有先进教育思想、学识渊博、教学技艺精湛的教育名师,造就一批理论功底扎实、科研能力强、教学经验丰富、勇于开拓创新、善于理论联系实际的学科带头人,造就一批政治业务素质好、年富力强、锐意进取的骨干教师。

(3) 关注教师的心理健康和生存状态,帮助教师消除职业倦怠,寻找新的成长点。教师职业倦怠的表现形式多种多样,主要包括工作上疲于应付、生活中郁郁寡欢、对学生缺乏热情、对未来不够关心,甚至对前途失去信心。如何从外在因素上做工作,从而在内在因素上产生作用,预防教师"职业倦怠"现象的产生,是学校和教育行政部门应该做好的工作。

4. 搭建发展平台

(1) 培养教师合作、探究的共享意识,积极参加各种学习交流的实践活动,如举办"教苑论坛"、"人文讲座",开展学习沙龙、学术研讨等,由此增强教师的合作能力,提高教师的学术水平。

(2) 开展形式活泼的读书活动,营造一种读书氛围。"腹有诗书气自华",一个喜欢读书的人气质会变得优雅,心灵会充满阳光,眼睛会闪耀智慧。为了实现教师发展的目标,学校应将教师读书活动引向深入,让更多的教师走进经典,用素养提升生活品位,用智慧书写教育人生。

(3) 将课题研究与教师的专业成长和业务考核紧密挂钩,提倡"人人动手做研究,人人动笔写论文"。学校要制定奖励政策,积极鼓励教师开展科学研究以不断提高自己的学术水平和科学素养,鼓励教师开展教学研究以提高自身的教学水平,鼓励教师著书立说,并在出版经费上给予资助。

(4) 通过开展"首席教师"、"研究型教师"、"师德标兵"评选等各种形式的教学比赛、学术研究活动,培养教师拒绝平庸、追求卓越的精神。

（二）在内在因素方面，教师要通过各种路径来提高自主发展的意识和能力

教师专业发展问题，归根到底是教师的自我意识问题。如果一个教师自己没有专业发展的需求，那么再好的外部环境和保障条件都不可能发挥其作用。换言之，没有教师的主动参与和自主发展，就没有教师专业发展。所谓“自主”，就是自己自觉、主动地去追求个人目标。对于教师来说，“自主发展”是一个自主学习、自我完善、自我超越的过程，它和“他主”的发展并不是完全对立，在“他主”发展中教师也应该具有自主的意识，即在教师培训等“他主”活动中，教师应该发挥自主意识，积极主动地投入到各种有利于自主发展的活动中。

由此可见，教师“自主发展”是有具体的内涵的。研究表明，它不仅仅是一种意识，更是一种教师的发展方式。金美福博士在《教师自主发展论》中将教师自主发展理解为教师的一种生存方式，是很有见地的。现在需要深入探讨的问题是，“自主发展”作为教师的一种生存与发展方式，它是由哪些要素构成的？

基于新课程改革和教师专业化的背景，笔者认为，学习、研究、实践与反思等是构成教师“自主发展”的核心要素，也是实现教师自主发展的重要途径。

1. 学习是实现教师自主发展的“阶梯”

在我看来，读书与学习，在人的生活中比什么都重要。《论语》的第一章“学而”，讲的就是人为什么要学习。今天，终身学习已不再是一种理念，它已成为一种行动。对于个体来说，学习是生活，学习是工作，学习更是一种责任，是人生命中的重要组成部分。教师作为“学习共同体”中的“首席”，在其成长的过程中，一辈子都需要学习、提高。学习是教师润泽一生的最积极、最有意义的活动。教师不学习，一切都成为无源之水、无本之木，更不要说创新与超越了，可能连最起码的教书育人的底气都没有。因此教师要养成时时、事事、处处学习的习惯：向书本学习、向同行学习、向自己学

习、向学生学习。于漪老师说过:“现代教学中,教师的教跟学生的学在一个平面上移动,学生是不服你的！你一定要棋高一着,也就是说在深度上要挖掘,在广度上要开拓,你对学科发展的前沿、对学科的走势、对学科的来龙去脉要有所了解”。(《一辈子学做人师》)作为一名教师,只有做到“学而不厌”,才能保证教学的丰富多彩,才能创造有生命、有活力的课堂。

2. 研究是实现教师自主发展的必由之路

教师要获得专业发展,必须走教育科研之路。需要指出的是,教育科研不仅是一些专家的专利,一般教师也有自己的“话语权”。因为教师工作在教学“第一线”,其中有大量的教学感性认识,有丰富的实践经验,有鲜活的教育教学案例,这些都是开展课题研究最有力的支撑。作为中小学教师,我们的研究要与自己从事的教育教学工作结合起来,研究教学,研究管理,研究课改,研究学生。

3. 实践是实现教师自主发展的有效载体

把学到的东西运用到工作中,这一点非常重要。特别是教师,任何时候都要把读书学习包括研究所获得的知识、成果和能量转化为课堂智慧。教育教学实践活动是教师实践性智慧生成的重要沃土。离开了教育教学实践,就没有教师的实践性智慧的生成和发展。在当前的课程改革中,我们并不缺乏先进的教育理念,我们所缺少的是具体的对这些理念的运用、操作和探索。事实表明,凡在一线产生大的影响,真正被大家所接受的高水平的优秀教师,基本上都是在立足于个体优秀教学经验的提炼、概括、总结中,即在实践性智慧的提升过程中,逐步形成一套自己完整的教学主张并为大家所接受。因此,在我们的工作中,应当大力强调实践性智慧的重要性,让教师关注自身的实践性智慧,再一次回到实践中来,在实践中发展,在实践中提高。

4. 反思是实现教师自主发展的“助推器”

教师的工作需要探究,需要实践,更需要反思。善于反思是教师专业化的核心要素。教学反思不是什么新鲜事物,也不是因为我们的关注才出现的。先圣孔子说过:“学然后知不足,教然后知困。知不足,然后能自反也;知困,然后能自强也。”可见,自古以来,为师者就有反思的传统。教师的成长离不开反思。波斯纳于 1989 年提出了一个教师成长的公式:经验 + 反思 = 成长。一个人或许工作了二十年,如果没有反思,也只是一年经验的二十次重复。不少学者认为,反思的最好方式,就是诉诸文字。写教育日记,可以使散乱无序的想法上升为较集中、较理性的思想观点,对教师实践的反思和智慧的提升有巨大的促进作用。在新课程的背景下,反思,可以让我们沉静下来,不再被一天的繁杂琐事所困扰;反思,可以让我们发现不足,渴求新知;反思,可以让我们从看似机械的重复中感受激情和幸福。当教师的教学反思成为一种自觉和习惯后,这样的教师离优秀教师已经不远了。

总而言之,教师专业发展不是一个轻而易举的过程,而是一个长期的、充满着困难和艰辛的过程,需要“内外动力”的激发和助推。从科学发展观出发,我们必须认识到,“外部环境”是教师专业发展的平台与保证条件,“自主发展”是教师专业发展的内在需求和关键因素,二者相辅相成,缺一不可。

第二章　“文化自觉”与教师专业发展

基础教育改革形势的发展，催生了我国中小学教师对专业化发展的强烈渴求。在此背景下，教师不仅要担负传统的教书育人的任务，还要增强自主意识，以“文化自觉”去推动自身的发展。

最近以来，“文化自觉”一词在教育界被广泛使用，各种研讨、各种文章，都频频出现这个词汇。什么是“文化自觉”？“文化自觉”的命题，是我国著名社会学家费孝通先生最早提出的。所谓“文化自觉”，是指生活在一定文化中的人对其文化有“自知之明”，并对其来历、形成过程、所具有的特色和发展趋势有充分认识。换言之，是文化的自我觉醒、自我反省和自我创建。教师的“文化自觉”，指的是教师的“职业认同”和“自主发展”意识。

从教师发展的角度看，“文化自觉”是教师专业发展的“内动力”。它主要体现在五个方面，即道德自觉、理论自觉、专业自觉、实践自觉和思维自觉。这“五个自觉”，是教师专业发展的内在需求，也是教师实现专业化发展目标的行动基础。

一、道德自觉

厚德是中国文化的精神之魂。《易·坤·象》说：“地势坤，君子以厚德载物。”教师首先要以道德品行为重，做一名道德模范。那么，何为道德？古往今来，不少学者都做出了相应的解释。在古希腊的三大哲圣苏格拉底、柏拉图和亚里士多德看来，道德的第一要义是与个人的特殊身份相应的“美德”。在我国，荀子《劝学》有云：“故学至乎礼而止矣，夫是谓道德之极。”由此可见，人们对于道德有着相近的理解，即道德是人类具有道义或义务承诺的行为规范。

教师的职业道德，作为社会和教育本身对教师职业的从业者的规范性要求，有历史的继承性，也有鲜明的时代特征。广义上说，教师的职业道德，是教师从事教育教学工作时必须遵循的各种道德规范的综合，它包括教师的职业精神、思想观念、道德品质等属于意识形态领域的诸多内容。对于教师职业道德建设的重要性，古今中外的教育家都曾有过精辟的论述。比如，中国古代教育家孔子提出："其身正，不令而行。其身不正，虽令不从。""学而不厌，诲人不倦。"17 世纪捷克著名教育理论家夸美纽斯强调，教师应是道德卓越的优秀人物，要无限热爱学生。中国现代教育家叶圣陶先生曾说过："教育工作者的全部工作，就是为人师表。"

长期以来，在人们的心目中，教师不仅具有"淡泊明志，宁静致远"的博大胸怀，更有"学高为人师，身正为人范"的良好形象，正如王国维在《论教育之宗旨》中所说："然有知识而无道德，则无以得一生之福祉，古今中外之哲人，无不以道德为重于知识者。"1915 年，蔡元培先生参加巴拿马"万国教育会议"时，向大会提出了一个题为"一九〇〇年以来教育之进步"的报告。在这个报告里，蔡元培指出："教育者，养成人格之事业也。使仅仅为灌注知识、练习技能之作用，而不贯之以理想，则是机械之教育，非所以施于人类也。"尤其是在社会多元选择背景下，教师的道德自觉和人格修养显得尤为重要。一位哲人说过："知识不足，可以用道德弥补，而道德不足，任何知识却无法补偿。"人类最大的"残疾"是心灵的缺损。还有一句话，也是人们常说的，要做事，先做人。可是现在，大家都在为考试而学习。实际上一个人在学校所学到的东西，在日后的工作中 80% 是抛弃不用的，仅仅保留了 20%，另外所需的其余知识是怎么来的呢？是你参加工作后自己得来的。真正的素质教育是什么？比尔·盖茨在接受采访的时候，有一个记者问："你认为在哪个时期你的收获是最大的？"他说："是在我幼儿园的时候，在那时我学到了平等，学到了尊重别人，学到了谦让，学到了礼貌，学到了许多做人的原则。"还有发明家爱迪生，他有一句话讲得非常好："一切的成功是做人的成功，一切的失败是做人的失败。”其实，孔子的《论语》讲的也是如何做人：一是讲一个人的自我修养，比如“见贤思齐”、“文质彬彬”；二是讲与人相处，如“与朋友交，言而有信”；三是讲个人与家庭、社会的关系。这些都是讲做人。可见，真正的素质还是做人的素质，它是一个大的人生观、价值观的体现。因此，我认为，作为一个教师，要教书，必须先做人，真正具有爱心，平等对待每一位学生，特别是要让“学困生”和“特需生”也感受到学校生活的阳光。试想，一个品德恶劣的老师如何去教导学生成为一个高尚的人？近朱者赤、近墨者黑，品行恶劣的教师对学生的危害是不容忽视的；相反，一个思想高尚的老师对学生人格的影响是深远的。正如乌申斯基所言，“在教育中一切都应以教育者的人格为基础，因为只有人格才能影响人格，只有性格才能形成性格”。因此，作为“人之模范”的教师，其一言一行带有强烈的示范性。要教育好学生，教师就必须处处严格规范自己的言行。尤其是新教师，过去在大学里的穿着打扮、外形设计（特别是发型）和说话语气都必须做必要的改变，以符合教师的身份特点。

教师职业所具有的特殊性，决定了他（她）的天职就是教书育人。教书育人，既是教师辛勤劳动、奉献的过程，也是充实、提高、完善自我的过程。教师的精神与境界应该体现出人文情怀，将人文关怀渗透在各个不同学科之中。比如，语文就是一门工具性人文学科，不仅承担着传授知识、训练技能的任务，而且还要使学生汲取人文精神。因此有人说，语文是一门“人学”，这就要求老师首先必须做到眼中有“文”，心中有“人”。作为教师，只有与学生建立起融洽的师生关系，相互尊重和信任，才能赢得学生的认可和喜欢。也只有在这种情况下，学生才能认真听教师讲课，接受教师的教育。这就要求教师具有很高的学识水平和高尚的人格魅力。教师，不仅是学生知识上的老师，还应该是学生人生的导师。对学生而言，他们总是希望不仅从老师那里学到知识，而且能够从老师那里学到做人的道理，而这两方面只有教师具有了学识魅力和人格魅力之后才能做到。影响全国教师的北京大学教授孟二冬，就是学识魅力和人格魅力兼备的优秀教师的代表。不少学生认为，听了孟二冬的课，自己的人生观和价值观都发生了变化。

如此看来，教师的道德自觉，不仅在于提高教师自身的道德修养，而且对学生产生的影响显得至关重要。著名教育家斯普朗格曾说过："教育之为教育，正在于它是一个人人格心灵的'唤醒'，这是教育的核心所在。"实践证明，能否受到老师的关注、欣赏和鼓励，这对学生心情和成长有着至关重要的影响。我相信，教师如果能真正了解自己的学生，并像孩子父母一样真心喜欢他们、关心他们，学生自然也会尊重教师、喜欢教师，进而视学校为家园和乐园。

由此可见，教师的职业道德是十分重要的。所谓师德，乃为师之品德。更进一步说，现今教师的角色定位已不再是传统的"严师"，而是以人格魅力启迪、感染学生的"人师"。为"人"师者，首先应该目中有"人"，这样才能教书育人。这里需要强调是，师德的价值不仅在于教师的自身发展，更在于促进学生的发展。因此，教师要善于引导学生"喜欢"，帮助学生找到实现"快乐"的途径与方法。

二、理论自觉

长期以来，广大中小学教师主要充当着"教书匠"的角色，"传道、授业、解惑"是他们的基本职责。新课程强调教师是积极参与者和主动适应者，肩负新课程实施重任，要求教师从"经验型"向"研究型"转变，从"教书匠"向"教育家"转变。为此，教师必须加强理论学习，用先进的教育理论把自己武装起来。许多研究者认为，教师的专业成长需要理论的提高，没有理论支撑的实践是盲目的实践。顾泠沅先生说："教育改革、教育创新一定要学点教育史，要弄清各种教育流派源头与流变的关系，要超越前人，一定要知道巨人是谁，巨人的肩膀在哪里。"历史上的著名教育家都曾学习和研究过教育，并在教育实践中发展教育理论。如张伯苓、蔡元培等校长，他们被后人称为教育家，并不在于其职位的高低或学术贡献的大小，而在于他们的教育思想和治校方略。

毫无疑问,教育的发展是有其自身规律的。作为一名教师,如果不懂教育科学,不学习和研究教育理论,就不能创造出自己的个性,形成自己的教学风格和教育思想。古人说得好,“取法乎上,仅得其中;取法乎中,仅得其下”。教师理论的高度往往影响着学生的成材高度。应该说,近年来国内出版发行了大量教育类著作,尤其是反映西方发达国家教育理论研究、教育改革动态和实践成果的教育著作的大规模翻译引进,极大地丰富了我国的教育理论资源。在这样的背景和条件下,教师可以通过各种新的教育理论、思想、观点的学习,不断提高自己的理论水平和科学意识,进而掌握教学规律,提高教学效率。

人们常说,理论是灰色的,实践之树常青。教育发展到今天,人们更加强调的是理论与实践的结合。在大力提倡“理论自觉”的同时,我们首先必须要搞清什么是理论。按照西方古典哲学的观点,“理论”是用抽象概念建构起来的具有普遍性的观念体系。《辞海》对理论的解释是,“概念原理的体系,是系统化了的理性认识,具有全面性、逻辑性和系统性的特征”。这些都告诉我们,理论是一种理性认识,具有一定的抽象性。有学者认为,当代的教育理论可以分成两大类型:一类是学术性理论,属于经验教育学和教育哲学的范畴;一类是实践(行动)性理论,属于实践教育学的范畴。相比之下,一线教师更加需要对他们的日常工作有明显启发意义的实践性理论。

理论来源于实践,但不能停留在经验水平上,要注重提炼和升华,使理论高于实践。只有这样,理论才会具有预见性,才能有效地指导实践。

不仅如此,通过理论学习,还可以帮助教师提高研究和分析问题的能力。实践证明,仅仅知“其然”却不知、更无以说清“其所以然”的教师,充其量是经验型教师,而与智慧型、专家型教师无缘。而教师的理论功底的提高,则离不开自觉的持之以恒的学习。只有坚持学习理论,亲近理论,我们的教师才可能真正地“站”起来。难能可贵的是,有些教师早已不再“跪”着教书，比如吴非老师，他以自己的“学识魅力”和“人格魅力”在学生心目中树立起师之威信。其实，教师的学科专业素质达到一定程度之后，其教学质量的高低就主要取决于其文化底蕴，包括教育学、心理学等方面的素养。有了深厚的文化底蕴和教育科学素养，教师教书育人的基本功将会更为扎实。

随着基础教育改革的日渐深入，广大中小学教师已越来越体会到理论自觉对提升自己教育智慧的积极作用。新的教育形势要求我们教师必须正确把握理论与实践之间的联系，用科学的理论去指导实践，用丰富的实践去完善理论。只有这样，“理论自觉”在教师专业化发展中的重要意义才能真正得到体现。

三、专业自觉

教师作为社会的特定职业，承担着教书育人的特定职责，需要特定的教师专业知识和专业技能。尤其是随着教师专业化的发展，不少国家都提出了教师的专业标准，明确了教师专业化的基本要求。教师专业发展是以专业结构的丰富和专业素养的提升为宗旨的。教师的专业发展，离不开专业自觉，但专业自觉的前提是“职业认同”。教师一旦有了“职业认同”，他就会自觉地追求专业发展。如何树立专业自觉？一句话，研究教学，除此别无他路。当然，研究教学的前提，必须要研究学生。“研究”是一名优秀教师的特质，一个没有研究意识、缺乏研究的教师，不但够不上优秀，而且只能沦为教书的匠人。在中国，手工技术、美术等行当，一向有“匠”与“家”之分。匠不管他技术多么高，只能做到“形似”，而“家”则能做到“神似”。研究教学，是为了提高自己的专业水平，从而提高教育教学质量。在这里，“专业自觉”是不可或缺的。一旦有了专业自觉，教师就能带着思想去教学和研究，站在“专业”的高度，高屋建瓴地认识问题，分析问题。有人说：“中国的教师大多数是缺乏教育思想的。”这句话虽然有些片面，但也不无道理。教师要发展，最重要的是“找回自己”，要有自己的教育思想和专业自尊。作为一名教师，如果没有自己的教育思想和专业自尊，那就容易成为教书匠。

尤其是在新课改的背景下，作为教师，光有良好的师德是不够的，还要有真正的专业水平。教育家徐特立先生说过："教师是有两种人格的，一种是'经师'，一种是'人师'。我们的教学是要采取人师和经师二者合一的。每个教科学知识的人，他就是一个模范人物，同时也是一个有学问的人。"因为，教育的高度永远是与教师的专业水平同在的。陶行知先生说："要想学生好学，必须先生好学。惟有学而不厌的先生，才能教出学而不厌的学生。"这要求教师建构精深的广博的知识结构，广泛涉猎，为学生素质的提高奠定坚实的基础。所以，要做一个与时俱进的新型教师，我们在专业上一定要"术业有专攻"，一定要尽力超过所有的学生。这样才能站在学科教育思想的高度，高屋建瓴地认识问题，分析问题，进而达到"会当凌绝顶，一览众山小"的视界，在学生学科知识的学习和能力的培养方面真正起到引领的作用。

说到"教书"，还有一个理论和方法的问题。俗话说："登山要有途径，渡海要有舟楫。"一种教学方式的实施也要有行之有效的方法。曾经听过一节语文课，老师讲的是伟大诗人李白的《静夜思》，那是一首明白如话的诗作，内涵挖掘需要凭借学生的想象。可是，老师却要大部分同学体验一把躺在床上的感觉，让接近一半的同学爬到课桌上躺下，本来充满诗情画意的课堂，变得滑稽可笑。这原因不是别的，就是因为老师没有找到合适的教学方式。毕竟，再好的形式也要与相应的内容匹配才好。俗话说，授之以鱼，不如授之以渔。作为教师，多学一点教育孩子的理论与方法，就会提高教育教学的效果。有人说："平庸的老师传达知识，水平一般的老师解释知识，好的老师演示知识，伟大的老师激励学生去学习知识。"是啊，教育是科学和艺术的结合。科学，就是符合教育规律；艺术，就是讲究方法。事实证明，只有老师"会教"，学生才可能"会学"；只有学生"会学"，他们才可能学得快乐。静安区张人利校长常常对教师讲，上课有四种境界：一是念课，新教师上课不会自如地教，只能照本宣科；二是背课，把教科书上讲的背下来；三是侃课，用自己的语言来表达教科书上的内容；上课的最高境界是“玩”课，跟学生一起“玩”。“玩”其实包括很多要素，第一是有趣，第二是有爱心。有了这两点，工作就是一种轻松的娱乐，不是一种负担，不会产生倦怠。可见，上课是教师的看家本领。很难想象，一个高级教师、一个特级教师，连课都上不好，外界会怎样评价我们的教育！

当然，教育科研和教育创新也很重要。全国著名特级教师宋运来针对有人质疑一线教师从事研究者是“不务正业”时不无激愤地说：“从事研究的老师上课差，也差不到哪里去，不从事研究的老师上课好，也好不到哪里去。”是的，教育要大发展，教师就一定要在教学研究上下工夫。词学大师唐圭璋讲课时，言必有据，面前放着讲稿，但基本不看，心平气和，就像在书房里与朋友晤谈。没有研究的教学，是没有生命力的教学。假如说教学是叶，科研就是根，根好才能叶壮。教学和科研从根本上是统一的。从事教育科研不是一朝一夕的冲动，而是长期积累的水到渠成。科研其实有三个层次：第一层次是基于问题的发现式科研。日常教学的一切都可以成为反思的内容。对问题有发现意识，对问题有敏感性，这就是一种科研的思维。第二层次是小课题研究，是我们持久性地对一个问题进行追踪研究，记录整理。像我们平时的叙事故事的撰写、教学论文的撰写都属于这类。第三个层次是规范课题的研究，也就是我们平时所看到的专家论证、课题汇报、结题等。在我看来，教育科研没有什么玄奥之处，无非是调研、记录、分析、研究、写作，以及因此改变我们的教育行为。关键在于你能否坚持下来。

教学过程不仅仅是一个知识建构的过程，也是一个艺术创造和审美的过程。静心回味一下，我们曾教过的每一节课，有多少节课会在你或学生的心田里留下深深的痕迹？恐怕少而又少，凤毛麟角。一个重要的原因就是我们的文化底蕴不够深厚，创新意识和创新能力不强。“创新”一词，早在《南史·后妃传·宋世祖殷淑仪》中曾提到过，是创立或创造新的东西的意思。但是，教育很容易变成一项简单、机械重复的工作，看似同样的学生、同样的课程、不变的生活节奏，容易让教师总在“原地”打转停留。实际上，教育是需要创新的，只要用心去做，每一届学生都不一样，每一堂课都有新变化，每一天都有新发现。著名学者、历史学家陈寅恪先生在一次讲隋唐史时的开场白是这样的："前人讲过的，我不讲；近人讲过的，我不讲；我自己讲过的，我不讲。现在我讲未曾讲过的。"前人、近人和自己讲过的都是旧的，未曾讲过的才是新的。吕型伟先生也常说："人云亦云不云，老生常谈不谈。"他要说的都是实践做过、独立思考想过、实实在在的东西。如果教师没有研究，没有实践，自己没有新的东西，就很难在一个比较高的起点去启发学生、带动学生、提升学生。也就是说，教师的高度决定了学科的高度。

作为教师，我们在引领学生成长的同时，自己也在成长。我们常说"教学相长"，这话是有一定道理的。因为教师也不是完人，我们在很多方面还不如学生。韩愈早就说过："弟子不必不如师，师不必贤于弟子。"在现代社会，就更是如此。陶行知先生说："我们要向小孩子学习，不愿意向小孩子学习的人，不配做小孩的先生，一个人不懂小孩的心理，小孩的问题，小孩的困难，小孩的愿望，小孩的脾气，如何能教小孩？如何知道小孩的力量？"这就告诫我们，不了解学生、不尊重学生、不虚心向学生学习的人，是不配做老师的。北京市第四中学著名特级教师刘景昆先生说："学习好的学生是我提高业务能力的老师，学习差的学生是我改进教学方法的老师。"作为教育家、名师，尚且有这种"学生"意识，何况其他老师？因此，我们的教师也应该向学生学习。只有这样，学生才会更加尊敬教师、信任教师，师生关系也会变得更加和谐、融洽。

四、实践自觉

实践出真知，这是至理名言。"坐而论道"不如"起而行之"。列宁说过："一打纲领也抵不上一个行动。"教育学是"操作之学"，课程怎么设置，课堂怎么管理，教学怎么进行……这些都是实实在在的操作。离开了实践与操作，教育也就失去踏实的底气。马克思给自己的女儿讲过一个故事：

一个大学问家要过河,上了一只船。上船后,他趾高气扬地问船夫:“你会数学吗?”船夫说“不会”。“那你的生命意义失去一半。”“你会哲学吗?”“不会。”“那你的生命价值失去一半。”话音刚落,狂风卷起巨浪。船夫问大学问家:“你会游泳吗?”大学问家说“不会”。船夫说:“对不起,我今天救不了你……”

教育最可怕的是“坐而论道”。说着容易做着难,所以我们绝大部分人选择了说。说新课程理念,说培养学生的创新精神和实践能力,说中国为什么培养不出创新人才……但是,我们没有去做。一件事的成功,5%靠的是策略,95%靠的是执行。大家都知道杜郎口的教育改革取得了成功。人们说它突破了藩篱,它颠覆了传统,它改变了教育。然而,在一定意义上说,这不叫改变,这叫执行,叫落实。教育理想,很多时候是融合在教育教学实践中的。

理念只有转化为行为,也就是说,理念必须落实到教育教学实践中去,创造性地转化为具体的与学生相适应的行为,才能发挥其应有的作用,取得理想的效果。顾泠沅先生曾经说过:“真正的名师是在学校里、课堂里摔打出来的。”的确如此,你看魏书生、李希贵、李镇西、窦桂梅、华应龙、吴正宪,有哪一个不是教研双馨的呢?有哪一个不是既“下得了厨房”(上课)又“上得了厅堂”(著述)的呢?事实表明,没有一个教师的专业成长是不用经过日常教学的“实践操练”的,也没有一个教育名师名家的成长不是在教学实践中摸爬滚打出来的。为什么说教师的专业成长离不开具体的教育教学实践?因为教育是一门实践性很强的科学,教师是一种实践性很强的职业。这种职业特点,决定了教师教学能力的提高,必须依赖于具体教学情境的历练和教学实践的体验。基于这种认识,教师要发展,就必须要坚持实践的路径取向,必须立足课堂。课堂是教师教书育人的主阵地。教育实践是教师成长的最好环境,真正的优秀教师都是产生于课堂教学实践中,而不是出现在书斋里的。当然,实践不是盲目的操作,而是有理论指导或者以观念和理论为基础的。要上好一堂课,未必有多难,有行家点拨,新教师也有可能在一节课上出彩,把一时段的课上好也不算难,只要教师熟悉教材,善于扬长避短。可是,要能长期直立于课堂,有自己的创造,有自己的风格,就不是一件容易的事。这靠的是我们常说的治学。《高考1977》中,数学老师陈甫德在写给场长的信中,有这样一句话:“知识乃人之应该有,人须臾不可以离开知识,若无知识,人和禽、和兽还有什么两样呢?知识有两个来源,一是亲身得之于实践,二就是读书。”我以为,最好的方法是把读书与实践结合起来。

五、思维自觉

恩格斯曾说:“思维是地球上最美丽的花朵。”而对教师而言,思维显得尤为重要。不同的思维方式,会使教师作出不同的选择。而一旦思维方式出了问题而不自觉,就会使教师固守着传统的知识经验,面对变革或者不知所措,或者横加阻扰,或者逐步被“边缘化”。因此,教师要有思维自觉,努力实现思维方式的更新,认识到变革是这个社会的常态,积极参与变革并在变革中实现自我成长和发展。

教育是面向未来的事业,是播种希望的事业,也是一项需要不断改革与创新的事业。教育创新很重要的一点就是教育者思维方式的转变。一名教师只有与时俱进,不断转变自己的教育观念和思维方式,养成“自我反思”的习惯,才能使平时的教育教学工作上升到一定的高度。

在很多时候,处在一线的教师明明知道自己的教育教学存在问题,却找不到有效的解决办法。“不识庐山真面目,只缘身在此山中”,是许多教师面对问题或困惑时的真实体验。这种现象告诉我们:教师专业成长不仅是接受教育理论、学习他人经验、吸收同行成果的过程,还是不断对自己的教学实践进行总结和反思的过程。在这个过程中,教师特别需要敢于突破传统、突破自我的思维方式,多角度、多层面地思考问题。这是因为,在传统的观念里,教师更多地把自己放在执行者的位置上,对自己的专业发展缺乏主动、系统的思考，常常是“上面怎么说就怎么做”，因此，一旦遇到问题自然就缺乏自我觉醒、独立思考的能力。有位心理学家曾说过，“只会使用锤子的人总是把一切问题都当成钉子”。在一个问题上形成思维定势的时间越长，重复的次数越多，它对人创新思维的约束就越强。但如果能转变思维方式，换一个角度思考问题，或许会从固有的思维定势中解放出来，正确定位自己。尤其是面对教育教学工作中不断出现的新情况、新问题，我们更需要打破常规、勇于创新的勇气。一般来说，由于观察和思考的角度不同，你得出的见解和结论也会与别人不同。特别是当你遇到困境和难题时，一旦有了“思维自觉”，就会在“山重水复疑无路”之际，得见“柳暗花明又一村”之景。可以说，人是离不开思维的。尤其是教育工作者，如果离开了思维自觉，你就失去了创新与发展的活力和生命。中国文化中有一个词是“反省”，要求“君子日三省乎己”；西方文化中有一个词是“反思”。反省，就是问自己有哪些缺点；反思则不同，反思是问自己：我还有多少能力和长处没有发挥出来，我如何做得更好。对于从事“教书育人”工作的教师来说，反思就显得尤为重要。美国学者波斯纳提出：教师的成长 = 经验 + 反思。有的人“一节课备了一辈子”，而有的人“一节课用了一辈子”。不难看出，前者备课是在不断反思、不断修正、不断创新，演绎着教育“春天的故事”；而后者备课是在年复一年地套用教案，一直重复“昨天的故事”，如此备课，其课堂教学效果必然“涛声依旧”。

作为教师，我们不仅要反思，还要有哲学思维。有了哲学思维，你就能从更高层次去理解、思考问题。亚里士多德说：“幸福存在于闲暇之中。”他所说的幸福，是心无旁骛的哲学思辨。哲学需要闲暇，在闲暇之中我们才能进行哲思。与教育研究者相比，我们一线教师最不缺少的就是实践，源自教学的真真切切的实践，我们每天都在教育教学的实践之中，但因为我们缺乏对实践的总结、提炼和对问题的哲学思考，所以我们的智慧并未得到切实的、理想的提高，这恐怕也是一些教师不能成为学者型、专家型教师的主要原因。

现在有不少专家倡导教师课后写反思日记的做法，我认为是很有效的。叶澜教授说过："一个教师写一辈子教案不一定成为名师，如果一个教师写三年反思可能成为名师。"像顾泠沅、李镇西、杨瑞清等名师，他们都有写教育反思的习惯。如果我们能持之以恒，坚持每日反思，就会在自己的教育实践中始终保持清醒的头脑，不断提升自我，超越自我，实现自我。那么，什么是反思呢？《现代汉语词典》的解释是："思考过去的事情，从中总结经验教训。"从教师专业成长的角度来说，反思是一种隐性的教育资源，教师学会了反思，就会站在新的高度审视自己的教学行为，增长教育智慧，提高教学能力。

从另一个角度来说，有了思维自觉，面对新思想、新观念，教师就不会失语。尤其是在面对新课改实施过程中出现的一些热点、难点问题时，教师也有自己的话语权。在教育工作强调专业化的形势下，要求教师的思维方式和言说能力也要增强"专业味道"。新课改的实施和推进有赖于教师理论水平、科学素养、课堂教学能力等的全面发展。从这个意义上说，教师的专业水平，不仅表现在教学技能与实践能力方面，而且表现在思维方式和语言表达等诸多方面。

值得指出的是，有的人写了一辈子的教学反思，也还是默默无闻，原因在于，他的教学反思、教育随笔是零碎的。没有教育信念的教育随笔就是一地鸡毛，就是一堆没有灵魂、没有线索、散落在地的珠子。

众所周知，一个人的成长，需要凭借很多因素。以爬山为例，学过王安石《游褒禅山记》的人都知道，成功有三个因素——志向、力量和外物，把它们分成两类，就是外部条件和内部条件。但对教师来说，客观环境和条件我们个人是无法改变的，我们所能做的，就是从自己出发，做到内外兼修。俗话说：师傅带进门，修行在个人。李政涛教授曾引用过这样的比喻，即每个教师的生命就如同一条船，船的启动和远行需要帆和桨。"帆"就是教师的价值取向，它涉及教师如何看待教师职业，如何看待学生和同事，也事关如何看待自我。有没有帆，是什么样的帆，主导了船将驶向何方。"桨"则是教师专业发展的内驱力，有没有这样的动力，这样的动力有多大，决定了“船”能够走多远。因此，我们认为：教师专业发展问题，归根到底还是教师的自我意识问题。于漪老师说：“只有当自己平凡的日常工作与国家、民族的命运紧密联系在一起的时候，才会站得高、看得远，才会看到你的工作是多么的有意义、有价值。”如果只有外力驱动而缺乏内心的深度觉醒，教师就不可能实现专业上的自主发展。“文化自觉”是实现教师专业发展的内在动力机制，影响着教师人生观和价值观的形成。因此，文化自觉不仅是教师自主学习、自我完善、自我超越的过程，也是实现自我价值、体现人生意义的过程。教师有了文化自觉意识，就会积极主动地参与到自身专业素质的提高中，不断自我更新、自主发展。显然，教师的文化自觉意识越强，他对自己所从事职业的认同程度、情感依赖与投入程度就越高，幸福感也就越强。

第三章　新课程中教师的角色定位和专业发展

随着课程改革的不断深入，我国在推动教育体制机制等外部环境改革的同时，将更多地关注学校的内涵建设与发展，这就要求我们从新的视角来重新认识教师的角色和作用，从更高的层面去关注教师的生存与发展。从时下的情况看，教师的社会地位还不算高，经济收入也不是很稳定，但"办好学校，教师是第一资源"，这一点大概已成为我们的共识。不少有识之士都认为，教育的发展离不开教师，教育改革的成败关键也在教师。教育的发展，应该建立在学生与教师的共同发展之上。教师不发展，学生的发展就是一句空话。基于这种认识，我们对教师的角色定位和专业成长问题越来越关注和重视。

一、"角色定位"是教师专业发展的关键

在社会变革的大背景之下，随着教师专业化运动的发展，教师的角色定位问题显得尤为重要。事实上，教师专业自主以及教师角色的变化直接影响着教师专业化发展的程度。夸美纽斯对教师是"太阳底下最光辉的职业"的赞美，使许多教师沉浸在自豪和幸福中。关于教师的种种比喻虽然各具特色，但是，与新课程改革赋予教师的时代内涵相距甚远。"教师是春蚕"、"教师是蜡烛"、"教师是人类灵魂的工程师"……这些赞誉在无形之中给教师群体施加了巨大的压力，对教师的角色转变也会带来不良的影响。

新一轮基础教育课程改革不仅对我们教师提出了新要求，赋予我们新的历史重任，同时也为我们教师的发展提供了广阔的空间和舞台。当我们以新的理念去看待今天的师生关系，它就不再是"以一桶水倒满一杯水"的

单一的知识传授关系了。教师应该成为学生的交流者、互动者和合作者，要把学生真正纳入到一种平等、理解、双向的师生关系之中。当然，教师的生存、学习与发展不仅仅是为了学生，这其中隐含着教育理念的重大变革。师生关系的核心，是把教师和学生看成真正意义上的“人”。

翻开中国传统教育的历史，“天地君亲师”，教师这一职业被列入神牌，供人们顶礼膜拜。由此可知，我国的师生关系是长期处于“教师中心”范式之下的，所谓“一日为师，终生为父”就是很好的证明。在此范式下，教师职业是何等荣耀！教师在“神”一般的光环笼罩下拥有崇高的威信和绝对的话语权，学生对教师必须绝对服从。但社会在发展，教育在更新，传统的教育理念早已为时代所淘汰。将教师职业神圣化是农耕经济社会文明传承方式的单一性决定的，在今天这个信息化的社会里，随着教师功能的弱化，教师职业的神圣性随之消失，教师职业成为社会众多平凡职业中的一种。

应该说，教师告别神坛是社会发展的必然，是社会进步的表现。长久以来，教师的角色被定位于“传道、授业、解惑”，人们常以“人类灵魂的工程师”、“红烛”，等等，诸如此类的比喻来褒扬教师，这实际上是将教师作为一个道德角色来讨论的。传统教育习惯于把教师奉为道德圣人，但教师不可能是道德圣人，于是，教育的虚伪就产生了。过去，人们赞扬教师，是因为教师为社会和别人作出了贡献，正所谓“春蚕到死丝方尽，蜡炬成灰泪始干”。但是，这种在传统观念下的角色定位并不能满足教师个性化的专业发展愿望。

的确，在许多人看来，教师是“每一个人生命中最初的灯火”。古往今来，理论、发明、学说、创造，无不包含着教师的辛劳；伟人、学者、英雄、豪杰，哪一个未曾受过教师的熏陶？教师的贡献理所当然应当得到社会的尊重，但人们对教师自身发展的需求却很少给予关注。长而久之，教师就成为“教书匠”了。如果是教书匠，他就缺乏教育的热情，感受不到教育教学对他的意义。今天的教育与传统的教育已经有了根本的不同，成为现代社会开发人力资源的重要途径，尤其是在现代认知科学、信息科学等学科发展的推动下,教师的工作越来越成为高度复杂的创造性工作,成为具有自己独特职业特征的不可替代的专业活动,“教师专业化”就是这样一种变化的概括与反映。尤其是在“以人为本”理念的召唤下,学校要落实学生的全面发展,就必须积极推动教师的专业发展。

如前所述,“师道尊严”的时代离我们早已久远,处在基础教育改革全面推进的今天,我们又应该怎样去认识教师的角色,从而促进教师的专业发展呢?在我看来,今天的教师在“一切为了每一位学生的发展”的同时,首先要增强自我发展意识,从而实现自己的人生价值。当然,教师的发展也是需要激励的。首先,学校要尽可能在外部环境上去改善教师的学习、工作和生活条件。现在,有不少学者呼吁:“教师也是人。”作为个体的人,教师也有很多需要——需要关爱,需要尊重,需要发展。其次,与外部环境相比,教师更注重精神上的满足。要满足教师的内在需求,学校应该从专业的角度去关心教师的成长,让教师通过反思、研究、学习、交流、实践等自主发展途径,不断认识自我,提升自我,完善自我。只有这样,教师的发展才能高远。

教师作为一种职业,如同医生、律师、会计一样,应该有其特定的职业标准,诸如职业道德、职业态度、职业能力等。从这个意义上说,“教师就是教师”。威廉姆·多尔(W. Doll)对教师角色的界定是“平等中的首席”(first among equals),教师的作用没有被抛弃,而是得以重新建构。教师与学生是一对互相依赖的生命,是一对共同成长的伙伴。从某种程度上讲,教师的发展比学生的发展更为重要。因为没有教师的快乐,哪来学生的快乐?没有教师潜力的开发,哪来学生潜力的开发?教师不发展,就会出现教师的“职业倦怠”和“平庸化现象”。

目前来看,教师的“职业倦怠”和“平庸化现象”已经成为教师专业生涯的“头号杀手”。“职业倦怠”一词最初是1974年由美国临床心理学家弗鲁顿伯格(Freudenberger)提出的,用以描述从业人员因工作时间过长、工作量过大、工作强度过高而导致的一种身体和情绪都处于疲惫的状态。职业倦怠最容易发生在助人行业的从业者身上,教师职业作为一种典型的助人行业，是比较容易出现职业倦怠问题的。但值得注意的是，这些教师中并非大多数人一开始就出现“职业倦怠”的状态，而是因为他们长期处于“文化不自觉”中，习惯于“教书匠”的角色，习惯于按照上级指定要求行事，在工作中没有追求，没有激情，没有新的挑战，于是乎，就这样日复一日、年复一年地备课、上课、批改作业，教学工作似乎在重复着“昨天的故事”。

面对新一轮课改，很难想象一个教师没有激情，他将怎样和学生进行有效、和谐的沟通，引导学生朝着一个健康、理想的方向发展。从更深一层意义上讲，“年年岁岁人相似，岁岁年年教相同”，如此往复，教学工作成为毫无新鲜感的简单劳动，以致教师与精彩事件无缘。所以，在生存压力越来越大的今天，教师仅仅满足于过去的经验、靠埋头苦干是不够的，因为教师职业毕竟是一项创造性的工作，最终还要落实到创新上来。

我一直认为，教师是平凡的，但不是平庸的。今天，我们已经步入科教兴国、人才强国的新时代。我们的教师不能再停留在“春蚕”、“蜡烛”的层面，而应该重新确立自己在当今社会的位置，正确认识自我，认识学生。多年的教师教育实践使我们清醒地认识到：正确的社会定位和自我定位，对教师是一种解放。卸下沉重的道德十字架，教师告别神性，恢复人性。在自由的天空下，教师可以自由地展现人性的多姿多彩，张扬独特的个人魅力，尽情地享受生活的乐趣。北京师范大学肖川教授说：“我们应该还教师一个感受到生活幸福、具有活力和创造力的角色。只有一个人感受到生活美好时，他才能更富有爱心，为社会作出有价值的努力。”

教师的正确定位，对学生也是一种解放。教师摘下神圣的面纱，露出可亲可敬的一面，有利于建立和谐的师生关系。古人云：亲其师，信其道。在平等的师生关系中，不只是学生尊重教师，教师也尊重学生。教师主动走进学生的内心世界，聆听学生的心声，就会使学生更加信任教师，视教师为自己的朋友和共同探索真理的伙伴，教育对于学生而言就能成为一种美好的享受。正如有的课程专家所说，新课程将改变教师的教学行为和方式，教师将和学生一起与新课程共成长。

二、"专业发展"是新课程对教师的核心要求

在新课程理念的感召下,"教师发展"已成为教育界的关键词。但我们也应该看到,目前我国教师现状不容乐观,不仅教师的学历、技能等职业手段不尽如人意,而且教师的教育观念和创新能力也令人担忧,有的教师甚至连"教书匠"都做不好。在"应试教育"的影响下,有些教师成了只会低头拉车、不会甚至不愿抬头看路的"死干家",他们不求崇高的师德修养和高深的教学方法,只求"短平快"和省心省力的填压灌方式提高成绩。所以,要真正实现教师的专业化发展,必须转变教师的教育观念,打破教师的思想桎梏——由单纯知识的"传递者"走向"研究者",由"经验型"教师走向"反思型"、"专家型"教师。

理念决定行动。但在研究中笔者发现,教师专业发展不仅源于新的教育理念,更是教育规律的内在需求。所谓"术业有专攻",就是要求教师具备从事教育专业生活必备的专业知识和专业能力。同时,教师还要有较高的职业道德,即师德。然而,在教师的发展过程中,师德的要求却往往被忽视。其实,师德是教师职业之魂。一名教师如果师德不高,即使业务能力很强,也教不好学生。高尚而富有魅力的师德就是一部活的教科书,就是一股强大的精神力量,对学生的影响是耳濡目染、潜移默化、受益终生的。

当然,精湛的教学艺术水平是良好师德的精髓。所以,当一名好老师,必须要有深厚的知识积累。有学者认为,被誉为"天使"的职业有两个,一个是医生,一个是教师。与其他职业有所不同,教育是一项充满灵性和智慧的创造性劳动,教师要胜任工作必须有过硬的素质,"学高为师,身正为范"就是对当代教师素质的精炼的概括。

尽管如此,但有一点也成为我们的共识:"专业发展"是新课程对教师的核心要求。教师的工作不仅仅是付出和奉献,在教学实践中,教师将与学生共同成长和发展,共同体验成功的喜悦和体验自身的生命价值。

三、读书与反思是教师专业发展的有效途径

我们知道,教师专业发展不是一个轻而易举的过程,而是一个长期的、充满着困难和艰辛的过程,需要“内外动力”的激励和助推。良好的学习环境和动力支持系统作为一种外在条件,在教师专业发展中具有不可或缺的作用,而“内驱力”是教师专业发展的关键。首先,教师要养成读书学习的习惯,向书本学习,向他人学习。孔子说:“三人行,必有我师焉。择其善者而从之,其不善者而改之。”向能者、善者学习,与智者对话,这是为师者应该具备的基本素质。其次,要做“反思型”的教师。美国著名学者波斯纳曾经提出一道公式:教师的成长 = 经验 + 反思。所谓经验,是指教师由教学实践得来的知识和技能;所谓反思,是指教师对实践中的教育问题和情境作出自己的分析和评价。只有学思结合,才有可能逐步从自发提升为自觉,实现由“经验型教师”向“反思型教师”的转变。我国语文教育家陶行知曾说过:“我们要常常检讨,紧紧把握,天天创造。”正是怀着这种“常常检讨”的精神,陶行知不仅自己时常反思,而且还要求学生“每日四问”:第一问,我的身体有没有进步?第二问,我的学问有没有进步?第三问,我的工作有没有进步?第四问,我的道德有没有进步?其实,我们今天的教师,要想每天都有进步,也同样需要“每日四问”,同样需要进行反思。实践证明,没有反思的经验是靠不住的,它不能给教师的行动以合理有力的指导。而且,单纯的经验积累对教师的教学来说也是不够的,往往出现“十年的经历可能和重复十次的一年扭曲经历的价值相当”,这种情形极大限制了教师的发展。

记得一位特级教师曾经说过:“教师如果不能在高层次的知识、智能、情意引领下勤奋创新,而是囿于低层次的环境呕心沥血,充其量只能‘呕’出低水平来。”的确,长期把教师束缚在“知识传递者”的位置上,将教师脑力劳动性质变为简单的“熟练工种”,显然不会取得真正意义上的进步和发展。因为我始终相信,学习是时代发展的主旋律,也是教师专业发展的第一

要素。有一句话说得好,“停止学习,就意味着拒绝成长”。今天,谁也无法指望一次职前的专业教育和单纯的经验积累就能满足一名教师全部职业生涯的需要。我们的教师需要终身的专业学习和发展,需要不断地实践和创新。著名作家王蒙说过这样一段话:“学习是一个人的真正看家本领,是人的第一特点、第一长处、第一智慧、第一本源,其他一切都是学习的结果、学习的恩泽。”创新也是学习的恩泽。学习是让我们更上一个层次的重要途径,而阅读是适合教师的一种有效的学习方式。

古人云:“腹有诗书气自华。”21 世纪是阅读的世纪,如果没有书,我们就不知道生活还有一个维度叫深度。周国平先生认为,一个人要读书,最好要读经典,读大师。尤其是教师,能够抽出时间,静下心来,读一些教育经典著作,与名师大家对话,在阅读过程中,一些苦苦思索的问题会豁然开朗,一些模糊的想法会变得越来越清晰。如我们从陶行知著作中读了“真教育”三个字。“真教育是心心相印的活动。惟独从心里发出来的,才能打到心的深处。”他的“生活即教育”、“社会即学校”、“教学做合一”、“教人求真”、“学做真人”、“解放儿童的创造力”等教育思想与实践都是“真教育”这棵根深叶茂的大树上结出的硕果。在苏霍姆林斯基博大精深的教育思想体系中,闪耀着一个大写的“人”字。他告诉我们:“教育,这首先是人学!”叶圣陶给我们最深刻的教诲是:“教是为了达到不需要教。”虽然这三位教育家的著作中从未出现过“素质教育”四个字,但在我的心目中,他们堪称素质教育的先知先觉者和先行者。由此,我想,无论时代如何变化,有些东西是永远不会过时的,比如阅读和写作,任何时候都是提高教师素质的基本途径。正如肖川教授所说:“造就教师书卷气的有效途径,除了读书,大概就是写作了。写作是最能体现一个人的综合素质的。”因而,教师应该把阅读和写作视为自己生命的体现形式。阅读,要养成手不释卷的习惯,包括经典教育理论、古典文献书籍、教育报刊、中外文学作品以及中小学生生活的书等都应该在我们的视野之内。写作,也应该成为我们的生活方式。但现在的教师,包括语文教师,不会写文章的绝非个别。这不正常。在几十年的治学过程中,我笃信《论语》中的两句话:“学而不思则罔,思而不学则怠。”按我个人的体会,写作的过程,就是我们反思、审视、总结、提炼、升华自己的教育实践的过程。当然,对于一线的教师来说,无论是阅读还是写作,都要与教学实践相结合。因为,“教育变革的真正‘秘密’正隐藏在日常教育经验之中,并且教师们的日常教学实践也在不断地赋予教育变革以真实的意义”。时下,有一种教育叙事研究,已走入教师的日常生活中。叙事法(narrative)是“当事人用自己的语言讲述充满意义的生活故事”的方法。杜威曾说:“教育是一种生活的方式,是一种行动的方式。”在学校中,教学不仅仅是一种知识的过程,更是一种生活的过程。教育过程可以形象地叙述。教育者的智慧更多的是体现在教育过程之中,具体说,就是体现在故事中。因此,“讲故事”也是一种教育感悟的方式。在教育家马卡连柯所有的教育论著中,最有影响的是《教育诗》。在一个个有血有肉、栩栩如生的人物形象中,在一个个跌宕起伏、曲折动人的故事里,教育家的教育思想、教育机智、教育技巧、教育情感,等等,全部在其中了。因此,我们可以运用经验叙事的方法,研究教师的生活故事,从而挖掘并认识隐含在复杂多变的教育现象中的深层规律。教师的故事通过解说者的叙述而得以实现,解说者可以是教师自己,也可以是研究教师的研究者。事实上,对于我们一线教师来讲,坚持写教育日记、教育手记,哪怕仅仅是记载自己每一天的教育故事都是很有意义的。如此坚持三年、五年,任何一个普通教师都可以成为真正的教育能手乃至教育专家。

由上所述,我们更加深刻地认识到:正确的角色定位,是教师专业发展的关键;教师需要发展,发展是教师的第一生命,但教师的发展最终是“为了每一位学生的发展”。尤其是在当今课程改革正处于大变动的时期,教师如果不能从“专业化”的角度来正确认识自我,反思自我,任何有关自身学习和发展的目标与追求都会流于空谈。在一定意义上说,教师只有把自己的平凡工作变成一项具有无限魅力、值得终身追求的事业,专业发展才会成为可能。作为教师,当我们把平凡看成平淡、平庸的时候,就很容易产生

“职业倦怠”现象；当我们把自己看成挑战者，不断超越自我的时候，我们就能保持一种积极进取的心态，并在不断地提升自身素质的过程中获得职业的幸福感和自我价值实现的成就感。

第四章　教师应以教育创新为最高追求

做教师的人，多力求素质全面、知识渊博，强调“要给学生一杯水，自己要有一桶水”，但这并不是最高的境界，最高的境界是创新。

创新，是人类文明进步的本质特征和独有品格，是事物向前发展的核心动力。人类自从摆脱愚昧时代，迈入文明时代的门槛，就具有了创新的要求和创新的本领。社会的发展呼唤创新，教育改革更加需要创新。江泽民同志在庆祝北京师范大学百年校庆的讲话中明确提出“教育创新”，并把教育创新放到国家创新体系和知识经济全球化这样一个大背景下来进行思考。进行教育创新，既是推进素质教育、深化教育改革的需要，也是当代教师专业化发展的必由之路。

一、教育应在继承与创新中发展

如何对待“创新”与“传统”，对于我国基础教育来说，一直是一个紧迫而重要的问题。在举国关注“教育创新”的今天，尤其需要冷静思考二者之间的关系。“深化素质教育，推进新课程改革，呼唤着教育创新，但教育创新离不开教育传统”，这应该是我们所坚持的基本观点。“新”是相对于“旧”而言的，没有对传统的继承，没有对所继承传统的了解，就不存在继承性创新。且不说早在先秦时代，孔子“有教无类”的教育良知，“诲人不倦”的教学态度，“因材施教”、善于启发的教学方式，有许多值得我们借鉴的为师之道，就我国的基础教育来讲，也有许多好的传统，比如和谐的家庭教育、规范的常规管理、科学的班级管理、严格的考试制度、传统的自我教育及管理、严谨的双基教学管理、教师的奉献精神、学生勤奋刻苦的目标追求等。

这些优良传统都需要很好地继承和发扬。

先秦教育家孔子提出“有教无类”的主张，即人人应受教育，实际上体现了“一视同仁”的崇高原则。在两千五百多年后的今天，教育公平仍是人们关注的话题，也是教育面临的严峻挑战。坚持教育公平，做到一视同仁、平等相待，善待每一个学生，不让一个学生掉队，为每一位学生的发展奠定基础，正是当今教师必须坚守的良知。

从提高课堂教学的有效性而言，老一辈学者的一些“绝活”也值得我们学习和继承。如梁启超先生给清华大学学生讲课，讲到要紧处，便成为表演，手舞足蹈，情不自禁，或掩面，或顿足，或狂笑，或叹息。讲到欢乐处则大笑而声震屋梁，讲到悲伤处则痛哭而涕泗滂沱。听他的课，实在是种享受。鲁迅先生讲课侃侃而谈，幽默风趣，每一句话都充满感情和力量，使学生感到意味深长。台湾当代国学大师南怀瑾先生不仅著述颇丰，而且能把枯燥无味的古代哲理文化课讲得趣味横生。据说，他到成功大学讲四书五经（当时学生最不欢迎的课程），不到一个月，他上课的教室人满为患，学校只好安排他到礼堂授课。至于华东师范大学教授钱谷融先生的授课方式，则更加切合新一轮课改中提出的“以学论教，少教多学”的理念。他曾说过：“我和自己的学生上课的主要方式，就是一起聊天，我鼓励他们发言，往往一堂课下来他们讲的话比我还多。”

需要提及的是，当今世界各国教育和教育管理改革的大趋势是融合。所谓融合，是各国先进理念和成功经验的整合，相互借鉴，相互补充，相互渗透，全球化与本土化的统一，共性与个性的结合。因此，面对创新，我们必须将外国教育的先进理念、成功经验与本国教育的优势相结合，形成新的理念和做法。这也就是我们常说的“它山之石，可以攻玉”。

因此，教育应在继承与创新中发展。教育需要改革，改革需要创新，教育改革与创新，要以继承和发扬我国教育的优良传统为基础。没有了教育传承，就无所谓创新；离开了民族化，就不存在真正的全球化。

二、教育创新是教师追求的最高境界

我国传统的教育模式由于过多地强调知识的传授，侧重培养考试的技能，在一定程度上造成了对创新的抑制。"教育创新"的提出，就是要求我们站在时代的高度来自觉反省、检讨我们以往的教育，要敢为人先，冲破传统观念的束缚。

法国科学家法伯做过一个很有名的"毛毛虫"实验：他在一只花盆的边缘上，摆放了一些毛毛虫，让它们首尾相接，围成一个圈。与此同时，在离花盆6英尺的地方撒了一些它们喜欢吃的松针。由于这种虫天生有一种"跟随"的习性，只见它们一只跟着一只，绕着花盆边缘一圈又一圈地爬行。时间慢慢地过去了，一分钟、一小时、一天……毛毛虫就这样兜着圈子。在连续七天七夜之后，它们饥饿难当，筋疲力尽，结果全都死去了。毛毛虫的悲剧在于盲从。其实，只要有一只毛毛虫能"越雷池一步"，打破固有的习惯及跟随的习性，就会逃脱死亡的陷阱。这个故事给了我们启示：创新，必须勇于探索，更须对一些传统的观念和做法进行重新审视。

教育是一门科学，也是一门艺术，艺术的生命在于不断创新。大凡有成就的教育家无不是教学的艺术家。在教书匠和教学艺术家之间，最大的区别恐怕就是教学的创造性。在一定意义上说，"创造性"和教学艺术是一脉相连的。克莱德·E.柯伦在《教学的美学》中说过，教学"达到了某些要求的创造性工作便是艺术"。特别是现代社会，随着知识经济时代的到来，创新在新一轮课程改革中就显得尤为重要。

《谁动了我的奶酪》中有这样一句话："陈旧保守，不懂得创新，你永远找不到新的奶酪。"创新是一个民族进步的灵魂，是国家兴旺发达的不竭动力。当代的国际竞争，说到底是科技和人才的竞争，一个没有创新人才的民族，就难以屹立于世界民族之林。因此，现代人必须具备创新意识和创新能力，否则会一事无成。教师是实施素质教育的操作者，在教育创新中承担着重要使命。要培养学生的创新精神，教师自己就必须具有创新精神。一个墨守成规的教师，一个故步自封的教师，势必不受学生欢迎，势必被时代所淘汰。

有这样一则故事：一个跨国公司决定辞退一位员工时，这位员工以具有三十年工作经验为由向公司老板申诉，不料老板回答他道："不，你只有一年经验，只是将它重复了三十次！"这句话耐人寻味。每当有人提及教师的"职业倦怠"问题，我就在想：一个任教三十年的老教师，教学效果为什么比不上只教了三年的新教师？其实，答案也很明确，因为他在三十年里都在重复着一年的教学经验。

大量的研究已经证明，教学实践要走出低水平重复的层次，必须要有一定的理论支撑。面对变化不定的课堂，面对课堂上发生的教学事件，当我们以经验的方式无法化解的时候，就需要通过创新思维和教学反思来提升我们的教育智慧。同时，反思教学会使我们从"日常教学"中觉醒过来。但现实中，一些教师却以正确自居，习惯于传统的教育模式，对自己的教学过程和教学行为缺乏理性思考和质疑精神。清华大学的一则案例就很典型。有学生说："印象中的清华学生，是一届又一届做着几十年不变的作业，我们还有思考的空间吗？"

因此，对于广大一线教师而言，要想真正成为一位名师，首先应该有自己的教学个性或长处，在自己的教育教学实践中尽可能地扬长补短，练就一手绝活，做到"人无我有，人有我优，人优我特"。这个"特"字，就意味着创新。

所以，我一直认为，一个教师的价值，不在于教了多少年书，而在于他用心教了多少年书，有没有创新精神。我在一本书中看到过这样一个例子，也许对我们会有所启发。一个澳大利亚物理教师任教三十年，在他退休时，有人问他任教三十年有何体会，如何当教师？他说："第一个十年我是在教物理，第二个十年我是在教学生探索，第三个十年是学生在探索，我在一旁给他们提供帮助。"显然，这是个很典型的优秀教师成长的案例：三个十年，三种不同的境界。由此，在教师专业发展中，我认为要努力做到“三个转化”，即完成从教书到教学的转化，从以教师为主体的传输知识到以学生为主体的引领学生自主学习的转化，从事务型、经验型教师向研究型、创新型教师的转化。因为，这是时代的要求，也是教师自我发展和成长的需要。

据我了解，“教学”与“教书”是不同的两个概念，但是人们通常却把它们给混淆在一起了。所谓教书指的是教教材，出发点是传授知识，强调把书本知识传递给学生，是以知识为本位的。而教学就是用教材，注重的是学生独立思考能力、创新能力的培养。如果说教教材是基本功的话，那么用教材则更多是教师的创造性教学。如果一个教师不仅能用教材而且还不受教材限制的话，那么一般讲他更容易成为一个名师、大师。

名师和一般教师不同的是，他们具有一种善于反思和不断创新的精神。像著名特级教师于漪，她的“一篇课文三次备课”的原型经验，为我们指明了一条教师成长的捷径。同一篇课文，第一次备课时，只关注自我，不看任何参考文献，全按个人见解准备方案；接着进行第二次备课，广泛涉猎，分类处理各种文献的不同见解；然后进行第三次备课，边教边改，在设想与上课的不同细节中，区别顺利与困难之处，课后再“备课”。这就是进入了一种自觉的研究状态，这种关注自我、关注文献、关注现实的不断反复，在游泳中学游泳，在教学中学教学，无疑会真正有效地促进教师的快速成长。

当下，对于教师成长有一个很好的概括：专家引领、自我反思和同伴互助。但作为教师，如果不会反思，没有创新意识，即使再高明的专家，恐怕也不能对其起到引领的作用。“我们可以把马牵到河边，却不能按着马的头让它饮水。”（约翰·杜威）如此看来，教师成长，专业引领固然重要，但是重要的是内驱力，教师要有强烈的自主发展意识，要在教育探索与创新中前行。我国著名教育改革人士魏书生曾说过：“有作为的人，每天都在塑造着新我，每天都从一个新的角度认识世界，认识自我，设计自我。他的心灵像电闪雷鸣，不断放射出新的光芒和声音。”是的，教师应该有这样的发展意识，应该有这样的自我反思和创新精神。

无论是从教育本身，还是从教师的个人发展而言，从来没有任何时候像今天这样强烈意识到创新的重要性。一般地说，创新精神是一种勇于突破已有认识和做法的强烈意识。创新是教师工作的灵魂，没有创新，就没有突破。在当今教育改革中，真正意义上的创新，一定伴随制度重建，一定冲破传统观念，一定触及人的心灵。而对于教师来说，我们当前要做的就是：从培养学生的创新精神做起。有了创新精神，才有创新行为，进而获得创新能力。同时必须指出，创新精神的培养，需要营造一个宽松的学习环境，构建一种和谐的师生关系。只有在一种自由、安全、热烈的课堂教学氛围中，学生的问题意识和探究能力才能被及时、有效地激发出来。

应该承认，在大多数情况下，创新者是"第一个吃螃蟹的人"，有一定的风险。但是创新不等于"全新"，不是什么都从头做起。创新也同样需要一定的社会条件和实践基础，需要脚踏实地，更需要有远见、有好奇心。面对教育创新，我们要把培养学生的创新精神和实践能力作为重点，将教学过程当做艺术创新过程，去探索，去研究，去实践。只有坚持在实践中总结，在研究中提高，在创新中发展，我们才能彻底消除职业倦怠，实现由"经验型"向"研究型"、"创新型"转化，成为一个真正的好教师、名师。

第五章　教师学习是提升教师发展的重要方式

随着知识经济时代的到来，“终身学习”、“学会学习”的理念已成为教育界以及社会大众的共识。在这个理念的引导下，许多有识之士又提出建设“学习型社会”、“学习型组织”这样一些目标。在这样一个“学习型社会”，作为教师，应当或首先应当成为终身学习者。现在需要我们关注和思考的课题或问题是：教师为什么需要学习？如何理解“让学习成为教师的一种生活方式”这句话的内涵？教师应通过哪些学习途径来提升自身的发展？

一、教师为什么需要学习

在教育“全球化、开放化、信息化”的时代，教学单靠经验已是远远不够了。有人说，现代教师必须要有自学的习惯及求学的热忱，应集学者、学习者和研究者等诸多身份于一身，我赞同这个观点。在教育发展日益注重内涵和质量的今天，一名优秀的教师必须具备三个板块的知识和能力结构：精深的专业知识、开阔的人文视野和扎实的学科理论、教育理论功底。缺乏任何一个板块的知识都将限制一个教师最终达到的高度。而教师知识与能力的获得与提高，主要靠的就是学习、学习、再学习。

应该说，学习是人与生俱来的一种本性和潜能，是人类的基本需要。培根说：“知识就是力量。”如今，这一观点在“知识经济”、知识爆炸的时代召唤下，被赋予了更深刻的内涵。一提到“知识”，人们就会产生“学习”、“提高”、“发展”、“进步”这类令人向往和催人奋起的联想和心境。尤其是随着课程改革的不断深入，教师的“学习”与“发展”已被置于核心焦点，受到前所未有的关注和重视。也可以说,教师的学习、提高、发展和进步,是当前基础教育课程改革头等重要的大事。

进而言之,学会学习是信息时代对教师和学生的基本要求。正如国际世纪教育委员会向联合国教科文组织提交的《教育——财富蕴藏其中》报告所指出的:教育越来越成为学习,教育就是学习。对于教师而言,这就意味着教师不仅仅是传授知识的教育者,更应当成为终身学习者。在这里,教师被界定为"学习共同体"的一员。因为教师是一个面向未来的职业,面对的挑战比任何一个领域都要多,要想做一个与时俱进的教师,就应当以学习求发展,不断超越自我。可见,教师学习的意义在于成长。简言之,学习是教师可持续发展的基石。

二、让学习成为当代教师的一种生活方式

今天,人们面对的是一个大变革、大发展的时代,新事物、新观念、新知识不断涌现。一个人要跟上时代的步伐,不断有所发展、有所进步,就必须重视学习,善于学习,通过广泛的学习来开阔胸怀和眼界,在学习中不断完善自己和提高自己。可以说,学习是现代人的第一需要,并逐渐成为每个现代人的生存和发展格调。联合国教科文组织出版的《学会生存》一书中明确提出:"未来社会的文盲,将不再是不识字的人,而是没有学会怎样学习的人。"教师作为知识的重要传播者和创造者,连接着文明进步的历史、现在和未来,更应该具备先进的教育观念,不断以新的知识充实自己,养成热爱学习、学会学习和终身学习的习惯。从另一个方面说,古人尚且提倡"学而不厌,诲人不倦"的精神,21世纪的教师更应该做到这一点。从发展的观点看,如果不会学习,教师就不可能获得进步与发展。

从根本上讲,教师和其他职业有所不同,学习不仅仅是一种观念、一种态度,而且变成了一种职业需求、一种生存格调、一种生活方式。朱永新教授曾说过:"一位教师如果不善于学习,不充实自己,一切都将成为无源之

水、无本之木，不要说创新超越了，可能连最起码的底气都没有。”而教师的理论功底的提高，则离不开自觉的持之以恒的学习。学习是时代发展的主旋律，也是教师专业成长的第一要素。真正意义上的学习能帮助我们更新观念、促进反思、修正行为、增强底蕴。学习是获取和整合知识，并把知识资源转化为知识资本，以获取和保持持续竞争优势的能力。每位教师都要学会学习，学会学习是教师从教的基本要求。“台上一分钟，台下十年功”，说的是演员；“用一生去准备一堂课”，说的是教师。教师要上好课，就像演员“练功”一样，需要有一定的知识储备。马卡连柯说：“学生可以原谅老师的严厉、刻板，甚至吹毛求疵，但是不能原谅老师的不学无术。”可见，拥有厚实的专业功底对教师站稳讲台是何等重要！庄子说：“且夫水之积也不厚，则其负大舟也无力。”就是说，水积得不深，就无力承载大船。同样，如果教师的知识储备不足、修养不够，在实际的教学中就会捉襟见肘。苏霍姆林斯基说：“只有当教师的知识视野比学校教学大纲宽广得无可比拟的时候，教师才能成为教育过程的真正能手、艺术家和诗人。”过去人们常把教师喻为“一桶水”，指的也是这个意思。现在人们对教师提出了更高的要求，教师仅仅靠“一桶水”是不够的。如果说教师是“水”，那么教师应当是“活水”，是“涌泉”。要达到这种“与时俱进”的境界，离开孜孜不倦的学习是不可思议的。

再说，人生有涯而学无涯，知识是学不完的。从这个意义上说，教师的专业发展与成长既是一个目标，也是一个不断学习知识和更新知识的过程。可是现在，迫于升学的压力，很多老师除了上课，抓升学率，几乎没有一点时间来充实提高自己。教师没有理想，没有追求，成了标准的教书匠。“教书匠”所反映的是教师劳动缺乏创造性，容易导致教师的平庸化。因此，我特别要表明自己的一个观点，即教师是平凡的，但不是平庸的。当今时代，知识在一天天升值，学习一天比一天更重要。多萝茜·D. 比琳顿曾说：“我们今天知道的东西，到明天就会过时。如果我们停止学习，就会停滞不前。”(《学习并成长的成年人》)可见，那种“一朝学成而受用终身”的观点已经过时。据英国技术预测专家 J. 马丁测算,人类的知识是每三年就增长一倍。西方白领阶层目前流行“知识折旧率”这样一种说法:“一年不学习,你所拥有的知识就会折旧 80% 。”一个教师要想跟上时代前进的步伐,适应新课改的要求,他就必须不断地学习,不断地发展,始终处于学习的状态。教师是专业性很强的职业。没有教师专业知识的提高,就谈不上教育质量的提高。当然,今天教师的角色已在发生根本的变化,教师将由传统的知识传授者向新课程条件下的学生学习的促进者转化。从这个角度说,教师光有知识是不行的。教师不同于其他职业,他不是简单的教书匠,更应该是一个研究者。教师由经验型向学习型、研究型转变,才更符合时代的需要。

应强调的是,在教师的职业生涯中,学习和工作是不能截然分开的,工作过程就是学习过程,“工作学习化,学习工作化”已成为一种新的学习理念。事实上,对教师而言,学习并非是纯粹的职业需求,而是一种教育生活方式。很难想象,没有教师的有效学习及其专业成长,教学改革能够取得成功。

从理论上讲,终身学习是 21 世纪教师的必然选择,也是新课程理念的必然要求。更重要的是,学习可以改变一个人、一所学校,乃至一个民族。有了这样的理论基础,我们才能深切地理解教师学习的生命价值和意义。诚如国际社会所认定的那样,“终身学习是 21 世纪的生存概念”。换句话说,在终身学习的视野里,学习不仅属于教育范畴,更属于生存范畴。

三、教师学习的主要途径

如前所述,终身学习是当代教师的必然选择。著名作家王蒙说过:“人生最重要的是什么?一个是生存,一个是学习。”(《王蒙自述:我的人生哲学》)但需要指出的是,这个“学习”不是单指书本专业知识那种狭义的学习概念,而应该从一个更宽泛的领域去理解它。活到老,学到老,在信息时代,一个人要学习的东西很多,而教师又是一个具有创造性的职业。因此,从教师专业学习和发展的角度出发,不少研究者认为教师在学习过程中要重点抓好四种知识的构建:一是本体性知识,即特定的学科知识;二是条件性知识,即指导学生身心发展的知识和评价学生学习的知识,教师既要知道教什么,还要知道怎么教;三是实践性知识,这是教师长期教育实践的总结和升华,对教师本体性知识的传授起指导作用;四是文化知识,即特定学科以外的知识,理科教师应该有比较广阔的社会人文知识,文科教师也应该具有科学技术方面的知识。那么,这些知识从何而来?我们的答案是——学习,而且我们认为,除了不断学习、善于学习之外,别无他途。

毫无疑问,教师学习的途径是多样的。但在具体的学习过程中,主要包括以下途径:

途径一:从书本上学习。毫不夸张地说,读书是我们生存的必需,正像我们人需要吃饭、休息等一样,这是必需的事情。如果说教育教学的实践历练是“行万里路”的话,那么向书本学习就是“读万卷书”。苏联作家高尔基说:“书是人类进步的阶梯。”我国西汉文学家刘向说:“书犹药也,善读之可以医愚。”宋代诗人黄山谷说:“三日不读书,便觉语言无味、面目可憎。”当代作家蒋子龙说:“书可以嫁接人生。”的确,书有说不尽的好处。说到这里,不能不提到孔夫子。孔子在《论语》中说:“古之学者为己,今之学者为人。”特别是在“应试教育”的影响下,受着体制的各种束缚,教师可以做的事有限,但是读书是自己的事,也正是“为己”,读书可以帮助我们解决工作中的实际困难,应对新的挑战,获得更多的发展机会。

然而,对于教师而言,读书还有一个时间问题。生活的快节奏和工作的高强度已经使我们的教师,特别是年轻教师,不屑、不肯、不能静心读书学习。“没有时间!”这是很多教师给出的不读书的理由。“两眼一睁,忙到熄灯”,这是他们共同的工作感受。笔者也当过中学和小学老师,深知基层教师之苦(20世纪70年代末还比不上今天之苦)。不过,我还是同意有些学者的看法,要读书,任何人总是有时间的。据我观察,教师不阅读不是“没有时间”,而是没有渴望,没有意识,没有习惯。鲁迅先生曾说他是把别人喝咖啡的时间用来读书写作的。哈佛有这样一句经典的箴言：一个人的命运，取决于晚上8点到10点之间。作为一线教师，我们的读书学习，只能靠忙里偷闲、见缝插针。教学杂志和教育理论书籍是我们的老师，是宝贵的精神财富。每天都不厌其烦地去翻阅它们，“请教”它们，和智者交流，与大师对话。尤其是要阅读经典，经典是一个民族历史上长期的价值体现，是心灵的滋养，是精神的升华，是文化的深厚积淀。一个民族的精神和价值主要存在于经典中。比如《论语》可以说是我国的一部《圣经》，甚至比西方的《圣经》出现得更早，过去是半部《论语》治天下，今天我们阅读《论语》，仍然可以从中明白许多修身做人的道理。多读一点诸子百家、唐诗宋词，就多一分高雅品位；多读一点苏霍姆林斯基、陶行知，就能多把握一分教育的真谛。

所以，教师应该把读书作为一个非常重要的学习方式。因为，书里写的东西大多都是作者长期思考的思想结晶，并且，它还可帮读者少走许多弯路。一位教育家说过，教师的定律，一言以蔽之，就是你一旦今日停止读书，明日就将停止教学。“空袋不能直立”，无知必然无能，贫乏必然平庸。但是，教师专业发展的最终实现一定是建立在教师自身需求与追求基础上的。特别是在浮躁的社会环境下，教师如果能够从内在的需求出发，坚持每天读一点书，不仅可以长智慧，增文采，保持心灵的湿润和充实，同时也可以给自己教学风格的形成提供“肥沃的土地”。读书是教书之源，也是教师工作最为专业化的开源之道、充电之途。陶行知先生说得好：“要想学生学得好，必须先生学得好。唯有学而不厌的先生，才能教出学而不厌的学生。”

途径二：向名师学习。教师的学习，一个重要的方面就是从他人的经验中学习，尤其是向有经验的名师学习。但是我们发现，现在许多普通教师都在刻意追求名师精彩生动的课堂教学，甚至去模仿名师的教学模式。如果长此下去，这些教师就会失去自己的个性，没有了风格。所以，我觉得，学习名师的课堂教学固然重要，但更重要的是要了解名师成长的“过程”，学习名师的教育智慧和人格魅力。有人说，名师之名，不在于“名”，而在于“明”。“明”是智慧，更是一种美德。《礼记》中说“大学之道，在明明德”。

一般而言，名师都有一个共同的人格特征，那就是对事业的执著、对生活意义的探寻、对职业价值的追求。如“爱心与童心共振”的李镇西，“为学生的生命奠基”的窦桂梅，“用生命的智慧演绎理想的教育”的薛发根，“成人派往儿童精神世界的友好使者”于永正等，这些名师都有自己的人生追求，有高尚的人格魅力，有丰富的教学经验。只要我们仔细去解读，就会发现他们的精神之所在，并从中得到某种启示。

途径三：向同行学习。古人云：“三人行，必有我师。”故为人师者当虚心学习，尤其是要向身边的同伴学习，这是教师完善自我、提升自我的一条捷径。如果说向名师学习是“站在巨人的肩膀上”的话，那么向同行学习则是把根扎在实践的沃土之中。特级教师任勇在《我的学习方式》一文中指出：“学习，可以向名师学习，也可以向一般老师学习；可以向本校教师学习，也可以向外校教师学习；可以向年长的教师学习，也可以向年轻的教师学习。取人之长，补己之短，改进教学，不断提高。”实际上，他本人就是善于向同行学习的典范。但在如今提倡“合作”的时代，向同行学习，就是团队合作学习。原来，教师职业的一个很大特点是单兵作战，这种“专业个人主义”往往造成了教师的“闭关自守”，不利于教师的专业发展。而新课程的综合化特征，需要教师与更多的人在更大的空间，用更加平等的方式从事工作，教师之间将更加紧密地合作。当今时代，团队的合作与共同的价值追求是个人发展的重要条件。作为一名教师，要善于把自己融入团队之中，通过信息交流、听课、研课、问题讨论等形式虚心向同伴学习，学习同伴先进的教学理念和成功的教学实践，取人之长，补己之短，在团队和同行的发展中发展自己，在团队和他人的成功中成就自己，绝不能把自己的发展游离于团队之外。尤其是在课改中遇到许多困惑和难题，靠个人经验和单打独斗无法解决时，就更需要获得他人经验和智慧的支持。

途径四：向学生学习。在大力提倡“终身学习”的今天，我们要求教师特别是青年教师向名师学习、向同行学习，相对比较容易，大家也能够接受，但还要向自己的学生学习，就不太容易做到了。这就是一个观念问题。实际上,学生的许多想法,是我们老师往往想不到的。韩愈在《师说》中说得好,"弟子不必不如师,师不必贤于弟子",还有"闻道有先后,术业有专攻"等。我觉得这个唐朝人比我们今天一些校长老师还开明些,有一种平等的意识。教师向学生学习,不仅是新时代对教师的要求,也是教师专业发展的需要。教师在教的过程中,不仅是知识的传授者,也是与学生平等的学习伙伴。教师要向学生学习,首先要了解学生,熟悉学生,研究学生,善于寻找学生的不同点,发现学生的闪光点,进而在教学过程中和学生共同探讨学习内容,真正做到不耻下问,教学相长。陶行知曾说:"你要教你的学生教你怎样去教他。如果你不肯向你的学生虚心请教,你便不知道他的环境,不知道他的能力,不知道他的需要,那么,你就有天大的本事也不能教导他。"可见,了解学生、熟悉学生,是向学生学习、实现"教学相长"的前提。其次,要学会欣赏学生、倾听学生的心声。相互欣赏的师生关系,一定会带来教育教学的高效益。

途径五:在实践中学习。实践出真知。教师专业发展的机会多种多样,但更为重要、更为有效的机会来自教师的实践。教育教学实践活动是教师实践性智慧生成的重要沃土。离开了教育教学实践,就没有教师的实践性智慧的生成和发展。因此,教师要"在教学中实践,在实践中反思,在反思中提高"。实际上,教师的"实践"空间有两个方面:一是在教育教学实践中学。与教育研究者相比,教师们最不缺少的就是实践,源自教学的真真切切的实践,一般教师每天都在教育教学的实践之中,但因为他们缺乏对实践的总结、提炼、反思与修正,所以他们的智慧并未得到切实的、理想的提高,这恐怕也是他们不能成为学者型、专家型教师的主要原因。二是在生活实践中学。教师要善于从大自然中学习,善于从生活的各方面领悟教书育人的道理。

除上述几种途径之外,教师还可以向社会学习、向专家学习、向网络学习、向自己的经历和经验学习……需要指出的是,这些途径各有所长,对于教师的成长与发展来说是不可或缺的。加拿大著名教育家迈克·富兰教授在其《变革的力量：透视教育改革》一书中说："当教师在学校里坐在一起研究学生学习情况的时候，当他们把学生的学业状况和如何教学联系起来的时候，当他们从同事和其他外部优秀经验中获得认知，进一步改进自己教学实践的时候，他们实际上就是处在一个绝对必要的知识创新过程中。"其实，教师的这种"知识创新过程"就是学习的过程。只要我们在工作中坚持学习，并把学习的收获融合到自己的教育教学实践中去，就有可能取得更大的进步和发展。

综上所述，我们完全可以得出这样的结论：教师学习是提升教师发展的重要方式。当今世界，飞快发展的教育形势，要求教师必须养成时时、事事、处处学习的习惯，让学习成为一种需要、一种生活方式。虽说即使教师学再多的知识也无法完全解答学生所有的疑问，但是在这个社会发展一日千里、知识更新不断加速的时代，如果教师仍旧"以不变应万变"，必然会面临枯竭的危机。所以，今天的教师只有通过学习不断提升自身学识水平，才能在日新月异的教育改革中与时俱进，永葆青春，从而实现专业发展的新飞跃。

第六章　和谐教育呼唤和谐的师生关系

和谐，是中国传统文化的精髓。早在春秋战国时期，晏子曾提出“和与同异”的命题。至于孔子的“和为贵”、“君子和而不同，小人同而不和”，孟子的“天人合一”、“天时不如地利，地利不如人和”，更充分体现了中国古人的和谐思想。如今在市场经济条件下，党中央提出了构建“社会主义和谐社会”的重要论断，并明确指出：社会和谐是中国特色社会主义的本质属性，构建社会主义和谐社会是党领导全国各族人民将长期为之奋斗的价值目标。

教育涉及千家万户，惠及子孙后代，关系国家长治久安，是一个民族最根本的事业，是构建社会主义和谐社会的基石。建设和谐社会，需要和谐教育。没有和谐教育，就没有和谐社会。和谐教育呼唤和谐的师生关系。师生关系主要是教师与学生在共同的教学活动中，通过信息交流而逐步建立起来的，是教育过程中最重要、最基本的人际交往，师生关系的质量如何直接影响教育教学质量。虽然师生关系是教与学的双边关系，需要教师与学生共同经营，但其主导一方是教师。

自古中国即有“一日为师，终身为父”的观念，它强调的是教师在学生心目中的绝对权威地位。这种观念如今依然存在于国人的心中。尊重教师、尊重知识传播虽无可非议，但在实际教学过程中，这种观念往往会导致师生关系的不平等。它表现为教师的极端权威性、学生的绝对服从性以及评价标准的主观性。在这种师生关系下，教师如同“神明”一般不可侵犯。

要改变这种状况，教师必须走出“神明”的光环，与学生处于平等的地位，建立一种以教师、学生双方为主体，以学生为中心的和谐型师生关系。

为构建和谐的师生关系，教师应与学生建立起真正的朋友关系，并身体力行，从以下几个方面入手，努力促进这种和谐师生关系的形成。

一、教师要尊重、理解学生

和谐的师生关系，其核心应该是现代的平等观念，它强调师生双方真正的平等、沟通和尊重。

记得有人讲过这样一个故事：一位纽约商人在大街上看到一个衣衫褴褛的铅笔推销员，顿生怜悯之情。于是，他掏出一元钱丢给了他，随即走开了。但走出几步远后，他突然感到这样做不妥，便连忙返回，从卖笔人那里取回几支铅笔，并十分抱歉地说自己忘了取了，请原谅他的疏忽。最后他说："你和我一样都是商人，你有东西卖，而且上面有标价。"几年后，在一个社交场合，一位穿着整齐的推销商走到这位商人面前自我介绍说："先生，你可能已经忘记我了，但我永远不会忘记你，你就是那个重新给了我自尊和自信的人。以前，我一直认为自己是一个推销铅笔的乞丐，直到你那天告诉我——我也可以成为一个商人。谢谢你！"这位推销铅笔的年轻人之所以能获得成功，一个重要的原因就是从纽约商人那里得到了尊重，激发了他的自信心和进取心。这个故事给我们的启示是：尊重，是教育成功的秘诀。

作为教师，谁都知道"身教重于言教"。孔子曰："其身正，不令而行；其身不正，虽令不从。"车尔尼雪夫斯基认为"教师把学生造成一种什么人，自己就应当是这样的人"。教师在学生面前的一言一行、一举一动、一颦一笑，都会在学生心灵的底片上留下印影，对他们的思想行为起着潜移默化的作用。从这个角度来看，教育是一种熏陶，熏陶的一个重要特征就是"随风潜入夜，润物细无声"。熏陶是最人性化的、最深刻的一种教育方式，它可以达到"此时无声胜有声"的效果。其实，教育的方式是多种多样的。泰戈尔说过："不是锤打，而是水的载歌载舞才使鹅卵石臻于完美。"我喜欢这句话。因为我希望我们的教育像这载歌载舞的水一样，于无声处，于不经意间，已是春色满园！成功的教育应让学生在不知不觉中获取真知，学会做人。

但在实际教学中，我们有些老师却以正确自居，习惯于说教训斥，娴熟于灌输告诉。师生关系在今天，特别需要强调的是教师对学生人格的尊重，这是师德水准的底线。19世纪美国哲学家、作家爱默生说过："教育成功的秘密在于尊重。"尊重是教育的第一原则，也是"爱"的主要表现之一。

经验告诉我们：人与人之间的尊重是互相的。尊重别人，才能得到别人的尊重。师生关系也是如此。只有尊重学生，学生才能尊重信任你，才能对教师无话不说。说到这里，我不禁想起了一件事：一名到北京大学报到的新生，让一位70多岁的老人帮他照看一下行李，这位老人毫不犹豫地答应了，结果在烈日之下原地不动地站了好长时间，一直等到这位新生回来。这位老人便是已故北大副校长、国学大师季羡林先生。季先生之所以能够这样做，是因为他心中有学生，把学生看作与之平等的人，尊重他们，理解他们。

作为新时代"人类灵魂的工程师"，我们必须按照中央构建社会主义和谐社会的要求，不断加强学习，更新观念，提高认识，充分尊重学生的人格，充分尊重学生作为一个社会人所应有的权利和尊严，充分尊重学生的思维方式和自身发展方向，让学生在人格上和老师平等，这是实现和谐教育、创造和谐师生关系目标的第一步。需要指出的是，对于学生的尊重是建立在理解之上的。理解学生是实现师生关系和谐的感情基础。教育是一门艺术，因为"人是有感情的动物"，面对一群有思想、有感情的学生，如何赢得他们的信任，靠的就是理解、宽容和倾听。俗话说"人无完人，金无足赤"，学生在校难免会违反校纪校规，做出与其身份不相称的事。对此，教师要有换位思考的意识，以平等的观点去看待、理解学生的问题，正确处理好两者的关系。严格要求是道德教育的出发点，没有严格的要求，道德原则和日常规范就难以转化为学生的自觉行动，难以成为学生内心的准则。但严格要求，并不是故意刁难，苛刻对待，而应在深入细致的谈心工作中动之以情，晓之以理，用人格力量去感化他们，让学生心服口服，乐于接受，真正从心底感受到老师的关心和爱护。

有不少学者认为,教师作为育人者,育人必育心。因此,尊重、理解学生,就需要倾听学生的心声。倾听学生的心声、了解学生的需求是我们开展教育的前提。俄国教育家乌申斯基说:“如果教育家希望从一切方面去教育人,那么就首先从一切方面去了解人。”只有充分了解掌握了学生的性格特征、脾气秉性、兴趣爱好、家庭环境、成长背景等,才能采取行之有效的教育手段和教育方法,才能找到开启学生心灵的钥匙。从心理学的角度来说,明白一个人的感受要比明白真相更重要。对于教师与学生这两个特殊的群体而言,心与心的对话必然由真诚的倾听开始。教育需要交流,交流需要倾听。

二、教师要关爱学生

不管时代怎样的变迁,拥有爱心都是对一个教师的根本要求。我想,大家都不会忘记,2005 年春节晚会节目中,由中国残疾人艺术团表演的《千手观音》成为整场晚会的最大亮点,一个个精彩的瞬间博得了在场观众的阵阵掌声,也深深地感染了荧屏前的全国观众。特别是舞蹈结束后,手语老师教观众们的那句“爱是我们人类共同的语言”,更是震撼着人们的心灵。“只要人人都献出一份爱,世界将变成美好的明天。”这是人类社会共同追求的美好境界,因为爱是人类具有的特殊情感,是生命得以生长和延续的动力。作家冰心说得好:“爱在左,情在右,在生命路的两旁,随时撒种,随时开花,将这一路长途点缀得花香弥漫。”

教育是充满爱的事业,“没有爱就没有教育”,爱是成功教育的基石。列夫·托尔斯泰说过:“如果教师只有对事业的爱,那么他是一个好老师;如果把对教育的爱和对学生的爱融为一体,他就是一个完美的老师。”爱心是教育事业的基础。与一般意义上的母爱或男女情爱不同,师生之间的爱更具有特殊的魅力,它能融化冰冻的心灵,温热自信的希望,点亮起航的明灯，扬起前进的风帆。当今的教育对教师的要求很高，教育固然是要教客观知识，但更要育人。经师与人师的区别也在于前者只管教书，后者更重育人。例如，特级教师李镇西“视教育为心灵的艺术”，他提出“以人格引领人格，以心灵赢得心灵，以思想点燃思想，以自由呼唤自由，以平等造就平等，以宽容培养宽容”；模范教师、西安市八十三中王西文指出，“教育是一个灵魂唤醒另一个灵魂。只有触及到人的灵魂，并引起人的灵魂深处的变革，才是真正的教育”。

令人遗憾的是，现在一些教师对学生缺乏足够的耐心，他们只关注学习成绩好的少数学生，冷落、打击大多数学生。特别是对一些学习成绩不佳、不听话、淘气的学生失去关爱和信心，常常认为学生“笨”、“朽木不可雕也”，许多所谓的“差生”就是在这种冷落、歧视中形成的，一些天资聪颖的孩子的灵性也在教师的管制之下被埋没。陶行知先生曾经警告过我们：“你的教鞭下有瓦特，你的冷眼中有牛顿，你的讥笑中有爱迪生。”也无怪乎著名教育家吕型伟要说：“我们现在部分教师中存在这样的倾向问题，他们有专业，缺文化；有知识，缺能力；有经验，缺科学；有责任，缺爱心。”

在进一步分析中，我们觉得学习困难学生更需要老师的关爱。教育面对的是全体学生，更面对的是后进学生。“后进生”由于自身与家庭等因素，其情绪易冲动，行为变化无常，心理承受能力差且敏感，但又有强烈的自尊心。所以，教师要有充分的思想准备，教育后进生是有一个过程的，教师一定要有耐心和信心。事实表明，当教师把爱的甘泉洒向后进生的心田，使他们获得心理上的满足时，就会引起这个弱势群体对教师的尊重、信任和亲近，缩短了师生的心理距离。其实，很多时候学生的要求并不高，老师的一个眼神、一次微笑、生日的祝福、节日的问候、一次谈心，等等，就会使他们感受到爱的温暖。

当然，爱心并不是无原则的溺爱。尤其是在现代教育中，师爱是无私与公平的化身。它肩负着社会、家庭所托付的责任，是理智的、严格的。超越合理的限度，爱就是溺爱、纵容、放任，这是教育的一大祸害。

在这方面，外国的一些理念和做法是值得我们学习和借鉴的。例如，德国教育孩子的指导思想是，促使孩子“勤奋、正直、乐于助人、作风正派、行为规范”。因此，老师和父母从不包办代替孩子的事情。日本教育孩子有句名言：除了空气和阳光是大自然赐予的，其余一切都要通过劳动才能获得。美国教育注重培养学生的创新精神和适应社会的生存能力。在他们看来，无论是父母还是教师，如果溺爱孩子，这可能是他一生中做的最糟糕的事。

三、教师要对学生负责

教育是一种责任，没有责任就办不好教育。师爱的最高境界说到底就是为学生的一切负责。为什么我们的中小学教育，多年来一直存在着“爱的缺位”的问题？其原因固然是多方面的，但我觉得主要还是缺乏一种事业心和责任心。据了解、分析，现在许多搞教育的人，包括我们的一些校长、老师，只是出于生存的需要来做这件事，没有把教育当做自己喜欢的事情，他就不可能真正全身心投入。所以我认为，搞教育的人，特别是教师，首先不是看他的学历，首先要看他是否真正喜欢教育，喜欢孩子，有没有责任心。喜欢孩子、有责任心的人搞教育，他就知道应该给孩子什么样的教育，如何在教育中渗透人文关怀。

应该说，每个人都有责任干好自己的本职工作，教好学生是教师应备的职业道德，责任心是教师最基本的素质。责任心是一种觉悟、一种境界，强烈的责任意识来源于积极正确的人生观和价值观，来源于崇高的理想追求，教师要自觉改造自己的人生观，以奉献教育事业为乐，以努力工作、不误人子弟为荣，关心每一个学生的学习进步，关心每一个学生的心灵健康。

在日常教学中，教师的一个微笑，也许微不足道，但在学生的世界里却是非同凡响的，它包含着对学生的尊重、宽容、期待、鼓励、赞赏……包含了对学生全部的爱！它对学生健康心理和健全人格的形成至关重要，甚至影响学生的一生。

四、教师要学会欣赏学生

钢铁大王卡耐基曾说过:“我认为我最大的本钱就是能鼓舞别人的工作热忱。而鼓舞别人最好的办法就是加以赏识、赞美和鼓励。没有什么比批评更能毁灭一个人了。因此,我从不批评任何人,我认为我们应该给人的是工作的诱因和理由,而不是批评。我善于给人赞美,而绝不轻易找人错处。”这就要求我们要学会欣赏。懂得欣赏对一个教育工作者来说尤为重要。因为学生的自信在欣赏中建立,良好的习惯在欣赏中形成,优秀的品质在欣赏中发扬。正如有句话所说:“给点阳光,我就灿烂。”孩子是最容易满足的,只要你愿意时时用心去呵护他、关心他。为师者只要蹲下来,放下师长的架子,与孩子平等相处、用心交流,就会从中发现很多乐趣。但在教学工作中,我们经常发现有些教师谈起自己的学生总是牢骚满腹,抱怨不断。其实每个学生都有自己的优点和缺点,只是我们有的老师太计较学生的缺点,而忽视了学生的优点罢了。苏霍姆林斯基说过:“赞扬差生极其微小的进步,比嘲笑其显著的劣迹更文明。”事实上,只要对后进生多一些宽容和赏识,多用发展的眼光看待他们,给他们一些机会,使他们的潜力得到开发,而这种潜力一旦被挖掘出来,迸发出来的力量往往是惊人的。举例言之,大部分教师都认为诺贝尔化学奖得主瓦拉赫小时候“笨拙”,成才无望,可化学老师却独具慧眼,认为他做事一丝不苟,是可造之才,于是引导他从学习化学具体知识入手,将他带进了神奇的化学世界,从而奠定了他成功的基础。可见“差”与“优”之间之微妙,值得深思。因此,构建和谐的师生关系,教师不仅要尊重学生,还要欣赏学生,善于发现学生的个性和优点。“学会赏识,爱满天下”是著名教师斯霞亲笔为陶行知小学题的校训。用欣赏的眼光,去赞扬每一位学生的独特性、兴趣、爱好、专长,去发现学生的优点、闪光点,你就不会简单粗暴地去对待学生,就不会再用语言暴力去伤害学生。

作为教师，我们不仅要学会欣赏学生，还要善于引导学生学会欣赏别人。相互欣赏的师生关系，是和谐教育中的重要组成部分。具备了这一基础，那么我们在课堂教学中就能品尝到“柳暗花明又一村”的喜悦。

当然，提倡欣赏并不否认要指出学生的问题，但关键是要讲究方式方法。对话是建立和谐师生关系的基础。对话不仅仅是指师生之间的言谈，而且是指双方的内心世界坦诚的敞开和接纳，是对对方的真诚的倾听，是指双方共同在场、相互吸引、相互包容的关系。在对话中，教师是学生的伙伴、朋友，教师要参与到学生的活动中，与学生休戚相关、情感通融。

基于上述理解，我们坚持认为：没有和谐的师生关系，就没有和谐教育。没有和谐教育，和谐社会就缺少基础。所以，在“以人为本”理念越来越深入人心的今天，我们的教师只有尊重学生，理解学生，关爱学生，欣赏学生，学生才能更加尊敬、爱戴老师，师生关系才能更加和谐、融洽，我们的教育事业才能更加和谐发展。

第七章 为师的境界与追求

一、由“境界”一词所想到的

“境界”一语原出佛家典籍,后来移植到中国哲学和美学理论中来,有所谓“有我之境”和“无我之境”之分。境界可用于人,可用于物,也可用于评价文学艺术作品。刘再复先生在《放下,放下,放下》一文中认为:“人与人的差别,诗与诗的差别,艺术与艺术的差别(包括书法艺术的差别),其根本在于‘境界’的差别。境界看不见,但可悟到。”冯友兰先生说,中国哲学中最有价值的部分是关于人生境界的学说。如果从人生角度讲,境界就是对生命的纯真感悟。人生活在时空之中,或者说,人在世界中。每个人都有自己的世界,每个人的心灵都有自己的境界,有自己对生命意义和价值的认识与判断。因此,在评价人时,境界往往用来形容人格魅力和学识魅力。一个人如果仅有胆没有识,或仅有识没有胆,均构不成境界。有胆有识还有“学”,三者兼备才能构成境界。

中国文化是特别强调理想和境界的,境界就是理想。在美学理论中,“境界”是一种审美意境。冯契先生在分析境界时指出:“境界是主客观的统一,是精神享用着的,在其中生活着、自由活动着的领域,体现了人的精神所达到的造诣、水平。”因此,我们每个人都应该有自己的理想与境界,并且不断为之奋斗。海纳百川,才有了大海的浩瀚无边。一个人有了境界,才能淡泊名利、志存高远。黑格尔说过,一个民族有一些关注天空的人,他们才有希望;一个民族只是关心脚下的事情,那是没有未来的。作为一个致力于教育事业的教师,我们更要有仰望天空的胸怀,因为“天空”中有我们的理想与追求。

著名语文特级教师窦桂梅说:“我认为教师的专业发展首要的是教师要有自我专业追求。正确的信念就是稳定的动力。教师的自我专业追求如果内化为信念,就不会被消解,从而形成坚毅、持恒的信念。”可见,自我专业追求是教师成长的“内动力”。

有研究者通过调研发现,一般教师的发展大都经历过三个阶段: 从师范毕业生到做一个合格教师(教师适应期),大约需要5—8年时间;从合格教师走向成熟(教师成熟期),大约持续10—15年;经过成熟期以后,开始有了职业倦怠感(教师倦怠期),如果没有“内外动力”的激励和推动,就难以迈入更高的境界,成为骨干教师、学科带头人及特级教师。

从教师发展阶段来看,名师是教师专业化发展的最高境界。因此,我们可以这样认为: 在教师的生涯中,不同的发展阶段、不同的经历和追求,自然有着不同的“风景”、不同的境界。

二、做一个有境界的教师

我国近现代之交的著名学者王国维先生(1877—1927)在《人间词话》里有一段非常精辟的话:“古今之成大事业、大学问者,必经过三种之境界:‘昨夜西风凋碧树,独上高楼,望尽天涯路。’此第一境也。‘衣带渐宽终不悔,为伊消得人憔悴。’此第二境也。‘众里寻他千百度,蓦然回首,那人却在灯火阑珊处。’此第三境也。”

王国维在《人间词话》中所说的“大事业”与“大学问”,和我们理解的为师之道虽然不尽相同,但其基本精神是一致的。在我看来,这三种境界也是教师专业化发展的必经之路。

“昨夜西风凋碧树,独上高楼,望尽天涯路”出自晏殊的《鹊踏枝》。据季羡林先生的解释,意思是: 在秋天里,夜里吹起了西风,碧绿的树木叶子都凋零了。树叶一落,一切都显得特别空阔。一个人登上高楼,看到一条漫长的路，一直引到天边，不知道究竟有多长。王国维引用这几句词，形象地说明了一个人立志做一件事情的情景。志虽然已经立定，但是前路漫漫，还看不到什么具体的前景。比之于做教师的，应该把教师当做一种职业，就是要在自己的工作岗位上勤勤恳恳，任劳任怨，认真备课、上课、批改作业、辅导学生。既然选择了教师这个职业，就要耐得住寂寞，受得了清贫。记得有一位名师说过："寂寞是很锻炼人的，是成长的大好机会。寂寞可以让我安心地走自己的路，对于不好的现象、不同的观点，也可以理性地思考。"

是啊，"文章千古事，寂寞身后名"。古往今来，能成就"大学问"、"大事业"者，大多都是耐得寂寞的人，如司马迁、曹雪芹、鲁迅等。如此看来，耐不耐得寂寞，是一种意志与品格、责任与使命、思想与境界的体现。

"衣带渐宽终不悔，为伊消得人憔悴"出自柳永的《凤栖梧》。王国维只是借用这两句话来说明：在工作进行中，一定要艰苦奋斗，不惜努力付出，以致形体消瘦，连衣裳的带子都显得松了。但是，他（她）并不后悔，仍然是废寝忘食，勇往直前，即使憔悴痛苦，也在所不顾。在三个境界中，这可以说是关键。一个真正优秀的教师，必须要有这种精神，即把教师当做一种事业，甘于奉献，为学生呕心沥血、默默耕耘。

"众里寻他千百度，蓦然回首，那人却在灯火阑珊处"出自辛弃疾的《青玉案·元夕》，意思是：在人群中，我到处找他（她），也不知道找了几百遍几千遍，只是找不到。忽然回头一看，那人原来就在灯火稀疏清冷的地方。王国维引用这几句词，来说明治学过程的体验。一个人既然要下定决心成就一件事情，于是就上下求索，艰苦奋斗，百折不回。但是什么时候才能成功呢？对于这个问题大可不必过分考虑。只要有这种精神，且方法对头，到了一定的时候，自然会取得成功。

研究学问如此，当教师也是如此。因为，教学不仅是一门科学，也是一门艺术。每一位教师都要倾心钻研教学的艺术，把知识教得深入浅出，引人入胜。不过，这种教学境界，是要靠经年积累方可达到，而一旦达成，往往会让你得到"柳暗花明又一村"的喜悦。

说到课堂教学，苏霍姆林斯基在《给教师的建议》中曾讲过这样一个故事：苏联一位资深历史老师上了一节公开课，许多同行和教育部门领导都来听课，大家本来打算在课堂进行过程中做点记录，以便课下提些意见。但是，出人意料的是，这位历史老师的课上得精彩极了，一个个听得入了迷，竟连做记录也忘了。课后，一位同行迷惑不解地问这位历史老师："你花了多少时间来备这节课？不止一个小时吧？"不料这位历史老师回答道："对这节课，我准备了一辈子。而且，总的来说，对每一节课，我都是用终生的时间来准备的。不过，对这个课题的直接准备，或者说现场准备，只用了大约15分钟。"这个故事告诉我们：为师的境界，是需要终身学习和修炼的。

就备课和上课而言，我认为这是教师的天职。所以，作为一名教师，不管你对课程如何熟悉，都要认真备课。那么，如何进行备课和上课呢？一位外国诗人说得好："伟大的艺术家是简化的大师。"能用最简洁朴实的方法，让人受到最丰富、生动的教诲，这便是伟大的教育家。很深奥的道理，能讲得浅显易懂，很受学生欢迎，这就是最好的老师。

的确如此，"深入浅出"是一种最佳的教学效果。但我觉得，"深入"是"浅出"的前提或资格，没有"深入"，何来"浅出"？我们经常说的，要给学生一杯水，自己最好有一桶水，无非也就是这个意思而已。当然，要成为一个有境界的教师，光靠"深入浅出"的教学艺术是不够的。雅斯贝尔斯说："教育是人的灵魂的教育，而非理性知识的堆积。"因此，我认为，一个真正有境界的教师，还应该是胸怀理想，充满自信、自强和活力，不断挑战自我，具有思维敏捷、宁静致远、严谨踏实、睿智深邃、激情澎湃、风趣幽默等魅力。著名特级教师于漪的课程，不仅生动有趣，而且充满激情，深得学生赞誉。的确，教育要有激情、有诗意。但激情需要教师去创造，需要有学生积极地参与，通过教和学两个主体生命之间的对话，去创造，去生成。很难设想，一个没有激情、没有诗意、没有追求精神的人，能够同时又是一位真正的教育家。

遗憾的是，时下一些中小学教师未能把教学当成"艺术"、把教书育人当做事业来对待，因而缺乏对教育的热情和执著。不仅如此，就连一些高校教授、博导，也把自己当“老板”，而把所带研究生当成廉价的劳动力。“招收研究生就像招工一样”，让一届又一届的学生为自己做项目、生钱财。说实在话，这与我们所提倡的“教师精神”是格格不入的。

应该承认，在教师群体中，每个人的业务素质和发展水平存在差异，生活经历和所处的环境也各不相同，不可能每个教师都能成为特级教师，也不可能每个教师都能成为学科带头人，但起码我们每个教师都要争做一个合格的教师、一个有境界的教师。

“合格才能卓越”，是一位著名企业管理家对人才培养工作的总结。其实，做一个真正合格的人民教师也不容易。记得有一篇文章里讲到，要成为合格的教师，必须经过“十二修炼”：修炼自己的声音，让它引人入胜；修炼自己的语言，让它妙趣横生；修炼自己的眼睛，让它传神丰富；修炼自己的表情，让它神采飞扬；修炼自己的行动，让它规范专业；修炼自己的学识，让它有如泉涌；修炼自己的脾气，让它逗人喜爱；修炼自己的个性，让它鲜明唯美；修炼自己的心灵，让它平和美丽；修炼自己的气质，让它超凡脱俗；修炼自己的灵魂，让它崇高圣洁；修炼自己的人生，让它阳光幸福。

从上述的归纳可以看出，教师的气质和素养就是这样修炼出来的。不过，在我看来，从一个合格的教师到一个有境界的优秀教师、名师，关键是要在实践中形成自己的教学风格和教育思想。有人说过，名师也是名角。京剧中的梅兰芳有自己独特的表演风格、表演理论体系和传人弟子。名师也有自己的教学风格和精湛的教学艺术，他的价值观、生活态度，会在学生中传承、延续。例如，斯霞、李吉林、于永正、魏书生等许多教育名家出神入化的课堂调控、点拨与适时的评价、反馈艺术，等等，都深深地烙上了他们个人鲜明的性格和气质特征。他们独具特色的风格，让人欣赏；睿智深邃的思想，给人启迪；宁静致远的心境，更显生命的可贵。

最后，我感到：时代在发展，人们的观念也在不断变化。“不想当将军的士兵不是好士兵”，不想当名师的教师也绝不是一个好教师。与名师相比，我们缺乏的并不是聪明才智，而是可以改变的非智力因素，包括终身学习的理念、学会反思的习惯以及追求卓越的精神等。尤其是在教育全球化的背景下，作为人类灵魂的工程师，我们不能仅仅把教师这一“太阳底下最光辉的职业”当成谋生的需要，而是要把它当成一项人类最伟大的事业来追求，这样才能变压力为动力，不惜终生为之奋斗和付出，努力使教与学的双方都达到一种真实的精神的提升，真正做到“无为而无所不为”。这是教师的精神境界，也是我们教育的终极目标。

第二篇
教师阅读

“腹有诗书气自华”，没有真正的阅读就没有真正的教育。读书，是教师生命成长的必需。但近年来调查发现，“我国识字的人口中只有一半在看书，国民阅读率的走低令人担忧”。更有甚者，有“很大一部分教师都不读书”，这显然是不利于教师专业成长的，也是造成教师“职业倦怠”和“平庸化现象”的重要因素之一。所以，不少专家呼吁：教师要在读书中生存与发展。

读书，除了要掌握有效方法，学会与文本对话，做到读与思结合、读与写结合、学以致用外，还有一点必须强调：读书是一项苦中有乐的工程，贵在及时，重在坚持。没有极大的毅力支撑，是很难将教师阅读进行到底的。

第八章　今天我们为什么要读书

读书,是一个古老的话题,人人都知道读书的好处。上海人民出版社2007年曾经出过一本书,题目叫“读书这么好的事”(张新颖)。初看这个书名,心想读书的益处岂一个“好”字了得。然而你细想想,纵有千言万语,怕也抵不过这个“好”字,正所谓“天下第一好事,还是读书”(张元济)。为何?因为人类千百年以来保存智慧的手段不出两端,一是实物,比如长城、故宫等;二是书籍。

阅读,对一个人、一个民族的影响是巨大的。虽说书籍不能改变世界,但读书可以改变人,人是可以改变世界的。书是人类认识的载体,有知识的人把所见所闻或所思所想记录下来,便成为书。有价值的书是历史的见证、知识的宝库、智慧的结晶,是一个民族、一个国家精神文明的标志。人们常说,岁月无情,然而阅读却是最有情义的。我们对于世界有所认识、对于人类的崇高理想有所了解,都得益于读书。通过读书,我们认识到,除了衣食住行的物质生活之外,还应有高尚的精神生活。通过读书,我们了解到自古以来许多志士仁人感人肺腑的光辉事迹。

因此,我非常赞同朱永新先生的话:“一个人的精神发育史实质上就是一个人的阅读史;一个民族的精神境界,在很大程度上取决于这个民族的阅读水平。”社会文化和历史就是通过阅读而代代相传、继往开来的。记得2009年“两会”召开前夕,温家宝总理在与网民进行在线交流中提到:“我非常希望提倡全民读书,我愿意看到人们坐在地铁的时候能够手里拿上一本书,因为我一直认为,知识不仅给人力量,还给人安全,给人幸福。多读书吧,这就是我的希望。”我看到这段话的时候,深受启迪,也十分感动。如果我们能够摆脱“急功近利”的心情,读书的确是一种幸福,能给人安全感,正如于丹在《读书就是滋养自己》一文中所说:“文化的力量,我们不能夸大它,它不能阻止地震的来临,也不能改变金融危机。它能改变什么?它改变的是我们面对这一切的态度,是我们自己和世界相遇的方式。”①

1995 年,联合国教科文组织决定,将每年的 4 月 23 日定为“世界图书与版权日”,即世界读书日,意在鼓励人们发掘读书的乐趣,并纪念那些为推动人类文明前进而做出不懈努力的先辈。为什么选择 4 月 23 日作为世界读书日呢?据说跟西班牙有点关系。这一天是西班牙大文豪、《堂吉诃德》的作者塞万提斯的忌日。还有一个根据,就是这一天是西班牙一个地区的传统节日,叫作圣乔治节。其来历是,当地有一个英雄叫乔治,他从怪兽手中救出了一个公主。通常“英雄救美”的民间故事,一般公主得救以后会嫁给英雄,可这个故事不是这样,没有说公主为了感恩就嫁给英雄了。她怎么感谢的呢?她送给英雄一本书,这就不落俗套了。作为英雄,你光是能杀死怪兽还不够,你还得有文化,有品位。根据这个故事,西班牙这个地区就有了一个节日,到 4 月 23 日这一天,姑娘送自己爱的小伙子一本书,小伙子送姑娘一枝玫瑰花。我觉得这倒不错,姑娘要求自己的意中人是有文化的、爱读书的。其实,所谓的“世界读书日”,也只不过是提倡一下,或许有点推动作用,但“推是为了不推”,真正的读书行动要靠持之以恒,靠个人的“文化自觉”。我们这里说的“文化自觉”,强调的是一种“自主意识”,即把读书当做一种自觉行为。

据我所知,世界最早的书籍产生于五千多年前。1845 年一位英国考古学家,经过长达六年的发掘,找到了传说中的亚述人的藏书室,里面堆满了刻有符号的大大小小的泥板,这些符号被证明是公元前 3200 年两河流域的苏美尔人发明的楔形文字,这些泥板便是我们所知道的最早的书。这些泥板每块重约 1 公斤,他们首先用半干的黏土制成方方正正的板块,然后把芦苇秆或木棒削成三角形尖头作为书写的“笔”,在泥板上压出楔形字,用火

① 于丹:《读书就是滋养自己》,《人民日报》,2009 年 4 月 15 日。

烘干后就成了“书”。之后埃及发明了写在纸莎草上的象形文字,中国发明了甲骨文。当埃及古文字和苏美尔楔形文字逐渐走向死亡之际,秦朝告示全国实行“书同文”,中国的文字才真正进入了规范统一的生长发育期。经过了“书于竹帛,镂于金石”的早期阶段,公元 150 年左右中国人发明了造纸术,从而彻底改变了图书的形式,而后来印刷术的发明更是为图书的普及做出了巨大的贡献。

应该说,中华民族是一个有着良好阅读传统的民族。有关名人与书的趣事不胜枚举:

《论衡》的作者王充,家贫买不起书,常游洛阳书肆,所阅之书过目即能诵忆,遂博通众流百家之言。

宋太宗每天读《御览》三卷,宋琪认为皇帝这样做太辛苦了,太宗却说:“开卷有益,不为劳。”意即读书固然需要时间和体力的付出,但同时能够获得知识的回报和精神的滋养,而且每每因为醉心于书而将寂寞、空虚摒之于身外,何劳之有?

大思想家王夫之一生著书数百卷,连给女儿嫁妆时,亦是满满一箱书。

《资本论》最早的中文翻译者、经济学家王亚南,在乘船遭遇风浪、海轮颠簸不止时,要求服务员将其绑在椅子上以聚精会神地读书。此举颇有些《荷马史诗》中奥德赛把自己捆在桅杆上不受海妖歌声诱惑的风范。

诗人闻一多在结婚当日忽然不见了踪影,后被友人发现在书房中如痴如醉地读书。

学者黄侃在北大主讲国学时,住在北京白庙胡同大同公寓,终日潜心读书,有时吃饭也不出书房门,准备了馒头和辣椒、酱油等佐料摆在书桌上,饿了便啃馒头,边吃边看书,吃吃停停,看到妙处就大叫“妙极了”。有一次,看书入迷,竟将馒头伸进了砚台、朱砂盒,啃了多时,涂成花脸,也未觉察。一位朋友来访,捧腹大笑,他还不知笑他什么。无独有偶,据说当年陈望道独守柴屋翻译《共产党宣言》时,也有痴迷中误服墨汁之举。

古今中外,关于读书的名人名言,更是不计其数。例如,杜甫说“读书破万卷,下笔如有神”,别林斯基说“书是我们时代的生命”,高尔基说“书是人类进步的阶梯”,等等。

一、教师读书的当下意义

也许有人会问,今天这个时代,读书到底有什么意义?它能给我们带来什么?要回答这个问题,我们不妨引用王蒙先生的一段话:“读书是一种享受,是一种生活方式,也是一种风度。我们这个时代之所以出现一些浮躁的风气,很重要的一个方面,是一些人不读书,缺乏应有的风度,缺乏对事物的专注之心。”①在有些人看来,终日埋头进行科学研究的科学家是一些不近人情、枯燥乏味的“怪人”。事实上,对生活和事业的热爱,使不少科学家逐步成为自然美的追求者与发现者。达尔文常常几小时不间断地阅读莎士比亚的历史剧和拜伦、华尔特·司各特的诗篇,诺贝尔读过许多名人大家的文学作品,我国数学家华罗庚、苏步青都非常喜爱古典文学。

如今,时代确实有些浮躁与功利,但读书能让人沉醉,让人保持内心的宁静。读书,就是与博学的先生对话。他以和缓的语调,告诉我们物质的速朽和精神的永恒。譬如当年唐宋,曾肥马轻裘雕梁画栋,而存活于人心不朽流传的,却是激扬精神的诗词歌赋。苏霍姆林斯基说过:“无限相信书籍的力量,是我的教育信仰的真谛之一。”从人类发展史看,文明与阅读是密不可分的。读书是人类特有的精神生活,也是人类传承文明的主要方式。对人来说,“恐怕没有比读书更好的精神食粮了”。曾国藩家书有言:“人之气质,由于天生,本难改变,唯读书可变化气质。”清华大学附属小学校长、小学语文特级教师窦桂梅也说过:“人,要有气质,要想真正地漂亮起来,一定要读书,读书是最好的‘精神化妆’。”应当说,阅读及其质量,的确关乎一个人的素质养成和精神状态。冯友兰先生曾说,他第一次见蔡元培先生,就感

① 王蒙:《读书是一种态度》,《人民日报》,2009 年 4 月 17 日。

到有一种光风霁月的气象。美学家叶朗认为，这是因为一个人的精神境界有高有低，中国的传统要求我们要不断提高自己的精神品质，涵养气象，就必须读书，就必须有生活的积累、思想的积淀。文化的涵养会使我们的思想保持鲜活的亮色。

其实，古今中外的名人志士都爱读书，像孔子、陆游、巴甫洛夫、萧伯纳、马寅初、巴金、冰心等，他们不仅把读书作为获得知识的手段，而且还把读书作为养生的方法之一，得到了健康长寿。宋代诗人陆游在医学并不发达的时代，尚能活到85岁。他在诗中多处提到读书："读书有味身忘老"，"病需书卷作良医"等。欧阳修自述其读书感受时说："每遇体之不康，则取六经、百氏，若古人之文章，诵之。爱其深博闲雅、雄富伟丽之说，则必茫乎以思，畅乎以平，释然不知疾之在体。"身体的不适感，竟然因为读书而荡然无存。现在有些国家在医院开设了图书馆，称之为"书籍疗法"，其道理就在于读书能转移不良情绪，从而促进身心健康。当然，这还不足以证明读书就能使人长寿，但读书有益身心，却是不争的事实。书要读进去，必须心先静。静心读书时，忘却烦恼，心静如水，物我两忘，人体各个系统处于相对平衡状态，有利于人体远离疾病的侵袭。由此看来，所谓"读书破万卷，不用去医院"，这句话有一定的科学道理。

不仅如此，作家曹文轩曾说过："阅读是人类最优雅的行为，也是最优美的姿态。"他说，一位瑞典作家曾给他讲过一个故事：一个家庭里有两个孩子，因经济原因，老大没有读书，也就是说没有阅读行为，而老二上了学，有了读书行为。几年后有家科研机构对他们的大脑作了科学测试，结果发现没有阅读行为的那个孩子的大脑发育是不完善的。这个故事告诉我们"阅读从根本上讲是一种人道主义行为"，它让人的大脑得到了充分发展，能使他更完美地感受到这个世界，享受到足够多的东西。

中国社科院研究员周国平则认为："人生有种种享受，读书是其中之一。读书的快乐，一在求知欲的满足，二在与活在书中的灵魂交流，三在自身精神的丰富和生长。"著名作家贾平凹也说："读书对一个人来讲特别重要，人生经验一部分从生活中来，一部分从书本中来，书读得多，对你的人生、心灵健康发展，肯定有好处的。”的确，读书有诸多益处：读书，可以开阔人的视野，让我们拒绝平庸；读书，可以改变人的气质，提升我们的教育境界；读书，可以优化人生层次，提高我们的生存质量；读书，可以启发人的思维，点燃思想的火花，让我们更加善于思考。更重要的是，读书为我们的教育教学滋养了底气和灵气，使我们睿智、深邃，站得高看得远，远离浮躁。

人是生活在物质和精神两个世界里，书是精神世界中再现物质世界的载体，因而凡是具有一定文化素质的人，都时常生活在书里，读书才能过更有趣的生活。书，关乎人的生命质量和命运走向。人一辈子怎样生活，生活得怎样，就是从他与书的关联开始。苏轼有诗曰：“粗缯大布裹生涯，腹有诗书气自华。”饱读诗书，可以使人气质高贵、气宇轩昂。苏霍姆林斯基也曾说过：“一个真正的人应当在灵魂深处有一份精神宝藏，这就是他通宵达旦地读过一二百本书。”大家知道，人类在几千年的教育历史中，创造和积累了许多宝贵的教育思想财富，这些财富保存的载体主要就是教育的经典著作。阅读经典，与过去的教育家对话，是教师成长的基本条件，也是教师教育思想形成与发展的基础。意大利著名作家卡尔维诺说过：“一部经典作品是一本每次重读都好像初读那样带来发现的书。”意思是说，一部经典著作，无论你读多少遍，你都有新鲜感，有新的发现、新的收获。为什么呢？因为经典著作有一个共同的特征，就是关注和思考人类精神生活共同的大问题，比如人生的意义、生命和死亡、灵魂和肉体、信仰，等等，同时又各有独特的贡献和历史地位。用库切《何谓经典》中的话说，那些“历经最糟糕的野蛮攻击而得以劫后余生的作品就是经典”。从这个意义上说，不管是中国的老子、庄子也好，西方的柏拉图、亚里士多德也好，只要是真正进入世界文化宝库的作品，都是公认的经典著作。读这样的书，才能进入真正的阅读，可以“以一当十”、“事半功倍”。如果碰到什么读什么，是永远走不到真正的阅读里面去的。

张大千先生曾说过：“作画如欲脱俗气、洗浮气、除匠气，第一是读书，第二是读书，第三是有系统、有选择地读书。”读书对于画家尚且如此重要，何况我们教书的人？我认为，对教师而言，读书和教书同等重要。胡锦涛总书记2007年8月31日在全国优秀教师代表座谈会上的讲话中讲道，教师“以人民教师特有的人格魅力、学识魅力和卓有成效的工作赢得全社会的尊重”。这种魅力从何而来，就是从学习中来，从读书中来。而真正意义上的读书是在工作以后，这时候读书是为了自己。孔子有言：“古之学者读书为己，今之学者读书为人。”以前的学者读书是为了自己，现在的学者读书是为了表演给别人看。

的确，从一定意义上说，“读书不是为了跟别人较量，而是为了自己丰润华美”①，提高个人的素养，提升个人的品位，增强自己的人格魅力。阅读，是人生的智慧的标志。关于“智慧”，权威辞书解释为“分析和批判的能力、发明创造的能力”。辞书的解释是针对所有领域的、一般性的解释，具体到教育界（尤其是中小学），我们在理解时就要有一定的方向性。从一定意义上说，“智慧”强调的是不断地认知和思考。为了弥补自己的不足，更为了教学与研究的需要，我们必须把读书当成人生的头等大事，刻苦学习，不断完善自己的知识结构，提升教育智慧，做一个真正的读书人。

“读书人”是一个美好的身份。“每个人在一生中会有各种其他的身份，例如学生、教师、作家、工程师、企业家等，但是，如果不同时也是一个读者，这个人就肯定存在着某种缺陷。一个不是读者的学生，不管他考试成绩多么优秀，本质上不是一个优秀人才。一个不是读者的作家，我们有理由怀疑他作为作家的资格。”②人生拥有相当多的时光，如果一辈子不跟书本打交道，不享受诗意的阅读，这样的人生是苍白的、可怜的。爱因斯坦曾说过：“人的差异在于业余时间。”我们周围的很多人（特别是教师）在开始工作时，处于同一条起跑线上，但是若干年以后业务上就拉开了距离。其中一个

---

① ［美］克利夫顿·费迪曼：《一生的读书计划》，海南出版社，2002年。

② 周国平：《周国平论教育》，华东师范大学出版社，2009年，第29页。

重要原因就是，落后者在业余时间没有认真读书学习。早在十几年前，世界经济组织曾做过一次调查，结论显示：在同等条件下，爱读书的人在晋职加薪上更有优势。这个结论的原理是什么？我想，是因为阅读不仅影响到人的心灵境界，更能让人获得新知，能在终身学习的时代不断提升自己的能力。

话到此处，我想起孙双金在《成功，就是多读一本书》一文中所引用的一个故事："某商人在资产1亿元时欲与另一家资产120多亿元的企业争取荷兰设在中国的总代理商。一日，荷兰总裁来中国实地考察。他第一站先来见这位商人，谈完商务之后，在商人的办公室发现了一本解读《道德经》的书。荷兰总裁顿时来了兴致，原来这位荷兰人特别崇拜中国老子的道家思想，就和这位商人谈起了道家思想。恰巧，这位中国商人对老子也极为崇拜，对老子颇有研究。两人越谈越投机，真是'人逢知己'啊！荷兰总裁当即表态：第二家不去考察了，中国代理商非你莫属了！"这个故事告诉我们：什么叫成功？成功就是比别人多读一本书！

二、读书是世界性的话题

纵观世界各国，凡是崇尚读书的民族，大多是生命力顽强的民族。全世界读书最多的民族是犹太族，平均每人每年读书64本。作为犹太人聚居地的以色列，它的人文发展指数（将出生时的预期寿命、成人识字率和实际人均国内生产总值等衡量人生三大要素的指标合成一个复合指数）居全世界第21位，是中东地区最高的国家。

据介绍，以色列书店里各种版本的图书、报刊一应俱全，在街头的报亭里可以买到头天出版的《泰晤士报》、《纽约时报》、《世界报》等西方国家的大报，在有的书店里还可以买到《毛泽东选集》、《邓小平文选》。

在犹太人的家庭里，有浓郁的读书和求知氛围。中国有一个习俗，要让婴儿"抓周"，如果抓书，预测他将是读书人；抓算盘，预测是个生意人，等等。而犹太人的习俗是，在孩子稍稍懂事的时候，母亲就会翻开《圣经》，涂一点蜂蜜在上面，然后让小孩去舔。这一仪式的用意不言而喻——让孩子从小就知道书本是甜的，日后便爱不释手。

犹太人一直有着重视读书的传统，这使得该民族在长期颠沛流离中能够不断地涌现出许多优秀的思想家、科学家和一流的经营者。在近代史的长卷画轴中，马克思（社会科学）、爱因斯坦（自然科学）和弗洛伊德（人类自身心理研究），是改变历史进程的三位大师，被推崇为“犹太三星”。不管是在欧美各国还是在以色列，犹太人接受高等教育的人口比例都很高。犹太人虽然只占全球人口的 0. 23%（根据 1995 年的统计，全世界共有犹太人 1 282 万），但是在 20 世纪 645 位诺贝尔奖获奖者中却有 121 位是犹太人，占比高达 18. 5%，获奖人数高居世界各民族之首。

俄罗斯人也是以喜欢读书著称的。1. 4 亿俄罗斯人的私人藏书就达 200 亿册，每个家庭平均藏书近 300 册。因此，俄罗斯获得了世界上“最爱阅读的国家”的美誉。我的一个老师告诉我，他曾在北戴河休假，看到从海里上来的一对俄罗斯情人，身上滴着水，刚坐到太阳伞下的躺椅上，便各自摸出一本书来读。在整个海滩懒洋洋地休闲的人群中，这一幕留给人的印象极深。后来他到过俄罗斯，在公园的长椅上、电车上、大学草坪上、步行街上，随处可见埋头读书的人。在普希金公园，他观察到，许多人口袋里都装着一本书。至于图书馆的阅览室，则是各年龄段俄罗斯人最喜欢的场所，人们常常要为在图书馆阅览室订到一个座位而排队。读书，对于俄罗斯人来说，不仅是获取知识的手段，也是休闲甚至娱乐的方式。

近些年来，俄罗斯人的阅读率也有所下降，其罪魁祸首是电视和网络。这一情况引起俄政府的高度重视，并将其视为一个严重的社会问题。为此，俄政府制定《民族阅读大纲》，并采取一系列措施，“培养读者兴趣，鼓励年轻人读书”，让“读书重新成为一种时尚”。

2008 年 3 月 1 日，《环球时报》报道了《法国倾力打造阅读大国》的情景：在法国，常常在公共汽车上看到有人捧着一本厚厚的小说在津津有味地读着，有白发苍苍的老人、背着书包上学的青少年，也不乏匆匆赶路的上班族。的确，法国人读书有股“挤劲儿”。怀揣一书，随时阅读，有空就读。无论在咖啡馆，还是在地铁里、公园中、马路边、公车上，到处都能看到人们读书的身影。多少年来，法国始终保持着读书大国的地位。统计表明，法国人每年人均读书12本，多的则可达25本以上。即使在经济困难时期，法国人宁可砍掉其他消费，也不轻易减少买书的开支。

与法国一样，在德国的地铁上，无论男女老少，无论坐着站着，上车的第一件事，就是拿出一本书来读。调查显示：56%的德国人在他们的业余时间喜欢或非常喜欢读书；平均49%的妇女和36%的男士每年至少买3本书；仅汉堡市中心图书馆一年就有近1 100万册图书被读者借阅，光顾中心图书馆的一年为458万人次，平均每天超过18 000人；全世界最大的图书展每年在德国的莱比锡和法兰克福两个城市举办。这些数据都说明了一个问题：德国人是喜欢阅读的。

在印度的飞机和火车上，也经常可以看到乘客捧着书在认真阅读。印度各地都有许多书店和书摊。在每一个市场里，即使是一个很小的市场里，也有一两家书店。据印度一位社会学家的一项调查显示(2008年)，印度人一般一年要读3至5本书，而且多是小说。从印度人爱读书以及能静下来读小说这一点来看，印度人心态普遍比较沉静，不浮躁，生活得很从容。

在澳大利亚，“天天都是读书日”。澳大利亚人无论搞活动，还是外出，背囊里都装着书。只要稍加留意，你就会发现，马路边、草坪上、海滩旁、商店里、候机厅内，常见人捧书阅读的场景。有些书迷甚至一上车、船，就习惯性地掏出一本书，然后心无旁骛地看起来。即使站立者，也照样抓住栏杆或吊环，在摇摇晃晃中享受阅读。

日本的国土面积不足38万平方公里，比我国的四川省还小一点，人口有1.2亿。但是，日本每年出版新书的总码洋是在2 000亿人民币左右。日本的书店很多，仅东京，就有7 000多家。尽管日本的书店都不是很大，但书的种类非常齐全，内容非常丰富，什么书都有。日本人的读书热在全世界来看，都是很高的。

最近看到一个材料，说美国人又爱读书了。美国权威调查机构从1995年开始进行全国范围的调查，要求人们说出自己业余时间最喜欢的三项活动。结果2005年阅读以35%排在首位，看电视以21%排在次席，与家人和孩子玩以20%居第三。2005年阅读上升势头最猛，上升了11个百分点。美国人为什么掀起这样的阅读热？据观察分析，这和美国人强烈的危机感有关。在美国人看来，不读书已经没有出路。

同一些国家相比，我国现在拥有阅读的比例还比较少。应该说，中国自古以来就是一个崇尚、热爱读书的民族。《论语》共十六章，第一章就是《学而》，而《学而》的第一句话就是："学而时习之，不亦乐乎?"孔子的一生既是教育的一生，也是学习的一生、读书的一生。"韦编三绝"和"发愤忘食，乐以忘忧"，便是孔子勤奋读书的写照。孔子开创了儒家学派，而"儒"的最广的所指，就是"读书人"。读书人在中国传统社会受到高度尊敬，是中华文明崇尚读书的表现，也是中华文化的突出特色。

在中国，"万般皆下品，唯有读书高"的观念，虽然有其片面性，但同时也反映了自古以来对读书的极高评价。在一定的高度看，也有积极的一面。创立于隋唐时的科举制度，其进步的一面就是打破了用人问题上的论门第的世袭制度，使"朝为田舍郎，暮登天子堂"变为现实，使一些优秀人才脱颖而出。只是到了封建社会后期，它使广大读书人的阅读视野渐渐单一（八股文）窄化（重文轻理）了。而且，这种延绵千年的科举应试教育，至今在现实社会中还有相当的市场。毫无疑问，现在的应试教育，也在很大程度上挤占了学生读书的空间，学校中无书可读的现象远未真正改观，学生无暇读书、不想读书的情形也不少见。

三、如何认识和改变教师的阅读现状

近年来调查发现，"我国识字的人口中只有一半在看书，国民阅读率的走低令人担忧”。记得2009年,某大报发表一篇题为“近半干部一年不读书”的文章,称“第五次全国国民阅读调查”结果显示:虽然高达80%的被访干部认为,在当今社会,阅读是“非常重要的”。然而,仍有高达46%的干部在一年中没有读过一本书。

在2012年第十七个“世界读书日”前夕,由中国新闻出版研究院组织实施的第九次全国国民阅读调查项目在京公布调查结果,不到一成人认为自己读书多。还有一种趋势就是:网上阅读的人多了,愿意付费下载的少了。

实际上,当下教师的阅读状况也难如人意。由于受“应试教育”的逼迫,不少教师除了看教科书和教参书之外,其他的书已经很少读了。教师如果只读教科书和教参书,尽管也可以应付教学,但不可能成为优秀的教师,也不可能受到学生的欢迎,因为他们没有形成自己的优质话语系统,只是鹦鹉学舌地“拿来”现成的东西。相反,那些喜欢读书的教师,有了属于自己的优质语感,有了高层次教学的底气,自然也就受到了学生的欢迎。所以,有人说得好:“厨师看菜谱不是读书,教师看教辅不是读书,门迎看礼仪手册同样不是读书。”

曾有调查显示,全国中小学教师的专业素质阅读存在大面积空白:在某中学,老师们对“多元智能”理论一无所知;在某小学,与老师们谈到“最近发展区”时,他们大都面面相觑,不知所云;在多所学校,问:“你了解陶行知吗?”老师回答“好像听说过”的占58%。陶行知是中国近代追求“生活教育”的人民教育家,是“捧着一颗心来,不带半根草去”的教师楷模,他提出的“生活即教育”、“社会即学校”、“教学做合一”、“创造教育”四大教育主张,至今仍对中国教育的发展产生着巨大影响。有学者指出:一个没有读过陶行知的人,怎么可以在中国做教师呢?还有的教师,以为魏书生是医生。

显然,教师整天不读书却忙于教书,是不利于教师的专业发展的,也是导致教师“职业倦怠”和“平庸化现象”的重要原因。所以,苏霍姆林斯基在

《给教师的建议》一书中倡导教师“要把读书当做第一精神需要，当做饥饿者的食物”。现在也有不少专家呼吁：教师要在读书中生存，要处在真正的“读书状态”。如今，一次“充电”终生“受用”的时代早已过去。有资料表明，一个人在校求学时所获得的知识，充其量不过是一生所需的10%，而另外90%以上的知识都必须在以后的自学中不断获取。在知识更新日益加快的今天，一个本科生走出校门两年内、一个硕士生毕业三年内、一个博士生毕业四年内，所学的专业知识将全部老化。这就说明，每位有志于读书治学者除了学会学习之外，还必须牢固树立终身学习的思想，要尽最大的努力，天天坚持学习，才能跟上时代前进的步伐。值得一提的是，读书著述做学问，是一个长期的积淀、磨砺过程。一个优秀教师首先是一个善于读书、知识渊博、视野广阔的读书人。与教育名师相比，我们比较多的只是囿于操作层面的专业技能所表现出来的匠气，而往往缺少一种基于文化底蕴和深厚思想上的教育追求和教育智慧。每一位名师无不具有丰富而深沉的文化底蕴，有底蕴才有底气，有底气才有灵气。真正热爱教师这个职业的人，是不允许自己只在原有知识水平上做低质量的重复的。在这方面，几位特级教师就是很好的例子。比如，听王栋生、窦桂梅、王崧舟、程红兵等名师讲课，整堂课下来简直就是一种美的享受。实际上，这种高超的教学艺术正是得益于他们的阅读生活和不断的知识积累。人生是一条奔腾不息的河流，它不会停留在某个地方，也不会停止在某一阶段，它需要不断超越，但不是超越所有的人，而是要超越自己，超越自己的过去。

说到底，读书是教书育人的根本。因此，我认为“教书先读书”。由于工作关系，我经常到中小学去听课，发现有一些语文教师上课时不善于举例子，文化底蕴不深，专业能力不强，课堂教学缺乏深度。实际上，这种情况是教师知识更新不快、阅读不足造成的。难怪特级教师吴非在一篇文章中说：“中国不缺想做官的教师，缺的是爱读书的教师；中国不缺搞应试的教师，缺的是有思想的教师。”要知道，读书也是备课，而且是最好的备课。在一定程度上讲，阅读的高度决定教学的高度。

如此看来，作为一个中小学教师，尤其是语文教师，首先应当是一个读书人。一个热爱读书的人，日久月深，就会濡染悲天悯人的情怀，就会产生正确的价值判断，形成积极的世界观和人生观。所以我觉得，现在有不少学校都倡导教师读书，这是天经地义、功德无量的大好事。“问渠哪得清如许？为有源头活水来”，教师的成长、教师的学养、教师的快乐，都可以从阅读中来。为推动全民阅读，形成“多读书、读好书”的风尚，教师首先要从“功利阅读”中走出来，注重提高自身的人文素养，养成良好的阅读习惯，起到示范和促进作用。商友敬先生说：“我们教书的人，时刻不停地读书，这才是我们的本分，也是常识性的真理。”如此看来，教师读书是责无旁贷的。读书，在一定意义上就意味着教育，甚至是一种生存状态。正如《为了自由呼吸的教育》的作者李希贵所说，“教育是与读书连在一起的，书是最重要的教育资源”。

教育需要经典的依托，古典让人厚重，前沿让人激越。教师要走专业化发展的道路，提升自己的精神境界，最重要的途径就是“读书”，通过研读教育理论专著，与教育家对话，更新教育观念，提高教育理论素养。每一项成功的教育改革都是建立在坚实的理论基础之上的，教师投身教育改革的实践，如果缺乏理论的指导，没有先进理论的滋养，没有几本教育经典和专业书籍打底子，就会停留在机械模仿上，就会在实践中丢失自我。

古人说：一日不读书，心源如废井。我个人也有这种体验，生活中一天也离不开阅读。阅读是一个漫长回味的过程，是一种生活体验、一种精神依托。作家毕飞宇说：“阅读究竟是什么呢？我的体会是陪伴。即使老婆上班去了，孩子上学去了，一个人面对着一本书，我依然觉得家里是有人的。阅读有效地保持了日常生活的生动局面。”作为“学习共同体”的教师，我们更应该把读书作为日常生活中的一个重要组成部分，就像呼吸空气那样自然。

与一般人不同，教师读书是“经典学习”，也是伴随教师终身的“另类备课”。只读教材、教参的教师无论如何是不能成为优秀教师的。教师不学习，就不能与时俱进，不能适应教育改革与发展的新形势。与过去相比，今天的教师任重道远，社会要求日益提高，做教师难，做一名优秀教师更不易，要教给学生一杯水，教师不仅要有一桶水，更要努力使自己的大脑知识储量成为一条生生不息的河流。还是那句老话，教师要常教常新，只有坚持读书，不断学习。

用凌龙华的话来说，“读书，应是很简单的事，是很单纯的享受，也应该是一种简单的幸福生活”①。可是，如今在很多人看来，读书是个“苦差事”。这种观念，可能是受了古代“头悬梁，锥刺骨”的影响，也可能是因为现在的学生太累了，现在的考试太难了，所以一提到书就和学习连在一起，没有快乐可言。应该说，读书，特别是夜读，是痛苦的，又是幸福的。记得我以前在大学教书的时候，夏日，坦襟裸足，蚊子不停地侵袭，手足并用，左右开弓，到头来还得躲到蚊帐里，任汗水淋漓，就像刚洗过淋浴似的。冬天，疾风狂吼，寒气逼人，只得和衣在冰冷的被窝里，大有“时人不知余心乐，将谓偷闲学少年”之感。其实，阅读大可不必那么拘谨，或正襟危坐，或集中一段时间来阅读。有时候，不妨就躺在床上随便翻翻，看到哪里算哪里，不一定一口气把一本书读完。就拿我来说，读理论书籍有时候比较枯燥，但读人物传记、教育随笔、诗歌散文，就感到很有趣。这些书看起来与我们的教学与研究没有什么关系，但是这些著作中所蕴含的思想对我们影响是深刻的。比如，我很喜欢读王国维的著作。王国维的《人间词话》正可以用来描述一个读书人应有的志向与境界。

在我看来，阅读像呼吸一样自由，像花开一样快乐，尤其是夜读。夜晚读书，是忙于生计而又欲求知者的最好选择，是做学问、搞研究的人对宝贵时间的充分利用。不仅如此，夜读，还可以使人远离浮躁，怡情养性，是一种精神享受。近代学者孟德斯鸠说得好：“喜欢读书，就等于把生命中寂寞的时光换成巨大享受的时刻。”笛卡儿讲得更为形象：“读一本好书，就是和许

---

① 凌龙华：《警惕阅读的膨胀与肤浅》，《人民教育》2012年第9期。

多高尚的人谈话。”无论何时何地，只要一书在手，静下心，读进去，你就能如曹雪芹所期望的，“因情入幻”，“自放手眼”，“别开生面”。那是一种唯我感知的精神保养，一种物外神游的美感享受。尤其是在夜深人静时，无丝竹之乱耳，无案牍之劳形，沏一杯香茶，坐在自己安静的书房，手捧一本自己喜爱的书，与书中的圣贤会晤，尽情享受其用智慧与思想设下的盛宴，岂不是一件赏心乐事？

要知道，“这个时代，很多人无论白天的生活有多么光鲜、多么忙碌、多么热闹，很多时候晚上都要面对一个人的世界：一个人孤独的内心世界。孤单伴随着忙碌的人生，这是很多人都面临的一个问题”。所以作家苏童曾引用美国学者哈罗德·布鲁姆的一个观点：读书可以让一个人学会如何利用、品尝他的孤独。“在书中能够与很多人相处，会有更多的发现。”

可如今，夜读似乎成了一种“另类”。记得有一天晚上，我在书桌前夜读正酣，一位大学同窗来电话，听到我说正在重读《宋词选》（胡云翼著），他感到不可思议：“都什么年代了，干吗还读书受穷吃苦，不如早早挣钱好好享受一下。”的确，读书，尤其是读古代经典，是不能直接产生经济效益的。然而，市场经济带来的不仅是经济发展，有金可淘，与之俱来的还有源源不断的知识和现代科技。在“知识经济”年代，靠本事吃饭，靠学识立足已是不争的事实。更何况读书还会给人带来一种精神上的愉悦。有人说，读书好比旅游。这话不无道理。旅游是休闲，读书也是休闲。旅游有快乐，读书也有快乐。读书其实本来就是一种“神游”，也许比旅游收获更大。“通过阅读，可以舒展心灵的翅膀，让笑容变得灿烂；可以仰望思想的星空，让目光变得深邃；可以搭建理想的阶梯，让岁月变得充实；可以品位别样人生，让生活变得阳光。”[①]所以，我非常欣赏金庸先生的“只要有书读，做人就幸福”这句话，并一直把它牢记在心田。随着岁月的流逝，年复一年，日复一日，读书，让我摆脱窘境，令我充实，促我成熟。书籍，已成为我的生活必需、精神

① 曹保印：《提高阅读品位，打造美好生活》，《班主任之友》2003 年第 7 期。

伴侣。

张小砚说:“要么旅行,要么读书,身体和灵魂必须有一个在路上。”在日常生活中,我慢慢地体会到:生命原是一个不断修炼的过程,读书,更是一个人终身的“功课”。北宋著名诗人黄山谷说:“士大夫三日不读书,便面目可憎,语言无味。”清朝康熙皇帝则说:这世上什么东西都可丢,但书不能丢。毛泽东主席曾经说过:“饭可以一日不吃,觉可以一日不睡,书不可以一日不读。”面目可憎也许过了点,但对读书人来说,如每天不读点儿书,滋润自己的心灵,就有些不自在,倒是贴切不过。读书不是立竿见影之事,不能立马改变生活,它是个慢功夫。几天不读好像没什么,其实你已经落后了。所以,古往今来,不知有多少人阐述过读书的重要性。孔子说:“学如不及,犹恐失之。”据说,毛泽东主席当年用了很大的精力号召全党全民读书,他说:“三天不学习,赶不上刘少奇。”刘少奇也说:“一天不用功,赶不上毛泽东。”在知识大爆炸的当今,原本我们每个人都更应该自觉拼命地去阅读,以跟上时代的步伐,但奇怪的是,阅读在今天已经成为一项需要提倡和保护的行为,这可能是文化的悲哀。

有些人可能会说,“想读书学习但没有时间”。没空读书,“忙啊”!这是事实。身处一线的教师有太多的理由说明自己为何不读书,如工作压力大,闲暇时间少等。由于工作本身的特殊性,教师们一般每天早晨要在学生到校之前到校,晚上要等到学生离校之后再回家,即便是双休日、寒暑假也不能有真正意义上的休息。但学校是传播思想、陶冶情怀、养成个性的圣地,不是以大量拷贝为目标的“批量生产”的基地。教师是学生学习的解惑者和人生的引路人,教师读书是关系教育成败的大事。教师不读书,何以传道、授业、解惑?教师不读书,何以有健康丰富的心灵与生动活泼的心灵进行高质量的交流?特别是年轻教师如果因为忙,几个月甚至一年都不读一本教育理论或业务书籍,以其昏昏,如何使人昭昭?

平心而论,教师确实难有大块时间阅读。如果一定要等到把生活问题解决了,闲居无所事事,然后再来从容读书,这无异于待河水之清,可能永远没有时间。但是,我想一个人再忙,“小块”时间还是挤得出来的。最近,我在《中小学教师培训》杂志上看到这样一个案例：四川省有一位中学历史特级教师,叫郭子其。他为了读书,坚持做好时间管理,采用6+1小时的休息时间,就是中午休息1小时,晚上睡觉6小时,那么,每天就有2+1小时零碎时间读书,即中午在12点到1点之间学习1小时,晚上在10点到12点之间学习2小时,还可以采取化零为整的方法利用零碎时间学习。有人做过这样一个试验：先把鹅卵石装进一个瓶子,彻底装满之后,再一把一把地抓沙子放进瓶子,直到装得满满的,结果还能一杯一杯地往瓶子里倒水。时间也是如此,不管多忙,每天总可以挤出一个小时来读书,实在忙,挤半个小时,或者一个小时里面挤出5分钟。你不要以为5分钟做不了什么事,把一百个5分钟集中起来,就差不多等于一个工作日。我常听人说,爱惜厨房里一粒米,就可以成为一笔家产。我们利用五分钟的余暇去读书,也可以成为一个优秀教师。有人说,好老师是读出来的。此话道出了教师修养提升的关键。教师没有丰富的阅读体验,何来较强的解读能力？如果教师本身不具备这种能力,就不可能成为学生学习的引领者。

当下,人们到底还有没有时间读书？要回答这个问题,关键还在于人们自己。周国平先生说,在“时间就是金钱”的时髦口号下,除了赚钱,人们不知拿时间做什么。难道现代人有真正赏心悦目的娱乐吗？他常常叹息：旅游业不知败坏了多少风景,电视机不知培养了多少白痴![①] 的确,如前所说,在国外许多场合都能看到很多读书的人。可是在国内就不是这样,常常是一个很大的候车室里只有一两个人在读书,读的可能还是通俗读物。我们这儿更多的人在看电视或者上网,被一些低俗的娱乐逗得咧嘴大笑,越是趣味低俗越是招人喜爱。电视里播放的“真人秀”、娱乐节目和没完没了的连续剧消磨了人们的“沙发时光”。不仅在国内,随便到某个国家,我们也会发现全家中心摆放一个大电视机的,往往就是中国人。这是他全家生活

① 周国平:《周国平作品精选》,长江文艺出版社,2005年,第34页。

的中心，电视机领导着全部。而当地人对电视远没有这样的尊重和依赖，难得给它那么显著的位置。在他们看来，电视不如书籍那么让人安静，给人带来思索和想象的幸福。如林赛·约翰斯在《没有电视之乐》一文中说："我们应该鼓励更多的年轻人抗拒电视诱人的召唤和蛊惑人心的魅力。没有电视，年轻人的阅读量很可能大大增加，这对他们的智力、社会和情感发展来说只会是好事，能让他们变成更有趣的人。我敢打赌，他们的想象力也会呈现指数级增长。"①

人的一生中有许多快意的事情，阅读大约可以算作一种。有人将阅读当做"划分文明人与野蛮人的界限"（贺麟），也有人将阅读视为"最简便的修养方法"（梁实秋），人生即修炼，这些绝非夸张之词。一些人为什么不喜欢读书？原因不外乎两个方面：要么是不懂得读书的重要性，要么是不知道读书的乐趣。说没有时间做某件事，实质上往往并非没有时间，而是觉得这件事不重要，故而不舍得拿出时间来，正如薛瑞平老师所说："恋爱的人总有时间拥抱，想读书的人永远都有时间。"试想：一个人如果少开两次会，少应付两个饭局，每次会议和饭局再减少一个小时，省下的时间读一点值得一读的书，一小时读十页，一个月读一本，积少成多、积小流成江海，于自己于社会不都是有益的吗？新文化运动的巨匠鲁迅先生曾说："我是把别人喝咖啡的时间都用在写作上了。"作为一线教师，我们的读书学习，只好靠忙里偷闲，见缝插针。胡耀邦同志曾说过一句话："你要多读书，就要少打扑克，少跳舞，少看电影。"不是吗？时间挤挤总是有的，就看你舍不舍得少打点扑克、麻将了。

其实，利用余暇去读书是轻而易举的事。大家之所以不这样做，只是因为没有这种习惯而已。我们常说"习惯决定性格，性格决定命运"，这话是有一定道理的。据说，英国人在电车上读书的风气很盛，每天都要外出工作，起码有一个钟头在电车上，预备一本书专门在车上读，不过几天也就读

---

① ［英］林赛·约翰斯：《没有电视之乐》，阮江平译，见《师资建设》2012 年第2 期。

完了，日积月累，一年读四五十本书，也不算稀奇。至于在休假日，夫妇约好同去游玩，丈夫至多一根手杖就可以出门，太太则不免要去戴顶帽子。可是每当那丈夫在楼下等着太太去戴帽子的时候，他照例翻开一本书来读，等他太太把帽子戴好姗姗地走下楼来，他手中的书起码已经读完两章了。

我总以为，我们当教师的人不能整天忙忙碌碌，只顾埋头教书。当我们被繁琐事务缠身时，一定要给自己留些读书与思考的空间；当我们低头拉车之际，一定要抬头看路仰望一下天空。或者说，我们需要一点"哲学思考"与"教学反思"，让自己的教育人生多点慢镜头。

可是，现代社会，求快求速似乎已成为一种时尚，一种追求，诸如"快餐"、"快递"、"快照"、"快车"等。即使在人的感情生活中，"闪婚"、"闪恋"也成了一时的风景。有些"休闲"的事情也不那么"休闲"了，如旅游，也让人深感节奏之快。有时候去旅游，沿途看过什么风景，记忆很模糊，为了赶时间，总有人催促"走快点走快点"，近乎"景点强迫症"，所谓"去过了，看过了，照过了，全忘了"。没有体味和邂逅的旅游，或许算不上真正的旅游，更不要说"休闲"了。更令人担忧的是，在应试教育的影响下，校园生活也不那么悠闲恬静了。张中行先生曾说过一句话：速度快了，诗意就少了。真正来讲，生活是不能没有诗意的，生命也是不能没有诗意的，正如台湾著名作家、诗人余光中所说的："一个人可以不当诗人，但生活中一定要有诗意！"而说实在话，今天我们在很多场合、很多背景下，经常没有诗意表达的机会。由此，我想起了唐朝。那个时代，充满着希望和梦想，诗意其实是人们的一种生活方式。

我觉得，快与慢是辩证的。快有快的意义，慢有慢的价值。没有慢，也就无所谓快。有一个道理，大家都懂得，那就是人类的学习与工作不仅仅是为了快速发展，工作只是手段，目的是为了生活幸福。幸福的一项主要内容就是"闲适"。生活中的幸福不能没有"诗意"与"闲适"。钱理群教授在谈到教师"以什么心态从事教育"时说，要呼唤从容、耐心、悠闲与雅致。我非常赞同这种说法。古希腊有句格言："闲暇出智慧。"如果一个人总是处在忙忙乱乱的生活中,既要想着工作,又要想着挣钱,还要想着上网或看电视,安静不下来,没有足够的空闲去读书、研究和思考,那就不可能有开放的心灵,不可能有丰富深刻的思想,创新的灵感和智慧的火花也无从产生。

在现实生活中,"人人都会有空闲时间,但并非人人都能够有休闲。空闲时间是一种人人拥有的并可以实现的观念,而休闲却并非是每个人都可以真正达到的人生状态,因为,休闲不仅是一种观念,而且更是一种理想。"[①]从字面意思上理解,"休"在《康熙字典》和《辞海》中被解释为"吉庆,欢乐"的意思。"人倚木而休",《诗经》中把"休"解释为吉庆,美善,强调人与自然的和谐;"闲"通常指道德、法度,"闲"通"娴",有娴静、思想的纯洁与安宁的意思。这是一个具有哲学意味的象喻,表达了人类生存过程中劳作与休憩的辩证关系。实际上,有时候,"休闲"也是一种工作境界。"不会休息就不会工作"这句大俗话一语道破了"闲暇"的天机。表面上看,闲暇确实既不创造价值,也不创造财富,某种程度上还可能"影响"工作。但事实如何呢?如果一个人没有必要的"闲暇"时间,始终处在一种高度快速运转的状态中,汲汲于功利,恋恋于红尘,生命的这根弦迟早是要绷断的。亚健康占城市人群的70%以上,过劳死频发就是最好的例证。身心不健康,还怎么谈得上更好地工作、生活、学习?从这个意义上说,休闲不仅是工作,也是一种状态、一种境界、一种默契、一种守望,休闲是另类时尚。因此,我不赞成"拼命工作,拼命休息"的做法。工作和休闲确实美丽,但两者都应是适度的、非超负荷的,而且是悠闲的。

有消息报道,全球已经有24个国家的135个城镇加入了世界"慢城联盟",其中意大利占据的席位最多,达40个。其余主要分布在德国、法国、瑞士和澳大利亚等国家。在亚洲,只有日本和韩国入选慢联。2010年11月,在一位意大利"慢城"市长的牵线下,中国江苏省的高淳县桠溪镇被世界慢

---

① [美]托马斯·古德尔、杰弗瑞·戈比:《人类思想史中的休闲》,引自肖川主编:《教师的幸福人生与专业成长》,新华出版社,2008年,第164页。

城组织授予“国际慢城”称号，获得了其颁发的“蜗牛”标志，成了中国的第一座“慢城”。于是，“慢生活”作为一种新生活方式受到越来越多人的理解和推崇。“慢餐”、“慢递”、“慢游”、“慢照”之类的活动渐渐多了起来。中国的北京出现了“慢递”专业店。印度的新德里有家名为“慢”的餐馆，紧张工作之余，在曼妙的音乐陪伴下，人们能够在安静幽雅的环境中细致、悠闲地品尝各种美味。据说开业之后食客迎门，连查尔斯访印时也携卡米拉慕名到此一享慢餐带给他们的那份美好感觉。

“慢生活家”卡尔·霍诺指出，“慢生活”不是支持懒惰，放慢速度不是拖延时间，而是让人们在生活中找到平衡、张弛有度。这里的“慢”，并非速度上的绝对慢，而是一种生活态度，是一种意境。就说去咖啡厅吧！你约上一二好友，到了那儿，无论谈什么，只有你的心能随着轻曼的音乐沉静下来，融进去了，那才是真正坐在咖啡厅了。这才是真正的优雅，真正的闲适。否则，你心不在焉，沉静不下来，去了也是白去。为什么这么说？道理很简单：闲适的生活来自闲适的心态。

在实际生活中，有些事光图快是不行的。俗话说的“慢工出细活”和“十年磨一剑”，就是这个道理。就写作而言，《史记》写了十三年，《红楼梦》历十年之久才写成八十回，二者皆堪称传世之作。可见，美好的东西是缓慢的。世界上的许多事情，需要人们慢慢地去品位和体察。“慢慢走，欣赏呵”，是朱光潜先生在谈到人生的情趣时说的一句名言。我国有一首老歌也唱道：“马儿呵，你慢些走、慢些走，我要把这美丽的景色看个够。”其实在古代一批读书人的身上，并不缺乏“闲庭信步”的情致，“采菊东篱下，悠然见南山”，生活过得何等的自得与从容。

教育是一种“慢”的艺术，是一项“慢”的事业，可谓“十年树木，百年树人”。张文质先生在《教育是慢的艺术》一书中也曾说过：“教育需要的是持久的关注、耐心的等待，需要的是潜滋暗长与潜移默化。‘立竿见影’往往是有害的，甚至是反教育的。”美国纽约大学教授尼尔·波兹曼经过认真考证后发现，“学校”这个概念最早出现于古希腊。在希腊文中，“学校”一词的意思就是“闲暇”，在他们看来，只有在闲暇的时候，一个文明人才会花时间去思考和学习。

据说英国的伊顿公学，有一个保留项目叫做“周末聊天”：每逢周末，每位老师都要带十位学生到自己家里，他们一起做饭，一起聊天，一起游戏，在轻松自如中敞开各自的心扉。在他们看来，聊天可以聊出智慧，聊天可以聊出灵感，甚至可以聊出神奇的效果。实际上，我国古时候，孔子与弟子们的生活是颇有点优哉游哉的味道的，且看《论语》里所描写的那个境界：“暮春者，春服既成，冠者五六人，童者六七人，浴乎沂，风乎舞雩，咏而归。”在现代哲学家中，罗素是个强调闲暇对于人生的重要性的人，为此他主张“开展一场引导青年无所事事的运动”，鼓励人们欣赏非实用的知识如艺术、历史、英雄传记、哲学等的美味。他相信，从“无用的”知识与无私的爱的结合中便能生出智慧。

我们说，教育是一种“慢”的艺术、“慢”的事业。为何慢？大概就慢在文化上。因为文化的改变，人的价值取向、习惯性的思维方式和工作方式的改变，不是听几场报告、读几本理论著作或几篇文章、上几堂公开课、开几次研讨会就能解决的事情。《中庸》开篇说“天命之谓性，率性之谓道，修道之谓教”，人的教育成长应当顺应人的自然禀赋，勉强不得，急不得，快不得。

因此，在教育越来越功利化的今天，作为教师，我们应该遵循教育规律，以“慢”的心态来对待教育，从具体的小事做起，认真地读书、教书。只有真正读书的人，方能心安勿躁，尽情领略那种澄明的心境：夜深人静，独坐灯下，摊开一册喜欢的书，渐觉尘嚣远遁，杂念皆消，忘却了自己，也获得了自己。

第九章　今天我们怎样阅读

读书学习的重要性,对所有人而言都是毋庸置疑的,而对于教师来说,则更为重要,更为紧迫。在充分认识读书学习重要性的同时,接踵而来的一个问题就是怎样去阅读。这里,我不揣浅陋,想谈谈自己的看法。

一、读书要学会与文本对话

文本不是由单纯的文字组成的死的东西,文本表达着作者的思想,用文字的形式向读者诉说作者的情感。从这个意义上说,文本不是沉默的存在,而是一个会说话的主体。读书,从本质上说,就是与文本进行信息、思想、观念、情感的交流与沟通。与文本对话的前提条件,是无功利性的阅读,随心而往,兴趣使然。散文家毛姆说,读书必须是一种享受,而不应是为了应付考试,或者硬着头皮办差。无论是经典之籍,还是时事手册,用心读和不用心读,效果完全不一样。高尔基说:“读书,这个我们习以为常的过程,实际上是人的心灵和上下古今一切民族的伟大智慧相结合的过程。”可见,读书需入心田。真正的读书,应是读者与作者面对面地交流、对话与探讨。只有这样的阅读,才能达到“置身于文内,心与文通,心与作者交融”的境界。如今,知识的信息变化无穷,读书的形式复杂多样,尤其是在物质文化、大众文化盛行的时代,我们更应该回归和坚守精神和心灵的领地,静下心来扎扎实实地读几本原著和原典。

大凡读过书的人都知道:要想真正读懂一本书,读书人就得付出辛勤的心血和汗水。正是从这些费心劳神的苦读中,读书人才获得知识的乐趣与精神世界的陶冶!在读书的过程之中,阅读者获得的诸多心灵感悟、精神愉悦以及书中所独有的艺术魅力、思想底蕴。

值得注意的是，近年来，电纸书在世界各地悄然兴起，呈日渐流行之势。在信息时代，以纸质为媒介的传统阅读在面对网络的冲击的同时，又增加了一个强劲的竞争对手。有人统计，现在是纸质书、电子阅读、电纸书三分天下。当然，不可否认，读图时代有它的优势，它形象、直观，调动了立体、声像、多维多种媒介形式，承载的信息符号非常丰富，不同民族、不同语言的人都能即时沟通。但正因为如此，它的先天性不足也是致命的：它太直接，扼杀了想象；它太快捷，阻滞了思维；它太直观，代替了观察；它太表面化，影响了审美层次。想象、思维、观察和审美是一个人最重要的品质，失去了这些，人会变得越来越傻。

特别需要指出的是，当下"微博体"图书已成为出版界和读者追捧的潮流。这些"微博体"图书，既非面向低幼儿童的大字单句读本，也非充满至理名言的精华辑录，大都是瞬间的思维和感受的片段，而且有的已琐碎到只是对个人的经历的絮叨而无法"高于生活"。因此，对于"微博书"，偶尔看看不妨，权当娱乐放松。但若长期以此为精神食粮，恐怕会造成人们的营养不良。现在不少人既不想看大部头书，也不愿看经典，一来觉得读大部头书辛苦，二来觉得读经典无用。这种对阅读的功利化的思维，将大大影响阅读作为一种生活方式的存在状态。

作为教育工作者，我并不否定"微阅读"。应该看到，网络时代的到来，给人们带来极大的方便。记得在二十多年前，研究某一专题，要向中国人民大学的资料中心订阅剪报，他们把全国各报刊上这一专题的相关文献复印，逐月寄来。如今只要轻点鼠标，一下子就能从网络查到许多相关信息。博客、微博的出现，大大降低了阅读与写作的门槛。因此，对网络时代的优势，我们不能视而不见。我们要吸收它的长处，但同时一定要保住传统阅读的优势。研究发现，传统读书的功能是"浅阅读"无法替代的，它是一种深层次的学习和思考。可是，当下人们对阅读存在认识上的误区。很多人以为自己每天都在网上看文字，就是每天都在阅读。其实网络阅读和图书阅读存在巨大的区别。浏览是粗读，是泛读，不是真正地品读，而网上的阅读大都是浏览，无法品读。所以，孙逊教授在《“读图”时代阅读向何处去》一文中指出：“不仅‘读图’不能替代‘读书’，而且读各种快餐书也不能替代读原汁原味的原著。”

从广义上说，看电视、看电影、上网也是一种阅读，但其效果是不一样的。纸质出版的图书适宜让人沉静地、系统地阅读，当人们一页一页地翻阅书页时，是在一点点地汲取文化的营养。而电子信息则不一样。比如，读曹雪芹的《红楼梦》原著和看电视《红楼梦》，是两种截然不同的体验。电影、电视给你的常常是破碎的、片段的、跳跃式的、蒙太奇一般的零散图像，读纸质书却是一个完整而漫长的思维过程，阅读的艰辛是一种不可取代的幸福。换言之，纸质书就好像一道需要细嚼慢咽的中式大宴，而“微阅读”则是狼吞虎咽的洋式快餐。何况人类的智慧是有积累性的，传承成为经典，而网络上的文化、知识，消费性极强，即时消费，长江后浪推前浪，不到三个月又被新的时尚替代了，这些知识更富于流动性，很少能积淀下来。

还应该看到，阅读方式的改变给当代人造成了普遍化的困境，当下很多“微博控”有一种恐慌，觉得找不到自己了，很“浮”。有位专家开了实名认证微博，自我介绍一栏他写的是“不说白不说，说了也白说，白说也要说”，每天都“说”上好几条。

随着科技的发展，“微革命”已经成为我们时代最醒目的文化标签，它改变了人们的认知结构和阅读方式。微电影、微博客、微小说、微摄影、微访谈、微旅游等碎片化的文本形态不断涌现，挤进日常生活的各种缝隙和边角。这里，微，不是弱小，不是卑微，也不是那种可以随便忽略的东西；微，是精妙，是文化，是那种春风化雨、无处不在的力量。

面对“微时代”，我们不能回避，也无法回避。“萝卜白菜，各有所爱。”传统阅读，读的是智慧和品位；“微博阅读”，读的是时尚和消遣。我个人并不排斥在电脑上读书，在手机上读书，这只是阅读的载体问题。但正如上海师范大学教授王纪人所说：“这种阅读多是‘粗阅读’，而不是‘精阅读’、

‘细阅读’。理想的阅读应该是交叉进行的：在‘浅阅读’之外，还要有‘深阅读’；在‘快阅读’之后，还要有‘慢阅读’；在‘微阅读’之余，更要有‘宏阅读’。”单纯“浅阅读”、“快阅读”、“微阅读”，是没有深度和意义的。

为什么这样说？因为，在一个开放的环境里，学习和坚守是最重要的。人的生命是如此短暂，时间如此珍贵，我们应该在有限的读书时间多读一些值得一读的书，而不要浪费在娱乐和“时尚”上。诚然，我们的社会需要时尚，也需要娱乐，但这些不应该是全部，也不应该是大部。大众还需要先进思想的引领，需要高雅文化的涵濡。不是有了票房就有了一切。不是“不差钱儿”就万事大吉了。

因此，今天我们不仅要读书，而且要知道“读什么书”。这一点很重要。因为“读”什么决定你“想”什么，“想”什么决定你“说”或者“写”什么。著名作家王蒙在谈到这个问题时，曾提出几个建议：第一，要读经典，经典是经过历史考验的；第二，要掌握足够的工具书，如《字典》、《辞典》、《辞源》等；第三，读一点外文书。北京大学中文系孔庆东教授则认为：“作为当代人要读四种书，按照重要性排列如下，分别是经典书、专业书、时髦书和休闲书。”我想，每个人的读书习惯和偏好并不一样，可以根据自己的兴趣和需要构建自己的阅读群，适当“杂”一些没有关系，就如同人吃五谷杂粮一般，是有利于个人精神的发育与成长的。正如朱煜老师在《讲台上下的启蒙》一书中所说：“一个人在学习各种有用的学问的时候，最好不要放弃‘无用’的知识。”教文科的老师，要读一些自然科学方面的书籍，以拓宽自己的知识面；教理科的老师，须读一点人文读物，以增添自己的文化底蕴。我非常欣赏任勇先生的一句话：“一点知识懂一切，一切知识懂一点。”虽然，教师有相对的学科分工，但读书学习不能只限于学科，其他方面的知识也要懂一点，包括思维能力、表达能力和审美感悟能力，都需要提高。苏霍姆林斯基曾说：“只有当教师的知识视野比教学大纲宽泛得无可比拟的时候，教师才能成为教育过程中的真正能手、艺术家、诗人。”特级教师贾志敏说：“一个称职的语文教师应该是半个作家，半个评论家，半个演员，半个书法家，半个播音员，半个心理学家，半个……总之，是个杂家。”现在有一种新的学习理念，叫做“跨界学习”，正日益受到广大企业的关注与认可。跨界学习就是通过向外界学习，得到多元素的交叉。读书也是这样，没有跨界，不成阅读。不仅如此，读书最容不得“功利”二字。大家知道，读书可以补充知识。比如财经类、保健类、烹调类——这些都叫实用类的书，可以帮助我们的生活。但对于文学类、思想类的书籍，就不能用那么功利的态度了。全国政协委员、中国作协副主席张抗抗说得好：“文学作品有点像中药的样子，它是调理身心的，尤其是调理心性的。要是文学的阅读伴随终生的话，一定是对我们的心性有滋润的作用。”因此，教师多读一些小说、诗歌、散文等文学作品，多学一些“无用”的知识，不是坏事。真正能提高修养、改变人生的是那些“无用”之书。传统经典中有很多陶冶性情的东西，比如陶渊明的诗，王维的诗，唐宋时期的一些优秀词作，确实能把我们带到美好的境界中去。在我看来，诗歌特别是古典诗词是非常美的。诗的本质主要有两点：一是情感，二是创造。在古希腊语言中，“诗人”与“创造者”同义。中国文化是诗性文化，中国传统文化的基因就是《诗经》和《楚辞》。中华民族在五千多年的历史长河中，创造了辉煌的物质文明和精神文明，这和诗歌的基因力量密不可分。从当下看，阅读古典诗词，能抚慰人们忙碌而浮躁的心灵，给我们的生活带来诗意和想象。余光中先生说：“一个人可以不当诗人，但生活中一定要有诗意。”有诗意的人，往往有真性情。

除诗歌之外，其他经典作品也是必读的，比如“四书五经”、《红楼梦》。如果一个人或一个民族，不与这样的文字结下情缘，想提升境界，大概是很难的。因为，这些都是大善、大美、大智慧的书。但遗憾的是，如今在年轻人当中，已经没有多少人能回答得出什么是“四书五经”了。孩子们对《大学》、《论语》、《中庸》、《孟子》、《易经》、《尚书》、《礼记》、《左传》、《诗经》为代表的古代中国文化的支柱思想体系一头雾水。传统的缺失，意味着什么？这是值得我们深思的。傅斯年在台湾大学做校长时，《孟子》成为大一新生必修，他说：“没有念过《孟子》的人，就没有资格做台大人。”如果说《孟子》太长，那《大学》很短。念一遍《大学》，十分钟就可以。这是世界上最短的儒家经典，它构建了一个大的框架，自我、人与社会的关系、天下观念、宇宙论、人生观，非常丰富，可是现在知道《大学》的人居然那么少，包括北大的学生在内。杜维明教授（生于 1940 年，北京大学高等人文研究院院长、哈佛大学终身教授）在北京大学讲学时就有这样的感受。其实，我们提倡阅读经典，寻找传统，不是为了复辟，而是为现代生活增加一种美好的文化形态；不是为了击退西方文明，而是让我们有所比较，有所甄别，然后有所思考。肖川教授指出，方向决定方法，思想决定思路，视界决定世界。人活着太需要有支撑我们生命的东西，太需要有让我们每一天的生活都得到鼓励和依赖的东西，所以我们需要阅读，需要从前人、他人的直接经验中，从优秀的经典著作中寻找自己所需要的东西。

有人说："有的书改变了世界历史，有的书改变了个人的命运。"回想起来，书在我的生活中并无此类戏剧性效果，它们的作用是日积月累、潜移默化的。我说不出对我影响最大的书是什么，也不太相信形形色色的"世界之最"。我只能说，有一些书，尤其是文学经典，它们在不同方面引起了我的强烈共鸣，在我的心灵历程中留下了痕迹。

我的体会是，读书可以丰富人的感情，让人明白许多道理。如读晏殊的"春花秋草，只是催人老"，使人顿生忧惧衰老、怜生惜时的心绪。诵苏轼的《赤壁赋》，又使人悟出无须为时光流逝、世事变幻、人生短暂而伤感，而应随遇而安，恬然自适。品秦观的"柔情似水，佳期如梦，忍顾鹊桥归路"，绵绵的恋情潮水溢满心田。捧王实甫的《西厢记》，看到月下西厢，莺莺临窗遥望的幽怨眼波，让人油然而生"愿有情人终成眷属"的恻隐之情。从书中，我读懂了柳宗元的《永州八记》和他"独钓寒江雪"的隐逸之气；隐约看到九曲黄河在河东沃土上打弯驻足，鹳雀楼俯首观望，引得王之涣羽扇纶巾欣然登临。书读多了，我渐渐明白了"不自见，故明；不自是，故彰；不自伐，故有功；不自矜，故长"的老庄之道，"人人亲其亲，长其长，而天下平"的家国之理。

在反复阅读的过程中，我再次发现，那些经典的美是经过千百年确立、筛选和检验的，它们亘古未变。所以，一提到中国的经典，有人就会推荐“屈李杜苏”和诸子百家，还有鲁迅等。这似乎有点令人失望，怎么没有让人眼前一亮的闻所未闻的作家作品。这怎么可能？经过漫长的时间筛选出来的那种经典，我们无法遗忘。这就像阅读外国经典，不可能不提到英雄史诗，还有普希金、托尔斯泰、雨果和歌德他们一样。他们是在更大的时空坐标范围确立的。我们无法与之隔离。正如涂又光先生所说：“在基督教世界，每个人都要读一本书——《圣经》。在伊斯兰教世界，每个人都要读一本书——《古兰经》。我们中国呢？我看知识分子至少要读两本书《老子》、《论语》。”后来，任继愈先生也有类似的说法。

看来，经典著作一定要看，不读不行。经典是什么？经典是人类的共同财富，是历史赠予后人的精神礼物。正如中科院院士、上海交通大学校长张杰在2012级新生开学典礼上的讲话中所说：“经典之所以为经典，就在于它是人类文化科学发展的积淀，在于它所包含的超越时空的精神理念。”读经典与读一般的畅销书是不一样的。现在一些畅销书很是吸引眼球，但不一定是经典。经典名著之于热门畅销书，恰如恒星之于流星，时间是最好的见证。作家张炜在《时代的阅读深度》一文中有这样的观点：“要在一百年的坐标中找作家、作品。”意思是说，唯有百年的创作空间，唯经百年的阅读筛选，作品才能沉淀为经典。不可否认，时下的畅销书中也有一些好作品，但论文化内涵、厚重程度，绝大多数无法和经典著作相比。真正的好书，是具有范式意义的，它对人的人生观、价值观、审美观都有潜移默化、润物无声的作用。

特别是一些经典作品，不同人能够从不同层次去欣赏。欣赏者不同，欣赏的层面也不同。如《红楼梦》，有人看到了爱情，有人看到了官场，有人看到了服饰，有人看到了建筑，有人看到了历史……这就是经典作品，无论读者的学识水平如何，无论读者是精英文化的审美，还是大众文化的审美，都能找到自己想要、并且能够欣赏的部分。

那么，当代作品中有没有经典？从内容上讲，经典有古代的经典，也有现代的经典。北京大学中文系教授陈晓明认为，一个时代有一个时代的经典的标准，不能用几十年、几百年前的标准来套现在的作品。“今天要在新的世界性文学、中国文化自我更新、中华文学自我创造的语境中来理解，才能产生经典。”

经典阅读是一种精品阅读。据说，华东师大许纪霖教授很喜欢读书，可他却调侃自己读书三十多年来有“惨痛教训”——读“时人之书”太多。当年以求知若渴为荣，如今回过头来看却是年少气盛。如果多留点时间给经典，该有多好。我非常同意他的观点，经典往往记录着优秀的思想，它们总是超越时代、历久弥新的。读经典，你将从先贤的精神世界中吸收养分，从与高尚的心灵对话中受到陶冶。秘鲁作家略萨说：“如果一个人不读书，或者很少读书，或者只读‘垃圾书’，他可能会说话，但是永远只能说那点事，因为他用来表达的词汇量十分有限。这不仅是词汇的限制，同时又是智力和想象力的限制，是知识和思想贫乏的表现。”略萨对阅读经典的真谛作了深刻的诠释。因此，他呼吁：“在新媒体时代，更要留点空间给经典阅读，因为只有经典才能给你带来智慧。”在他看来，读书倘若不是为了功利，而是为了享受，最终的追求就会落在智慧的汲取。就像一把盐洒在汤里，你找不到摸不着，却能尝到它的味道。智慧是生命中的盐。但我们现在喝的多半是清汤，没有味。智慧是一个整体，是一种融通，是知识上的知识。由此，我想起了商友敬先生曾经说过的话：“知识由两个层次组成，浮在上面的是‘信息’，它能为你所用，而不能沁人心扉；沉在下面的是‘文化’，它积淀而为你的修养、思想、观念。”实际上，他是在告诉我们：读书切忌浮躁、功利和盲目。功利的读书人读到的是“信息”，修身的读书人读到的才是“文化”。

何谓“文化”？文化和科技是不一样的，文化本身就是人们的日常生活，就是人们的言谈举止，就是人们潜移默化的一种价值理念。从整体上讲，或者说大文化，它是人类为了生存和发展所创造的物质财富和精神财富的总和。一棵自然生成的树，一块藏之于地下的煤，不是文化。当人们去认识它们、利用它们,和人类的生存与发展搭界,就成了文化。所以有人说,文化的本质就是“人”化,就是以“文”化人。人能从动物人变成社会人,从野蛮人进步为文明人,从低级文明人发展为高级文明人,靠的就是文化。人是文化的第一载体,人创造了文化,文化也创造了人。文化是人类社会的基因。有了这样一个视角,我们才认识到:人类一切的创新都是从文化创新开始的,而一切文化创新又是从知识创新开始的。文化的载体是知识,知识的载体至今主要仍是书本。知识对于人类来说,是非常重要的。西方哲学家有句名言:“知识就是力量。”现在看来,这句话不十分确切。如果从反面讲,“没有知识就没有力量”,这就对了。没有知识这一载体,就没有文化,但知识并不等于文化。

针对这几年的国学经典热,有一点必须指出,读经典,在乎内容不在乎形式。现在有些地方,让孩子穿上古装去读经典。穿古装,做个表演,搞个活动,都无可厚非,但还是不要追求形式。让老师穿上古装,拿根戒尺,我觉得既完全没有必要,也不符合中国思想文化的精神。不仅如此,现在有一些人认为,我们应该恢复私塾,让孩子不要去上学,在家里读“四书五经”就是了,读到十六七岁,再学其他东西。这种观点是有问题的,也是不科学、不现实的。要知道,读经典是提升个人文化修养的重要途径,但它不是教育的全部内容。

二、读书是有境界和品位的

读书,要讲一点品位。所谓品位,就是通过阅读使你的心智达到一种境界。有境界,则自成高格。那么,读书究竟有哪些境界呢?愚以为,可从以下四个方面去理解:

首先,王国维在《人间词话》中说读书有三境界:一为“昨夜西风凋碧树,独上西楼,望尽天涯路”(晏殊《鹊踏枝》);二为“衣带渐宽终不悔,为伊消得人憔悴”(柳永《凤栖梧》);三为“众里寻他千百度,蓦然回首,那人却在灯火阑珊处”(辛弃疾《青玉案·元夕》)。其一为登高望远,要有远大目标;其二为呕心沥血,要有坚忍不拔之志;其三为心旷神怡,得到成功的快乐。读书能达到王国维所说的第三种境界的人并不多。许多人在达到第二境时,由于不堪忍受身体与心力的“憔悴”而打了退堂鼓。

其次,今人辑毛泽东词句也把读书分为三种境界:一为“此行何处,赣江风雪迷漫处”,二为“四海翻腾云水怒,五洲震荡风雷激”,三为“萧瑟秋风今又是,换了人间”。此“三境”,同王国维相似,但更侧重读书时风云激荡的内心体验。

其三,童道明先生在文章中提出“读书的三境界”(《中华读书报》,2005年5月25日)。在他看来,读书可以分为以下三个境界:

第一境界是马克思、鲁迅式的读书境界。他们读书不仅为自己,更为天下。马克思读了书写成《资本论》,让天下有革命志向的人生出实际的革命理想;鲁迅读外文书译外文书,有为中国人“盗天火”的神圣感。这个读书的最高境界是只有一代伟人或哲人才能达到的。

第二境界是杜甫所说的“读书破万卷,下笔如有神”。最为典型的例子是曹禺1930年进入清华大学后利用三年的时间读遍了清华园图书馆中从古希腊悲剧到奥尼尔的所有世界戏剧的经典名著,之后,也是在清华园图书馆内于1934年写成了《雷雨》。这种天才式的读书境界,一般人也是难以企及的。

第三境界就是陶渊明在《五柳先生传》里说的:“好读书,不求甚解;每有会意,便欣然忘食。”这实在是一种难得的境界——悠然,从容,恬淡,还有自由。这个境界,我们自觉努力之后是可能达到的。重要的是,要“好读书”,“不求甚解”可以理解为不要“死读书”,这样就能“会意”。据说,陶渊明先生不会弹琴,却买了一把无弦琴,高兴的时候就闭上眼睛认真弹上半天,高山流水,小桥人家,窗外的鸡儿鸟儿就是最好的知音。种豆,饮酒,赏菊,看书,实在是人生的大境界。所以陶渊明的不求甚解绝对不是我们今天理解的走马观花,而是和弹奏无弦琴相映生辉的一种人生态度。读书,又不是死读书，把书中的意境真正融会贯通，滋养成自己的东西。

宋代苏轼读书的境界也很逍遥：安静的夜里，一本好书，一壶好酒，读到尽兴的地方，就喝一口。整个夜晚就是在酒香和书香的融会贯通中盛开成一朵美丽的赤壁浪花，于是才会有“大江东去，浪淘尽，千古风流人物”的豪迈胸襟，才会有“十年生死两茫茫，不思量，自难忘，千里孤坟，无处话凄凉”的柔肠百结，也才会有“但愿人长久，千里共婵娟”的美好祝愿。

还有，《红楼梦》里写林黛玉读《西厢记》，“嘴角不禁生出缕缕的清香来”。

当然，我们今天所处的时代与古人不同，也没有陶渊明“采菊东篱下，悠然见南山”那样的从容、恬淡、雅致。但无论多忙，无论多累，每天都不要忘了随手翻书，流连其间，体验一下书中的快乐和忧伤，也不失为一种修身养性、恬然自得。

其四，著名哲学家冯友兰先生在《新原人》中有一个著名的“人生境界说”，他把人生的境界分成四种：自然境界、功利境界、道德境界、天地境界。在自然境界中的人，其行为是“顺习”的，也就是顺从自然来发挥自己的才能或遵循自己已有的习惯。在功利境界中的人，其行为是“为利”的，做事情都有他们所确切了解的目的。在道德境界中的人，其行为是“行义”的，其行为所及的对象是利他的，是有益于社会公益的。在天地境界中的人，其行为是“事天”的，他不仅要处理好与社会的关系，还要处理好与自然的关系。我以为，读书也有这样几种境界：一是自然的境界；二是功利的境界；三是生命的境界。

可见，由于书不同，人不同，读书的目的和方式不同，读的结果和成效就有了不同，读书的境界也有雅俗、高低之别。这其中最高的境界，就是把读书作为一种生活方式，而没有功利的目的。在生活中，我们每一个人都有身心疲惫的时候，都有困惑的时候，都有需要温暖的时候。这个时候，书店就是最好去处，读书是“抱团取暖”的最好方式。赫尔岑说：“一个人通过阅读体验了时代。”而我要说，我们还应该从阅读中看到未来和希望。

三、读书永远不能等

说到读书的客观条件，不用解释，我以为当今是有史以来最好的条件；而从另一个方面讲，其实读书是不需要什么条件的，不读书却有很多借口。小时候听过一首打油诗，其大意是：

春天不是读书天，夏日炎炎正好眠。
秋来身乏不堪受，冬雪飘飘等来年。

这一首“不学调”，视读书为畏途，以各种借口逃避读书。今天，对那些在学习上想偷懒，不肯下工夫读书的人来说，仍有一定的现实意义。

人生在世，似乎每一天都不难找到推脱的理由，却不知这样的借口越多，人生一事无成的几率越大，终生碌碌也就无可避免。事实上，无论升学考试，还是结婚生子、评级提干……若要走得顺利、做得好，离开读书是不大可能的。我的意思，不是说不读书就无法生活，不读书固然也可以活下去，读了书则可以生活得更好。这一点，我想大家都会认同。

“读书永远不能等”这句话有两层意思：一是要趁早，从小养成读书的习惯。儿童时代是记忆的黄金时段，记得快，忘得慢，这时多背一些经典，非但不会感到困难，还会有乐在其中的感觉。《学记》有云：“时过然后学，则勤苦而难成。”等到了成人的时候，即使费上大于儿童几倍的时间，也不可能达到儿童背诵的效果。著名作家、学者王蒙曾说过：“读书要趁早。越是年轻时，读书印象越深。”经验证明，一个人在青少年时期倘若没有养成读好书的习惯，以后再要培养就比较难了；倘若养成了，则必定终身受用。二是要挤出时间去读。一般来说，时间都是挤出来的，尤其是读书，要等有时间再去读，可能永远没有时间。

中央电视台“读书时间”栏目发起的“到现在为止对你影响最大的书”

调查结果显示，前 3 位分别是《红楼梦》、《三国演义》、《钢铁是怎样炼成的》。《平凡的世界》排在第 6 位，这本书的作者是当代著名作家路遥，他历时六年完成此书。回忆起自己的创作经历，他这样写道：

> 在《平凡的世界》进入具体的准备工作后，首先是一个大量的读书过程……那时间，房子里到处都搁着书和资料；桌上、床头、茶几、窗台，甚至厕所，以便在任何时候任何地方随手都可以拿到读物。

他充分利用了一切可能利用的零碎时间读书，在一年的时间里，完成了惊人的阅读量：

> 其间我曾列了一个近百部的长篇小说阅读计划，后来完成了十之八九。同时也读其他杂书，理论、政治、哲学、经济、历史和宗教著作，等等。另外，还找一些专门著作，农业、商业、工业、科技以及大量搜罗许多知识性小册子，诸如养鱼、养蜂、施肥、税务、财务、气象、历法、造林、土壤改造、风俗、民俗、UFO（不明飞行物），等等。

学生和教师读书，不至于如此玩命——路遥在完成《平凡的世界》后不久就死于肺功能衰竭，但这种精神很值得学习。

读书需要时间，时间哪里有？挤。时间是一个无头无尾的序列，昨天已经逝去，明天还没有到来，可以抓得住的就是今天。我常这样想，补昨天之非，创明天之是，必须通过今天的努力。尤其是在这样一个生活和工作节奏日益加快的时代，已经很难找到西窗高卧的闲暇。如果等有时间才阅读，可能永远都不会有时间。如前所述，鲁迅先生是把别人喝咖啡的时间都用在读书写作上了。北宋大文豪欧阳修曾总结读书最佳处所为“枕上、厕上、马上”，被称为“三上读书法”，堪称利用零碎时间的典范。

看来，读不读书的关键并非是“有没有时间”，只要愿意读，时时都是好时机。华东师范大学中文系教授陈子善说得好：“阅读是不是你内心的一种需要，这一点至关重要。而只要是内心需要，就会有主动去读的动力，再忙也能挤出时间来。”①在我们的生活当中，常常有这样的“小时间”，它看起来很不起眼，只有10分钟、5分钟，但日久天长，积累起来将是一个十分可观的数字。林语堂说：“什么叫做真正读书呢？这个问题很简单，兴味到时，拿起书本来读，这叫真正的读书，这才不失读书之本意。”不知大家注意到没有？在上海的地铁上，人们拿着各种各样的报刊书籍阅读，你能说这不是在读书吗？这是真正的读书，并且是自由幸福的。所以，读书要“见缝插针，想读就读；永远不要坐进书房才阅读，任何地方都可以阅读；永远不要有用才读，急功近利、立竿见影是妄想；永远不要嫌自己读得太晚，只要行动，就有收获”。② 越剧表演艺术家王文娟讲得更好：“多读书，读好书，用经典作品充实生活；活到老，学到老，读书永远不嫌太晚。”

四、读书不可贪多，要读深、读透、读懂

读书，不是说你今天去书店买两本书，明天网购回一包书，这不难办到。难以办到的是，你能静下心来认认真真地读完一本书。中外历史上不少经典之作，比如鲁迅的书、《红楼梦》、《战争与和平》、安徒生的书、《夏洛特的网》等，都是需要细细品位的。法国思想家卢梭在谈自己的读书经验时说：“读书不要贪多，而是要多加思索，这样的读书使我获益不少。”

但遗憾的是，许多读书人并不这样想，因“人有各种贪婪，有一种是对知识的贪婪，什么都想知道，最终什么都不知道”（许纪霖语）。一般来说，人们总以为书读得越多越好，所以读起书来往往不加选择，见书就读，见报

① 陈子善：《专业阅读和非专业阅读——陈子善教授在上海图书馆的讲演》，《解放日报》，2009年4月9日

② 谈永康：《做一个幸福的教师》，《教师博览》2004年第11期。

就看。时间长了,发现读过的那些书,在心底竟然没有留下多少痕迹。这种情况,我本人也有。别人提到曾经充实和温暖过自己心灵的那些书时,我却感到茫然,书中的内容只能记其一二,印象并不深刻。

是时间过于长久使我淡忘了心中的记忆?还是读书不精不求甚解,脑海中留下的痕迹太浅?直到一天在一篇文章中看到以下一则寓言,我才恍然大悟,原来是我读书太贪心了,贪多嚼不烂,过目的书多,留下的营养却很少。

寓言讲的是:上帝在创造蜈蚣时,并没有为它造脚,但是,它仍可以爬得和蛇一样快速迅捷。有一天,当它看到羚羊、梅花鹿等其他有脚的动物都跑得比自己还快时,于是向上帝祷告,希望拥有比其他动物更多的脚。上帝答应了蜈蚣的请求,把好多好多脚放在蜈蚣面前,任凭它自由取用。蜈蚣迫不及待地拿起这些脚,一只一只地往身体上贴,从头一直贴到尾,直到再也没有地方可贴了,它才依依不舍地停止。当它心满意足地走起路来时,才发觉自己完全无法控制这么多的脚。它要想向前挪一步,就必须集中全部精力才不至于使那么多脚互相牵绊,这样一来,它反而走得比以前更慢了。

这则寓言告诉我们,做任何事情,尤其是读书,如果像贪心的蜈蚣一样,总恨不得自己能够博览天下所有的书籍,成为拥有渊博知识的人,殊不知欲速则不达,一味地追求多读书,忽略对内容的理解,收效必定甚微。朱熹在论读书方法时有云:"读书不可贪多,常使自家力量有余。如射箭者,有五斗力,且有四斗弓,便可曳之令满,已力胜得他过。今学者不度自己力量去读书,恐自家对敌他不过。"[①]蔡元培先生在《我的读书经验》一文中说他读书有两大短处:第一是不能专心,第二是不能动笔,并希望大家吸取他的教训,一定有许多成效。

有些人读了经典,为什么不能运用自如?我看关键是没有读深、读透和读懂。如果你读的经典能背诵下来,特别是倒背如流的时候,就可以信手拈来。实际上,读书不仅可以提高我们的写作水平,也可以提高我们说话的水

① 转引自李洪峰:《青年人要为民族复兴而读书》,《文汇报》,2009年9月12日。

平。我们现在看到很多人，当他在演讲里能够引经据典，如果用得自然妥帖，大家都会刮目相看。特别值得关注的是，温家宝总理在几次记者会上面对中外媒体，引用经典中的名言警句，不仅跟他讲的主题非常贴切，也反映了我国领导人人格修养和学识魅力。

所以我说，真正意义上的阅读，应该是专心致志的。读书，历来有精读和粗读之分。在精读与粗读的关系中，精读是主要的，是核心。现代社会的人读书无非是两种，读专业之书和非专业之书。有人提倡“好读书不求甚解”。我以为，读非专业的书，大可不求甚解；而读专业的书，则切不可不求甚解。专业的书必须细读、深读，用司马迁的话说，就是要“好学深思，心知其意”。朱熹也不断提醒人们：做学问读书，一定要耐住性子仔细理会书中的内容，千万不可粗心大意。他还说，没有明白书中的道理时，就好像有很多层东西包裹着，无缘相见，一定要今天去一层，见得另一层，明天去一层，又见得一层。将皮全去掉，才能看见肉；将肉全去掉，才能看见骨头；将骨头敲破了，才能看见骨髓。

应该说，这种层层深入的阅读方法是值得提倡的。尤其是在阅读已呈大众化、通俗化甚至娱乐化的今天，我们更要深度阅读、深度思维，不能满足于“我在读，这就够了”。因为读书的力量不仅在于“过眼”，更在于“入心”。惟其如此，我们才会在文本的字里行间发现别人没有发现的意蕴，从而透过文本，走进作者的心灵。这样的读书虽然寂寞，但更多的是内心愉悦。从这个意义上说，所谓“两耳不闻窗外事，一心只读圣贤书”，正是这样的一种境界与情怀。

据说，欧美国家原来有个传统，晚上一家人坐在一起，母亲或父亲拿起书读给大家听，现在恐怕已经很少见了。我们通过因特网和电视接触了很多信息，这种信息获取跟持续专注的阅读行为有本质上的差异。浮光掠影的信息使我们停留于表面，而阅读则帮助我们进入更深的世界。

人的一生要读很多书，但从严格意义上讲，真正值得精读的书并不多。古人说学富五车，形容一个人有学问，按今天的理解是不可能读得完的。但是实际上古代的五车书并不多，那时候“车”是牛车、马车，而且都是一卷卷的竹简。一卷几千字，一车下来也就十万字以内，所以学富五车是可以做到的，一个人十年二十年下苦工夫，五车书就能拿下来了。杜甫有诗：“读书破万卷，下笔有如神。”古人的一卷不是指现在的一本书，几千个字在古代就是一卷书了，今天我们用二十年的时间可以做到读书破万卷。

所以从数量上，古人读的书不一定比我们多，但他们读的是精品，不是精品的很快就被淘汰，凡是留下来的大都是好东西。余光中先生说：“凡是值得读的智慧之书，都值得精读，而且再三诵读。”古人云：书读百遍，其义自见。这实在是道出了读书的真谛。读书学习有着特殊的规律，必须经历一个吸收、转化、升华的过程。特别是理论学习，只有下苦工夫、细工夫、真工夫，才能真正学懂、弄通、会用。大凡经典，大概都不是读一遍就能懂的。经典在于重读，重读在于发现，如此循环往复，经典才能成为一条流动的河。换言之，经典如同好茶，不只是解渴，还要细品其中的意韵。我们所谓的经典书，就是各界推荐的中外名著。周国平先生说：“读书要读大师或经典之作，之所以读经典是因为经得起时间的洗礼，留下的都是精华。”这些经典书集合到一块大约上千本。如果从上千本经典书中选择五十本来读，你一辈子就是一个大写的“人”。对这些经典书，必须专注而静心地反复阅读，不能太性急，不能贪多求快，要细嚼慢咽，仔细品位，用心去感受，对其中精要部分最好能背诵。苏轼说：“旧书不厌百回读，熟读深思子自知。”为什么？因为好的经典作品，是前人与他人研究和智慧的结晶。经典是唯一不死的东西。它如同历史一样，记录着人类的昨天，描绘着人类的明天，并与时代同行，值得人们阅读、重读和珍藏。

五、读书要善于选择

读书要选择，在今天看来，显得十分重要。尤其是要读到你心仪的好书，一定要做出选择。博览群书，是古人提倡的。但是今人的博览群书和古人的博览群书还是有差别的。古时候书少,很多书是以诗词、文言文的形式写下来的,言简意赅。即便是古代散文,每一篇也不长,博览群书比较容易。而今天的书籍那么多,各类图书让人眼花缭乱,各种读本纷涌,文章铺天盖地,这就涉及“择书”的问题。

那么,在阅读过程中,我们该如何选择书籍呢?择书是个技术活,你所选定的书籍在很大程度上代表着你的阅读水平和价值取向。不同品位的读书趣味,不同方向的利益取向,会影响人们的读书选择。2012 年 3 月 19 日《人民日报》曾刊文《领导干部应该读什么书》,披露贪官的读书菜单与他们的贪腐行为存在相当的关联度。比如,胡长清喜看《肉蒲团》、《金瓶梅》,而辽宁沈阳原副市长马向东钟情于《赌术精选》、《赌术实战 108 招》。文章称干部读书不仅是爱好问题,更是严肃的价值观问题。看来,读书,一定要是好书。读不好的书,非但不会成长,还会产生负面影响。其实,读什么书,不只是干部应该注意的问题,也是教师必须注意的问题。

从很大程度上说,一个人的读书品位,是从其择书水准开始的。这种水准的培养不可能一蹴而就,它需要漫长的关注、反复的比较。

古人云“开卷有益”,这话没错。其实该读什么书、不该读什么书,或者在什么年龄段该读什么书,历史上、现实中都有许多建议,著名的比如“少不读《水浒》,老不读《三国》”。所谓“少不读《水浒》”,是因为少年血气方刚,易于冲动,看了《水浒》学里面的暴力英雄,会走上歧途;所谓“老不读《三国》”,或许是因为深谙世故的人读《三国》,洞悉其中的阴谋诡计,尔虞我诈,难免会愈加老谋深算、沟壑满胸,“老读《三国》是为贼”。

中国有一句老话:“尽信书不如无书。”英国思想家培根也说过,学习不但意味着接受新知识,更为重要的是还要修正错误乃至对错误的认知。要做到这一点,我们不仅在面对书海时要学会选择,在面对同一本书时,也要善于对其内容进行选择。现在的一些图书,平庸陈旧的内容比较多,真知灼见比较少,书中的很多话别人其实都说过了,不过是改头换面炒冷饭,如果我们捧着这样的书籍,还一本正经从头读到尾,岂不是浪费时间?

如此说来，书是有等级的，是有好坏之分的。读与不读，粗读与精读，都要有所推敲。再说，今天印刷术发达了，出的书不计其数，版本也很多。比如《论语》一书，就有无数的版本，让读者不知道读哪个好。尤其是一些外国文学作品，不同译者、出版社的版本间差别很大，一定要选名社、名翻译家的版本。另外，还有内容、文字等方面，都要有所选择，学会取舍。

怎么取舍呢？余光中先生在《开卷如芝麻开门》一文中有一段论述颇为精妙：

> 朱光潜说他拿到一本新书，往往先翻一两页，如果发现文字不好，就不读下去了。我要买书时，也是如此。这种态度，不能斥之形式主义，因为一个人必须想得清楚，才能写得清楚；反之，文字夹杂不清的人，思想也一定混乱。所以文字不好的书，不读也罢。有人立刻会说，文字清楚的书，也有些浅薄得不值一读。当然不错，可是文字既然清楚，浅薄的内容也就一目了然，无可久遁。倒是偶尔有一些书，文字虽然不够清楚，内容却有分量，未可一概抹杀。某些哲学家之言便如此。不过这样的哲学家，我也只能称之为有分量的哲学家，无法称之为清晰动人的哲学家。……一个作家如果在文字表达上不为读者着想，那就有一点“目无读者”，也就不能怪读者可能“目无作家”了。朱光潜的试金法，颇有道理。

这里，我还想补充两句，如果一本书拿起来觉得看不懂，无非有两种原因：一是作者故弄玄虚或文不达意，这种书当然没有读的必要；二是作者写得很好，但你现在的水平还达不到，这种书也不应该读，而应该等你过一段时间水平提高了之后再读。所以，不论哪种原因，对于书籍只要你读不懂，就不该勉强自己去读。还有一点就是不要人云亦云，别人都说好的东西，并不一定适合你。尤其对于学生的课外阅读来说，更应该如此。真正的智慧都是相通的，智慧也绝不会只集中在哪一本书里或哪一个人手中，少读一本书，少看一个人的著作,天塌不下来。所以,选择书籍有一个简单易行的办法:你拿起来,随便看5分钟,先看目录,再选读其中的章节。如果它在5分钟内吸引了你,那就可以买;如果5分钟之内不能吸引你,无论是读不懂、不喜欢还是别的什么原因,就不要买。这个方法难免错过一些好书,但现在市场上书实在太多,不得不快刀斩乱麻,节约出选书的时间来读书。①

毫无疑问,"善选"是阅读的前提。孔子主张"三人行,必有我师焉,择其善者而从之,其不善者而改之"(《论语·述而》)。一个"择"字,说明了人的学习需要一定的判别能力。而卢梭在《爱弥儿》一书中指出:"问题不在于学到的是什么样的知识,而在于所学的知识要有用处。"金克木先生曾在一篇文章中将图书分为以下几种类型:跪着读的书——神圣经典;站着读的书——权威讲话;坐着读的书——为某种目的而进行阅读;躺着读的书——文艺类书籍;走着读的书——能自身与之对照、与之谈话的书。如果说校长更多的是坐着读、走着读,那么教师则更多的是跪着读、站着读和躺着读。

那么,具体来说,教师当下应该读哪些书呢?在我看来,提升教育理论水平要阅读陶行知、叶圣陶、苏霍姆林斯基、霍华德·加德纳等中外教育名家的教育理论著作,以及魏书生、于漪、朱永新、李镇西、肖川等一批活跃在教育研究和实践前沿的老中青年实力派教育专家的著述;了解新课程要读叶澜主编的《基础教育课程改革研究丛书》、杨九俊主编的《新课程教学问题与解决丛书》、袁振国主编的《新世纪教师教育丛书》等;强化专业素养要读柳斌主编的《中国著名特级教师教学思想录》(分学科卷)、雷玲主编的《听名师讲课》(分学科卷)、窦桂梅所著的《梳理课堂》等;拓宽知识和视野要读一些报纸杂志,如《读者》、《新华文摘》等。特别是《新华文摘》,它是知识百科类的刊物,读这一本刊物,就像树木扎根在丰沃的土壤里,汲取水分和各种养料。

---

① 李晓鹏:《学习改变命运》,新世界出版社,2005年,第183—184页。

如果要走向更有深度的阅读生活，站在宇宙的高度看人生，站在人生的高度看教育，我建议教师要多读点教育以外的书。比如，多读一点历史和哲学。历史是一个民族、一个国家形成、发展及其盛衰兴亡的真实记录，是前人的“百科全书”，即前人各种知识、经验和智慧的总汇。毛泽东同志在青年求学时期就曾说过：读史，是智慧的事。就是说：你若要增加智慧，史书是不可不读的。说到学历史的重要性，我们不妨举一个例子。我国绘画大师徐悲鸿的代表作中，有许多取材自中国古代的历史典籍，如《田横五百士》就取材于司马迁的《史记》，《九方皋》、《愚公移山》取材于《列子》。同样，哲学也很重要。读哲学不仅是为了获得哲学思想，更是为了获得哲学的思维方式。恩格斯早就指出：一个民族要站到科学的最高峰，就一刻也不能没有理论思维，而要发展和锻炼这种理论思维，唯有学习以往的哲学。一个民族的发展是这样，一个人的发展也是这样。著名国画大师傅抱石的小女儿傅益瑶的画特别有深意。友人问她秘诀，她的回答是：“我读哲学，哲学使人深刻，使人通达。”有一点需要说明，中国的一些著作既属于文学书，又属于历史书和哲学书。

其实，书并不在于读得太多太杂，而在于能否从中获得知识和享受，诚如广西师范大学出版社社长何林夏先生所说：“只要是自己喜爱的、愉悦的，就是好的，只是要有自己的判断和选择。”

六、读书要做到“有所为，有所不为”

长期以来，人们围绕读书的问题，一直有“有所为”和“有所不为”的争论。其实，“功利”与“读书”从老祖宗那儿就挂上钩了。南宋文学家尤袤在《遂初堂书目》序中说道，“饥读之以当肉，寒读之以当裘，孤寂读之以当友朋，幽忧读之以当金石琴瑟”，古人读书的功效利益观跃然纸上。宋真宗（赵恒）所作《劝学诗》讲得更加直白：“富家不用买良田，书中自有千钟粟。安居不用架高楼，书中自有黄金屋。娶妻莫恨无良媒，书中自有颜如玉。出门莫恨无人随，书中车马多如簇……”这意思就是说，读了书可以做大官，获厚禄，可以不至于住茅草房子，可以娶到年轻漂亮的太太，可以出门有车马随从。

但是，读书也不都是为了“功利”。经济学家、清华大学经济管理学院院长钱颖一教授认为：“并非所有无用的知识最终都会有用，而且有用未必就是唯一的价值判断，因为知识的价值无须体现在功利意义上；但换个角度看待时间与知识，你们会变得智慧。”读过《老子》的人都知道，它核心内容就是“自然、无为”四个字。老子曾云：“为学日益，为道日损，损之又损，以至于无为，无为而无不为。”老子主张的是不要被学问的外衣所蒙蔽，只注重外在的东西，而是应该体悟到学问内在的规律对人生的意义，用有用的规律指导行为，才能到达“无为而无不为”的境地。

举例来说，大家都看过金庸的武侠小说《倚天屠龙记》吧？这个故事的主人公张无忌武功很高，能够很好地表达“损之又损，以至于无为，无为而无不为”的境界。张无忌的武功非常强，但还没有达到最高境界，因为他的“软实力”还不够。所以他又向张三丰学太极剑，张三丰在他面前表演太极剑，张无忌没有看剑招，而是看剑意。有一天他突然说：“我现在全部忘记了，忘记得一干二净了。”这说明他已经摆脱了剑式的约束，实现了人剑合一，即所谓无剑无招，无我无剑，无我忘我。这是一种真正的“无为”境界。

由此可见，我们只有摆脱一切条条框框，不要太功利，把心沉下来，全神贯注，专心做事，才能达到一个非常高的“无为”境界。在这方面，日本有许多值得我们学习的地方。日本的教育不那么急功近利、实用主义地追求升学。他们有“修养课”。实际上，修养对人的成长很重要。而人之修养的养成，往往得益于那些“无用”的闲书。在中国近代史上，提起梁启超，大家并不陌生。他是我国著名的思想家、政治家、教育家、史学家和文学家。当年，梁启超送儿子梁思成去美国学建筑，临行时反复告诫儿子要多花时间阅读文学和哲学作品，否则生活会过于单调、乏味。在梁启超看来，专业知识可以用来做事，文学则可以用来修身，提升自己的生活品位和乐趣。作家莫言说:“读小说、闲书,最愉快;读有用的书比较痛苦;读不愿意读又必须读的书最痛苦! 当人有了选择读物的自由,那真是人的一大解放!”从哲学的角度说,“有用的可能是有害的,无用的可能是有用的。我们要想想什么是‘有用’,什么是‘无用’,二者都是相对而言的。这也就是庄子所说的‘有用之害与无用之用’。我们对世间任何事物的认识,永远不要只是从自己的角度来看,换一个角度去思考问题、去看待人生,结果也许完全不一样”。①于丹说得好:“这个时代阅读分有用的阅读和无用的阅读,有用的阅读能够给我们更多的知识,我认为更好的是无用的阅读,它拓展生命。”

再说,读书是很“私人”的事,本不应当带有浓重的功利色彩。英国大哲学家罗素说过:要读点“无用的书”。真正的阅读,从不会在书中寻找理财良方,也不会念念不忘强身健体。诸如《如何炒股》、《投资交易笔记》、《有病不用吃药》之类的书籍,绝不会是真正阅读的案头必备。审美的愉悦与心灵的满足,应该是书籍给予阅读者的最大快乐。因此,在全面实施素质教育的今天,教师更应该切实感受到读书是自己的学习行为,读书是自己的生活习惯,读书是自己的存在状态。这种境界,恰如梁实秋先生在《读书苦? 读书乐?》一文中所说:“人生到了一个境界,读书不是为了应付外界需求,不是为人,是为己,是为了充实自己,使自己成为一个明白事理的人,使自己的生活充实而有意义。吾故曰:读书乐。”

记得陈寅恪在1929年曾为北大史学系的毕业生题过两首诗,第二首中有“天赋迂儒自圣狂,读书不肯为人忙”两句,意思与梁实秋的话大体相同,讲的都是读书的终极目的到底是什么,是为了“学成文武艺,卖与帝王家”的实用价值,还是为了探求文化知识,寻求个人思想的独立自主?

在很多情况下,我们的阅读不可避免地具有明确的功利意识,即“有所为”。如专家们的阅读主要是为了专业上的了解和研究,学生的阅读主要为了学业的完成,像这样的阅读它的功利性是非常明确的。

---

① 潘宗光:《生活的智慧与为人的修养》,《解放日报》,2011年8月28日。

在当代阅读者中,人文学者的读书,大概最近于以无功利的美学态度读书,也最接近以读书为乐的古风。比如《红楼梦》,人文学者不可不读:白纸黑字"大观园","字字看来皆是血",令人百读不厌。已故红学泰斗周汝昌曾说过:"《红楼梦》不是一个好玩的小玩意,它是我们民族文化的精华,因为它包含总结了我们民族的文史哲和真善美,是一个前无二例的最美的大整体。"文学书的质地、神韵,是其他艺术所无法替代、不可企及的,尤其像唐诗、宋词、元曲、明清小说这样的文学经典,其中不但闪烁着智慧的光芒,而且流淌着思想的要义。读得多了,背得多了,人生境界自然也就高了,也就有了超越常人的智慧。也许,初读这样的经典著作可能充满了艰深和痛苦,但当你走过泥泞崎岖的山路,到达峰顶时,"会当凌绝顶,一览众山小"的快乐,与文学巨匠、哲人对话的快乐甚至是"站在巨人的肩膀上"的快乐,就会油然而生。

关于读书这件事,我很赞同汪涌豪教授在《经典阅读的当下意义》一文中所阐明的观点,"人可以带着目的读书,但不能太有目的,正如可以带着目的与人交往,又不能总带着目的,否则会很可怕"。

七、读书要讲究方法

读书之法,因人而异。每一个人的背景、学问都不一样,方法也不一样。这个方法对你不成功,对他可能就会成功。就读书而言,有人读书,只要随便翻翻就抛开了。有人读书,却要从第一个字看到末一个字才罢。其实两种方法都有道理,但永远只用一种方法是不对的。

人们常说"教无定式",好的教学方法可以提高课堂教学效率,读书亦然。靠规律和方法能够事半而功倍。面对一本书,尤其是经典著作,我们应从不同的角度、不同的方位去观察、去了解、去解读。有一句话说得好:条条大路通罗马。研究发现,古往今来,每一个成功者都有自己的阅读习惯和阅读方式。例如苏轼用"抄读法"来加深记忆理解;华罗庚用"厚薄法"读书，由厚读薄，取其精华；陈善爱用“认理法”，读有字之书，识无字之理，记心中之思。还有所谓“求异法”、“引申法”、“猜读法”、“写读法”等，都是前人在读书实践中总结出来的符合个人习惯的阅读方法。可见，读书效果的好坏在于你会不会读，也就是学习方法是否得当的问题。

一般来说，一个人要想做出成绩，需要有三个方面的条件，一个是天赋，一个是环境，还有一个就是个人的努力。但是个人的努力应该得法，而不是靠拼体力、延长劳动时间和增加劳动强度。读书也是一样，书读得好与坏，跟拼不拼命没有关系，天天开夜车，我不认为那是正确的方法。当然一点不努力，也不行。在生活中，我们不难发现这样的现象：有的人勤勤恳恳、脚踏实地地学习，结果却收效甚微。为什么？因为他们的学习方法不合适。看来，学习方法不同，其成效和收获也不同。

对此，浙江省理科状元陆文在演讲中曾经说过一句非常经典的话：“不是抓紧每一分钟学习，而是抓紧学习的每一分钟。”这句话的意思很明确，不是你每天学习 24 小时你就一定能学好，而是你可能每天只学习 10 个小时，甚至 8 个小时，但你能保证在学习的 8 个小时中，你是精力充沛的、专心致志的、富有效率的，这才能真正学好。当然，他这里指的是学生。成年人不可能一天有 8 个小时的读书学习时间。读书学习除了要有一定的时间外，关键得看谁的学习效率高，方法得当。美国的珍妮特·沃斯和新西兰的戈登·德莱顿于 1994 年出版了一本《学习的革命》，几乎轰动全球。书中预言：21 世纪“真正的文盲将不再是不识字的人，而是不会学习的人”。后来的事实证明了这一预言的正确性。在科学技术突飞猛进、知识爆炸的今天，“渔”比“鱼”更重要。知识是一条流动着的河，淘汰旧知识，获取新知识是一个流淌不息的过程，所以现成知识的效益是有限的，而方法却可使人终生受益，有方法才有成功的路径。爱因斯坦曾提出过一个关于成功的公式：成功 = 刻苦学习 + 正确的方法 + 少说废话，实际上也强调了学习方法的重要性。

八、读思结合

古人提倡读书要“三到”，即所谓心到、眼到、口到。口到是指朗读，眼到是指默读，我觉得这是基于古代文言文、古诗词的一种读法。当代人读书，无论是在图书馆、校园还是在自己家的书房，能读出声来的地点怕是不多的。我感觉心到最为重要。我理解的心到，就是阅读时必须思考。思考得越深入、越广泛，其收获必然越大。

我始终认为，阅读是与思考相随的。读书是花朵，思索才是果实。没有思索的阅读，是无效的阅读。我们的老祖宗一向重视思考，孔子说：“学而不思则罔，思而不学则殆。”曾子说：“吾日三省吾身。”这些都是我们经常引用的话。其实，思考的过程也是求异的过程。对此，英国大学问家培根有个形象的比喻，说我们读书做学问不要像蚂蚁那样只顾整天忙忙碌碌地储存，而不去做加工的功夫，而应该像蜜蜂那样既注重采集原料，同时也对原料进行加工、制作，从而创造出一种新的产品。

读书亦然，要结合自己经历和思考，使自己的思想系统化。富兰克林说：“读书是易事，思索是难事，但两者缺一，便全无用处。”记得习近平同志在中央党校 2009 年春季学期第二批进修班暨专题研讨班开学典礼上的讲话中说过：“书本上的东西是别人的，要把它变成自己的，离不开思考；书本上的知识是死的，要把它变为活的，为我所用，同样离不开思考。”的确，“人是活的，书是死的。活的人读死书，可以把书读活。死书读活人，可以把人读死。”（郭沫若语）关键在于有思维，这是“人为万物之灵”之本质。有了思维，知识才活了，人才能够发展，能够创新，能够超越自己。

我曾看过一段英国物理学家卢瑟福的故事：有天深夜卢瑟福走进实验室，发现有个学生俯身在工作台，当卢瑟福了解到这个学生从早晨一直到深夜不间断地工作后，他沉吟片刻问道：“亲爱的，这样一来，你用什么时间来思考呢？”在卢瑟福看来，动手实践之于科学固然重要，而静心思考更为重要。

为此，我再举一个例子。著名杂文家冯英子曾讲过一个故事：一满族贵族，被任命为镇守荆州的将军。他痛哭流涕，誓不肯去。问他什么缘故，他说："连关公都守不住的地方，我怎么守得住呢？与其将来失守获罪，不如不去的好。"原来，满族贵族最先见到的汉文化是范文程身边的那本《三国演义》，努尔哈赤和他的将军们行军布阵，很多得益于这本书上的经验。他们把罗贯中笔下的关公奉若圣明，而关公是失荆州、走麦城时死的。此人不敢去守荆州，其原因大概就在于此。他只相信自己从书上读来的经验，看不到环境的变迁，看不到现实的变化。这则故事告诉我们，读书不能"死读书"，而要像鲁迅先生所说的那样，"运用脑髓，放出眼光"，即敢于质疑，善于批判。

教师的工作是教书育人，更应该把书读"活"，不能"死啃"书。特级教师王栋生说过这样的话：想要学生成为站直了的人，教师就不能跪着教书。我要说：想要学生成为站直了的人，教师就不能跪着读书。不跪着读书，就是要有独立思考的精神。现代物理学之父爱因斯坦十分强调思考的重要性。他说："发展独立思考和独立判断的一般能力，应当始终放在首位，而不应当把获得专业知识放在首位。"他还说，"提出问题比解决问题更重要"。法国作家巴尔扎克说："一个能思考的人，才是一个真正的力量无边的人。"独立思考，要有一个宁静的心态。看书要静心，才能有所悟，看完了还得思考，勤学而多思，否则不能"化为我用"。

可当今社会，快节奏带来的浅接受，让人没有时间去深入思考。难怪有很多人都在感叹："现在有思想的人越来越少！"春秋战国时期，虽然人口很少，却有很多思想家，不少著述流传至今天。这些伟大思想的锤炼，是感悟与反省的结果。人生，不能没有思考。思考是一种好习惯，尽信书，不如无书。读书不仅是要多获得知识，而且应当深入思索，在设疑、解疑中有所发现、有所创造。在这方面，古人有不少精辟的论述。宋人朱熹说："读书始读未知有疑，其次则渐渐有疑，中则节节是疑，过了这一番后，疑渐渐解，以至融会贯通，都无所疑，方始是学。”清人郑板桥说“书从疑处翻成悟”，强调读书有“疑”，方能有“悟”，由“疑”到“悟”就是进步，就是读书的理想境界。李贽则从反面指出：“学人不疑，是谓大病。”所谓“质疑”，就是切莫迷信书本，要能从中发现问题，要带着思考去读书。只有这样，才能“举一而反三”，读出自己独特的思考和见解，读出新意。

明代吴应箕在《读书止观录》中记录了这么一件事：徐文远在大儒沈重那儿学习，有一天，他对老师说：“先生所讲的，都是纸上的。那真正深奥的境界，好像还有所未到哩。”徐文远虽然是学生，所讲的话却不无道理。作为教师，如果所讲的都是书上现成的，对教学内容没有自己独到的理解，那学生还要这个老师干什么？这个故事给我们的启示是：为师者读书不能拘泥于书本知识。对于书上的知识，教师要根据自己的所学、所思和所悟去阐释。这样的教学，才能给学生以切实的帮助。

从一定意义上说，我们读书，是要借书上的记载寻出一条求知之路，并不是让书本来管束我们的思想。读书的时候要随处会疑、边读边思。换句话说，要随处会用自己的思想去批评它。我们只要有自己的判断力，善于思考，敢于批评，就可分出哪一句话是对的，哪一句话是错的，哪一句话是可以留待商量的。记得李镇西老师曾对他的学生说过 8 个字，对我们很有启发，那就是：“读出自己，读出问题。”所谓“读出自己”，就是从书或文章中读到引起自己共鸣的一段话、一个词、某个内容，与自己的生活相联系。所谓“读出问题”，就是一边读一边发现不懂的地方或者有疑问的地方，然后推敲、研究乃至质疑，通俗地说就是要提出问题。如果说“读出自己”是共鸣，那么“读出问题”便是思考。如果读一本书，既没有共鸣，也没有思考，就不能算是真正意义上的读书。

看来，读书要有怀疑精神。只有带着问题读书，读书才可能是有效的。“读”是什么意思？很多人也许不明白。“读”这个字，还念“dòu”——句读的“读”，即我们今天说的标点符号。古人没有标点符号，现在学的古文都是专家学者给大家标出来的，这本身就不一定正确。古人是自己句读的，自己会断句,就证明你会读了。所以这个"读"一开始就与怀疑和思考连在一块儿了。今天的"读"变成了念出声的"读",念出声是好的,但是应该自己知道断在何处,这证明你知道了意思。高考的句读考题,就是考查大家对意思的理解。

不仅读书如此,教育也应该有问题意识。记得柳斌在《读书与思考》一文中说过,我们现在的教育模式最大的弊病就在于不是学思学问,而是"学答"——学答问题。我们聘请了很多老师、很多专家去设计题库、炮制答案,然后把它拿给学生,让学生死背硬记。你要是把这些题目中的答案都掌握了,考试就容易了,就能拿高分,就可以进重点学校,甚至清华、北大。这样,我们的教育模式在很大的程度上变成了一个"学答模式"。李政道有几句话我觉得讲得非常好,他说:"求学问,需学问;只学答,非学问。"做学问就是学会提问题。学问,思考就在其中。学答,只有记忆在其中。

读书需要质疑,要有批判精神,但同时也要有宽容之心。俗话说:一个人浑身是铁能打几个钉?在每个专业领域,真正的知识进步很不容易,著书立说难免有知识和时代局限,读者不必过于苛求。只要读到作者某些有价值的思想片段,我们就应该对之敬重有加。尤其是读文学经典,我们在批判继承的同时,更应该有宽容和敬畏之心。文学经典之所以能成为经典,一是因为它有值得我们学习的美学品质,比如它有很标准的文法,它代表一个民族某个时代生活的准确而深刻的表达方式;二是因为它有思想震撼力,并浓缩了一个时代人类的智慧与思索。正因为如此,文学经典的意义与价值非同寻常,值得后人"重读"。学会敬畏经典,对读者来说是很重要的。

九、读写结合

周国平先生说:"作家是以写书为职业的,所以他们偶尔也读书;学者是以读书为职业的,所以他们偶尔也写书。"那么,教师呢?教师是以"教书"为职业的,所以既要读书,又要写作,做到读与写结合。特级教师窦桂梅说:“写,让自己活得明白,更让自己活得精彩。写,赢得的是尊重,积累的是尊严。一句话,写,改变了你的生命属性。”其实,窦老师是这样说的,也是这样做的。对一个优秀教师来说,不但要有想法,还要有做法,更要有说法。所谓“说法”,是指教师要善于表达自己,特别是要学会“专业表达”。写作,就是教师最佳的“专业表达”方式,也应该成为教师的一种生存方式,一种生活状态。

实际上,古往今来,读书和写作是分不开的。古人说:“不动笔墨不读书。”这是有一定道理的。俗话说得好:好记性不如烂笔头。蔡元培先生在一篇文章中说,胡适之先生有一个时期,出门时常常携带一两本线装书,在舟车上或其他忙里偷闲时翻阅,见到有用的材料,就折角或以铅笔作记号,或许回家后尚有摘抄的手续。记得有一部笔记,说王渔洋读书时,遇有新隽的典故或词句,就用纸条抄出,贴在书斋壁上,时时览读,熟了就揭去,换上新得的,所以他记得很多。可见,名人的成就与他的勤奋读书是分不开的。

名人抄书的例子并不少。例如,宋代苏东坡三抄《汉书》的故事:有一名士拜访苏东坡,通报姓名已久,苏东坡才姗姗出来。他对名士的久候惭愧地说:“刚才为了完成每天的功课,十分抱歉。”双方坐定,名士说:“你‘完成每天的功课’指什么?”苏东坡说:“是抄《汉书》。”名士说:“凭先生的才华,开卷一看,可以过目不忘,何必用手抄呢?”苏东坡说:“不是这样。我读《汉书》,一共手抄三遍。开初,我手抄后再熟诵每段。等到背熟了,我只抄这段的前面三个字作为题目,再背诵下去,以考查自己的记忆能力。在第二次手抄熟诵这段后,我只抄前面两个字为题。到如今,我只抄这段的前面一个字为题,就能背诵如流。”名士心存疑虑,请求说:“先生所抄写的,不知我是否有幸可以看看?”(言外之意要考考他)苏东坡欣然同意,叫仆人拿出他厚厚的几本手抄《汉书》。名士挑了洋洋数百言的一个段落,让他背诵。苏东坡倒背如流,无一字差错。名士慨叹良久,曰:“先生真谪仙才也。”

还有明代文学家张溥长年累月地抄书,手指上都磨出了厚厚的老茧。鲁迅从 15 岁起就开始抄书,起初抄录《康熙字典》上的古文奇字,后来抄录

《唐诗叩弹集》、《唐代丛书》等书。鲁迅抄书的习惯一直保持到30多岁。相声大师侯宝林为了买到自己想买的一部明代笑话集《谑浪》，跑遍了北京城所有的旧书摊也未能如愿。后来，他得知北京图书馆有这部书，就决定把书抄回来。适值冬日，他顶着狂风，冒着大雪，一连18天都跑到图书馆里去抄书，10万字的书，终于被他抄录到手。

抄读的好处是加深记忆，增强理解。抄读的过程，就是理解、消化知识的过程，对所读内容理解越透彻，体会越深刻，则记忆越牢。我读书也有这个习惯，读书笔记也有好几本。平时日积月累，用时信手拈来，让我受益无穷。现在，“抄读”的人越来越少。有人调侃：一个好胃，被白酒废了；一个好官，被金钱废了；一手好字，被电脑废了。

当然，我所说的“书不离笔”，不仅仅是抄书。所谓“书不离笔”，是指读书的时候不能空白着读，一定要适当做点儿批阅和圈点。也就是说，你看的那本书除非是从图书馆借来的，否则你不能让它干干净净的。只有在书上写下自己的感想和联想，才能证明你真正读过这本书。当然，我这里说的“动笔”，不仅仅是在读书时摘抄、批注、评点之类的“写”，也包括写读书笔记、写文章，乃至从事教育科研等。其实我小时候就喜欢做读书笔记，用小卡片写好。读大学时，还学着把读书卡片分类，以便于学习和研究时参考。我的家里到处都是书，到处都有笔，书桌上堆得乱七八糟。我觉得这样方便，可以随时随地很自然地读书。我们古代把读书看得很高雅，只有少部分人才读书。但是在西方，读书是一件很平常的事，厨房、客厅里都有书。我们应该提倡读书是一件平常事，并不是高雅之事。高雅不在于形式，而在于你读什么书，思考什么问题，写什么样的东西。

对于读与写的关系，我的看法是：读书是吸收，写作是表达，但写作离不开读与思。读与思是写的前提，写是读与思的深化。读书若不跟写作结合起来，犹如空花过眼，不能真正在你心田上生根发芽。其实，有时候写作也是一种反思。巴甫连柯有一句名言——“作家是用手思索的”，他认为只有不断地写，才能扪触语言。老舍先生曾对人说，他有得写，没得写，每天至少要写五百字。鲁迅先生也说过，写不下的时候，有时是需要“硬写”的。硬写就是在某种程度下，逼着自己去观察、去思考、去记录。这种“写”的力量，牢固地根植在当代作家王安忆的使命感里。她在 2012 年上海书展暨“书香中国阅读论坛”上说：“只要有一个人在阅读，写作就是有意义的。哪怕这个一人就是我自己。”当有人问她的写作缘起时，她的回答很简单：“我写作就是因为喜欢阅读。”

其实，写作的人和从不写作的人，经历的人生是不一样的。写作，使生命具有了无限的可能。“70 后”青年女作家鲁敏以切身体验告诉学生：“写作是一条小船，我划着它走过悲悯的世界。阅读和写作能够帮助我们忍受人间的各种压力，我们的人生也会发生很大的变化，通过它可以走进俄罗斯的冰天雪地，登上太平洋的孤岛，可以没有任何阻碍地抵达一个人心灵的深处，你的人生因此有了一万种可能，从一张薄薄的纸变成了一本无限厚的书。”

在读书和生活中，思考过的东西要及时把它记下来，这一点非常重要。据记载，与李白、李商隐并称唐代“三李”的李贺，有一个独特的写诗习惯。他每天早晨出门，骑着瘦弱的小驴，跟着一个小男仆，背着锦囊，遇有所得，便及时写下来放到锦囊里。到傍晚回家，便将囊中的“妙句”取出，整理而成诗篇。我们教师写教育教学方面的文章，不妨借鉴李贺的做法。当然不是说每个人都像李贺一样，每天去骑驴，也不必人人都背上锦囊，而是学他的专心收集，学他的及时整理，学他的勤奋积累。

记得朱光潜先生曾说过：“关于读书方法，有两点须提起。第一，凡值得读的书至少须读两遍。第一遍快读，着眼在醒悟全篇大旨与特色。第二遍慢读，以批评态度衡量书的内容。第二，读过一本书，须笔记纲要和精彩的地方与你自己的意见。记笔记不但可以帮助你记忆，而且可以逼你仔细，刺激你思考。”周国平先生则说得更形象：“灵感是思想者的贵宾，当灵感来临的时候，思想者要懂得待之以礼，写作便是迎接灵感的仪式。当你对较差的思想也肯勤于记录的时候，较好的思想就会纷纷投奔你的笔记本了。”南开大学著名的数学家陈省身教授,生前要求南开大学数学所的每位教师家里都挂一块黑板,以便记录即时的想法。因为他深知,有些发明创造就在一念之间,如果能及时将其捕捉并记录下来,再持续进行研究,很有可能产生意想不到的结果。反之,如果不注意捕捉这些即时的想法,就可能错过许多发明创造的机会。

说到这里,也许有人认为发明创造是科学家的事,写作是作家、教育家、文学家的事,而教师没有必要这样做,只要把书教好就足够了。其实,教师的工作也具有很强的创造性。写作,不仅是现代教育对教师提出的要求,也是促进教师专业化发展的必要补充和动力。一位学者说过:“什么是教师专业化成长与发展?系统读书 + 实践思考 + 勤奋写作 = 教师专业化成长。”从科学的角度讲,写作是思维的强化训练。人的大脑有自动编程的功能,但如果长期不得启用,这种功能就会退化。一些心灵的启示和思想的火花往往稍纵即逝,须及时加以记载,而这些启示与火花通常是一篇论文、一本专著的肇始。

从一定意义上讲,写作和读书一样,都需要闲适与平静的生活。只有心静下来了,思绪才能飞扬起来。被誉为苏派小说掌门人的著名作家范小青说:“写作的时候,你的心就会自然地收回来,就会安静,你会把自己很多的情怀、想法、欲望通过文字一一释放出来、传达出来。在这一收一放之间,每个人都会获得无法言说的收获,这种收获能让心灵获得滋养,并伴随我们一生。”马克思·范梅南说,写下来是很重要的,因为只有“写下来”,我们才能清楚地意识到自己知道什么。张民选教授认为,用隐性知识显性化的方法将大大促进教师的专业发展。显然,写作是“显性化”最有效也最重要的途径。经常写作,可以培养人的问题意识,提高发现问题的敏感性。罗丹说:“生活不是缺少美,而是缺少发现美的眼睛。”读而不写,只是学习过程和娱乐过程;只有开始动笔,才算进入研究状态。书到用时方恨少,一个学者、一个教师,长期不在研究状态,读书再用功、再刻苦,也很难有真正的领悟和启迪,更难以收事半功倍之效。

我认为,读书要成为生活必需的有机组成部分。特级教师曹平说过:“同样一个教师,同样一个晚上,可以同样废寝忘食地打牌或写作,但第二天的两个人就不一样了。人的差异主要在业余时间上。我写的文章公开发表了,就能成为教师的共享资源,我就对教育作出了贡献,这就是一种价值观。写作,能使教师这一职业伟大起来,能使教师的生活质量提高起来。”

当然,写作比起阅读来,肯定要艰苦些,尤其是才开始的时候。“万事开头难”,写作亦然。过去称写作为“爬格子”,虽然有一分耕耘一分收获的美意,其中也包含了写作“手工业”的传奇和辛苦。右手中指的那块老茧,就是写作之苦的形象说明。到了网络时代,“爬格子”已经过时,人们大都使用电脑写作,“笔耕”的形容也渐渐淡出,但写作毕竟是辛苦的脑力劳动,需要不断地积累和思考。当然,写作有写作的乐趣。有时候,写作似乎比阅读更有成就感。这一点,会写作的人一定体会得到。

需要明白的是,教师写作写什么?我想应该是写自己阅读的思考、体会和收获,还有教学随笔、教育叙事、教材分析、教学设计、教学案例,等等。等到有了一定的学术积累和写作基础,进而写一些教学经验、教学论文,乃至课题研究。教师的写作还是要从自己的教学实际出发,循序渐进,不要贪大求全,追求高深。记得肖川教授在一篇文章中写道:“教师们,拿起您手中的笔吧,有意识地去创作,把你的感动、你的困惑、你成功的探索、你的希望与梦想变成文字,写成文章。你会发现你的气质、情怀,你的内心世界,慢慢地,慢慢地,变得纯洁、澄明,变得细腻和丰富。我相信,真诚的文字,能够将平淡如水的岁月定格为永恒。”

至于怎样学会写作,也只能是“在写中学会写”。学术研究,说到底,也是一个熟练工。多写是个硬道理。据我的经验,阅读的同时不要忘了做些笔记摘抄。特别是教育方面的书和文章看得多了,就会自然而然地将一些先进的教育理念和教学教法运用到自己的实践中来。运用了之后又获得新的体会和反思,手就发痒了,心得、论文就从笔下潺潺地流淌出来。这样教、学、思、写互动,其中的乐趣和收获是不言而喻的。所谓“阅读的根基有多厚,写作的高度就有多高”。肖川教授曾说:“造就教师的书卷气的有效途径,除了读书,大概就是写作了。写作最能体现一个人的综合素质。”倘若一个教师只能上课是成不了教育家的,就是上 100 节、1 000 节课也不行,一定要有理论的构建,要有著述,有自己独特的风格。但我在现实中发现,一线教师的写作热情和写作水平并不令人乐观。导致这种情形的原因,客观上是学校没有适时的引领和激励政策,也没有创设有利于教师写作的氛围和条件;主观上主要是教师的认识问题,一些教师总认为写文章是件苦差事,付出多收获少,或有畏难情绪,认为自己不是写作的“料”,或错误认为写作对工作帮助不大,写不写无所谓,或认为工作忙,没时间,等等。

写作本来是最自由的行为,如果你自己不想写,世上没有人能够强迫你非写不可。俗话说得好,“解铃还需系铃人”。我认为,解决以上问题的关键仍在教师本人,其中最重要也最有效的一种方法是:作为教师,一定要养成读书和写作的习惯。其实,读的书多了,有了一定的文化积淀,自然就会有写作的欲望,有一种“不吐不快”的感觉。现在很多学生,包括一些教师,之所以写起文章来捉襟见肘,关键是读的书不够多,特别是读经典不多。当然,写作还有一个爱好和兴趣的问题。几乎所有的文学大师,所有的优秀作家,在谈到为什么要写作这个问题时都有这样两点感受:第一,写作是他们内心的需要;第二,写作本身使他们感到莫大的愉快。一句话,写作是他们生活的组成部分。所以,我敢肯定,写作这种事情,如果不是真正喜欢,花多少工夫也是练不出来的。真正的写作,是为自己写作,写自己真正感兴趣的东西。只有自己感兴趣的东西,才写得好。什么是好的作品?我认为,好的作品必须有两样东西:一是好的内容,二是好的表达方式。我个人感悟,教师开始写作不要企图写出长篇大论或课题报告,而应学会研究鲜活的教育案例,写一些教育随笔之类的短文,甚至可以从写教育日记开始。切入口要小,一事一议,以小见大,短小精悍。这样写出来的东西,内容实在,具体可感。一旦“豆腐块”的随笔写好了，“大块头”的教育科研文章也就容易写了。张峰松在《我们的金蔷薇在哪里》一文中说：“泰山不让土壤，故能成其大；江河不择细流，故能就其深；写作不却细小，故能成其宏。”

从更深处看，在读书与反思的同时进行写作，可以促进教师专业化发展，从而实现自我人生层次的提升和生命的升华。谁都知道，读书是一种学习，学习的目的是增长知识，扩大眼界。读书的面可以广一些，但档次一定要高。某种程度上，读书的档次对写作有直接影响，大体上决定了写作的档次。当然，还有要自己的思想、人格和认识。只有思想与人格上去了，写作才可能有高度；只有认识深刻，才能写出有深度的文章。为什么鲁迅、老舍、巴金、冰心、茅盾、钱锺书等老一辈作家能够写出好文章、好作品？我想这和他们读书的档次和积累的“厚度”有很大关系。

史学大家钱穆在给自己的孙女回信时说：“《论语》之外，须诵《孟子》、《大学》、《中庸》与《四书章句集注》。《庄子》外，须诵《老子》。四书与老庄外，该读《史记》，仍盼能背诵。”能说出这样一番话的人，读书功夫绝非一般，正是这种功夫，成就了他的《国学概论》、《先秦诸子系年》、《朱子新学案》等一批被誉为“占领学术制高点”的杰作。尤其是《论语》，古人说“半部《论语》治天下”，“天下”都可以治，教育就更不用说了。

在今天，我们并不奢望小学教师中有叶圣陶，中学教师中有朱自清，只希望我们这些为师者能在繁忙的事务中抛弃浮躁，安定自己的内心世界，排除外界的干扰和诱惑，不被外物所役，不被名利所困，不人云亦云，不随波逐流，坚守精神家园，不断地读书学习和写作，做一个静心求学、潜心修炼的读书人。我不能想象，一个不读书的教师，他在新课程的课堂上还能教书吗？不读书，就意味着没有科研，就意味着非专业状态。因此，我认为，教师还应该把读书与教书结合起来，从书本中汲取滋养，“读”出教育的品位，“读”出教学的精彩。正如叶圣陶先生所说：“教师善读善作，深知甘苦，左右逢源，则为学生引路，可以事半功倍。故教师不断提高其水平，实为要图。”

十、读用结合

只阅读不思考,用处不大,而光思考不行动,则空洞无趣。宋儒程颐说:“读得一尺,不如行取一寸。”语言虽简,却道出了读书根本。当前,我国正处在教育改革发展的关键时期,而越是在关键时期,越要加强读书学习。事有所成,必是学有所成;学有所成,必是读有所得。阅读滋养底气,思考带来灵气,实践造就名气。读书不是目的,写作也不是目的,掌握真理、指导实践才是最终目的。

读了书不能结合生活实际,不能运用于实践,就是古人所说的“学而不能行,谓之病”。用老百姓的话说,就是“书呆子”。所以,《礼记·中庸》说:“博学之,审问之,慎思之,明辨之,笃行之。”宋代大诗人陆游在一首诗中讲得更明白:“纸上得来终觉浅,绝知此事要躬行。”古人尚且知道“理论联系实际”,我们更应该明白“学以致用”的道理。任何时代的学习,都必然带有那个时代的深刻烙印。兴起于宋代、发展于明末、盛行于晚清的经世致用,是中国古代读书人追求的最高境界。日本近代著名启蒙思想家福泽谕吉在1874年写了一部有名的《劝学篇》,号召日本人民舍身卫国,使日本赶上先进国家。该书对文明的进步充满信心,并力言学问不只是读书和空谈理论,而必须与实际生活相结合。

我们现在最大的问题是,知识与实践脱节。当代社会,传统意义上的书呆子是越来越少见了,但口会说,笔会写,却脱离生活实际的事,还是时有所闻。中国人知道很多道理,就是不按道理做。中国成绩很差的孩子到美国都能当班长,当数学课代表。我们整个基础教育是非常扎实的,而且学者也是。大家知道,清朝人的传统文化比我们好,但是鸦片战争还是照样打败了,国家照样衰亡。这里原因固然很多,但“知而不行”是其中之一,学的道理不去做。世界上的道理并不多,你抱定一个道理,然后去实践它,你就是一个了不起的人。难怪有人讽刺一些读书人,称其不是知识分子,而只是一个“知道分子”。这种人从幼儿园小班开始到博士毕业，考试成绩都非常好，别人和他提到的事情，他全知道，却无远见卓识和创新能力。这个问题很值得我们深思，这是中国近两百年来落后的主要原因。对此，我同意刘震云的看法。他说：“我觉得我们中国什么都不缺，我们不缺人，因为中国人最多；我们不缺钱，因为现在世界上很多奢侈品店是靠中国人来支撑的。我们缺的是什么呢？……缺的是见识，是远见。”因为在我看来，读了书，并且有见识和远见，这才是真正的“学以致用”，才是真正的知识分子。

到了知识大爆炸的时代，“知而后行”显得更为重要。人们不仅学了以后要去做，还必须根据实际需要来学。也就是说，读书学习要有针对性。法国作家罗曼·罗兰说：“要撒布阳光到别人心里，先得自己心里有阳光。”教师相对于学生而言，是知识的播种者、智慧的促生者、心灵的塑造者、道德的引领者。因此，教师不应该自甘平庸。要做一个好教师，就要结合本职工作认真去读一些书。教师读书的目的是什么？提升自我，成就自我，完善自我。而这一切，都是为了更好地提升学生、成就学生、完善学生。所以，有兴趣的东西，我们要学；没有兴趣的东西，我们也要学。教师读书不能只凭个人的兴趣，还要看需要而定。有人对年轻人提了这样三条建议，第一是读书与思考，第二还是读书与思考，第三不能老是读书与思考。换句话说就是要行动起来。毛泽东同志曾说过：“读书是学习，使用也是学习，而且是更重要的学习。”

人之读书，可以有多种目的，但大略说来包括两类：一类是消遣，读什么书没有固定的标准，凭自己的兴趣，喜欢读什么就读什么；一类是使用，即抱有功利性目的的读书。消遣犹如消费，使用转化为创造。德国学者伊莱亚斯·卡内蒂说，有一种人叫书迷鬼，“书迷鬼看到所有的书，无论什么书都可以，只要读得懂就行”。这是一种兴趣爱好、一种生活方式。他们不愿聊天、不愿打牌、不愿旅行，就是愿意面对书籍，这是非功利的。但对大多数人来说，还有功利性的一面，比如你准备做一个研究，或者搞一个课题，或者想弄明白什么问题的时候，目标明确，有方向、有系统地阅读就显得非常重要。

教师是离书本最近的群体,教师读书不仅是涵养自己,还应该把读书与教书结合起来。作为一名教师,最忌讳的是“就知识讲知识”。如果一个数学老师只会讲解公式,那学生怎么会感兴趣呢?教师应该通过自身的阅读,充分解读公式背后的故事,拓展公式修正的过程,这样更能打开学生的学习视野。语文老师的知识结构更要宽泛,在课堂上要能旁征博引,触类旁通。其实,每个教师都应该培养阅读习惯,这样才能提高教学效益。语文特级教师张万祥在《优秀教师的 30 本案头书》的序言中说:“最优秀最幸福的教师,一辈子只做两件事——读书、教书。读书是利己的,教书是利人的,而教师的幸福正在于,这两者是完全一致的。”由此看来,教师要在讲台上直挺挺地站着,肚子里没有几本书撑着是不行的。教师的书架上没有书,就好像农民秋收后的粮仓里没有种子。当书架上只剩下教科书和参考书,当书架成为书香不再的地方,教师就已远离阅读。特级教师王栋生曾感慨地说:“教师的个人修养直接作用于学生,不读书的老师怎么教好新时代的学生?”

教师要在读书中充实自己,发展自己。教师在读了一些书、思考了一些问题、积累了一些知识后,就要注意把这些思考和知识转化到实践中去,大胆尝试,努力改进教学。比如,我国古代文学长廊中有许多优美的篇章,它们吸引着人们去阅读欣赏。那优美的词句、铿锵的音节、深厚的内涵,无不陶冶人们的情操,打动读者的心。将古典诗词引入写作或教学中,既可增加文采,又可彰显你的文化内涵。只教书不读书,教书可能成为“教死书”,或是无书可教了;只读书不教书,“躲进小楼成一统”,不去实践,没有实践的检验。没有行动和研究,读再好的书都只能是“纸上谈兵”。教书只有与读书结合起来,在教书的过程中多读书,通过汲取书中的营养以用之于教书。古人云:“读万卷书,行万里路。”对这句话,人们的一般理解是,一个人做事或做学问,一方面要读书,另一方面也要实践。其实,这句话还有一层意思,“是说读书与实践两者有互动互构的关系。实践越多,体验越多,那么读书才能读懂读透；反过来，读书越多越深，实践就越自觉，收益就越大”①。因此，对于读书来说，除了消遣娱乐，我们总应该有一个目标和追求。只有坚持学以致用、用以促学、学用相长，把读书与工作、事业结合起来，才能真正把学习的收获转化为教师发展的实际本领，并从中获得源源不竭的动力。读以为学，可以增加知识；学以致用，可以把工作干得更好。这样，读书也就有了非同寻常的意义。著名教育专家顾泠沅，曾在上海市青浦县（现为青浦区）任中学教师十余年，边读书边实践，笔记记了百余本，主持青浦农村教改实验十五年，其研究成果被中国教育学会评价为具有重大的理论价值和实践价值。著名特级教师赵谦翔，他的语文教学之路，发动于读书，升华于读书。他把课外读书与课内教学挂钩，开创了“青春读书课”，语文课堂活水绵绵，生机无限，学生获得了素质提升和决胜高考的“双赢”。可见，对教师来说，读书的最高境界是将需要与兴趣结合起来，头脑中始终装着“教育”两个字。

十一、读书要善于借鉴

一个成功的人需要吸收历史上累积下来的成果，并且与当下的实际联系起来。人生很短，无论一个人多聪明，多有天分，也不可能漠视几千年来人类创造的成果。这是人们了解自然、了解人生、了解人际关系累积下来的经验与智慧，不是一朝一夕所能够成就的，所以一个人通过读书来获得知识是非常必要的。因为，一个人在生活中直接向别人学习的经验是极其有限的，但是通过读书间接向别人学习的经验则是无限的。

通常说，世界名著之所以成为世界名著，除了语言之美，更重要的是能给读者提供一种可资借鉴的思维方式。正因为如此，读书治学必须借助前人，按牛顿的说法，就是“站在巨人的肩上”。有人曾批评这句名言，说含有

---

① 童庆炳：《读书与行路》，《人民日报》，2009 年 9 月 4 日。

骄人自得的成分。其实，这正好说明牛顿的博大与谦逊，它旨在告白：自己并没有什么了不起，只是借鉴前人作了点创新而已。还有，于漪老师曾经讲过这样一个故事：国际创造性与领导学基金会有次邀请约瑟夫·布罗茨基作演讲。演讲结束，当主持人表示谢意时，这位孤傲的诗人毫不客气地当众宣称："一点也不要谢我。我坐在这里，并不完全是我自己，我是我所读过和所记得的东西的总和。一旦我不记得了那些东西，一旦我成了街上的普通人，任何人都可以捅死我也不会造成很大损失。但是只要我记得，我就是件珍品！"①

从一定意义上说，人类社会之所以不断进步，正是由于科学文化知识不断传承和创新的结果，这既需要前辈甘于做"人梯"，更需要后辈勇于不断攀登高峰。这正如田径运动中的接力赛跑，每人都只能跑完自己那一棒的路程。当然，在学习借鉴前人的同时，对所读之书还有一个消化吸收的过程。用心理学的术语来说，就是一个"内化"的过程，一本书也罢，一种思想也罢，只有经过这个过程才能转化为自己的知识和财富，"内化"为自身的素质。就书籍本身来说，也是这样。如果打开一本书，里面尽是作者一个人的倾吐，丝毫不见对同一话题别人意见的讨论或借鉴，那么，这本书通常是不值得读的。以大家熟悉的马克思为例，他的《资本论》的文献引用就是一个非常系统的经济思想史学习指南。所以吕叔湘先生说："阅读的本领学会了，自己写文章就不难了。"从一定意义上说，学会写作大都是从模仿开始的。没有大量的阅读、学习、模仿和借鉴，是写不出来优秀作品的。

十二、读书需要"意志"

历史上，对读书，我们有读《易》"韦编三绝"的先贤孔子，有"头悬梁"的孙敬和"锥刺股"的苏秦，有"凿壁借光"的匡衡，有"映雪读书"的孙

---

① 于漪：《为有源头活水来》，《上海教育》2005年第15—16期。

康……他们以自己的刻苦和坚毅传承着中国文化,也为世代的读书人树立了榜样。

看来,读书学习是一项艰辛复杂的脑力劳动,坚持读书学习是一件很不容易的事情。读书之法,贵在持之以恒,不能心血来潮,高兴时拼命读,兴头过后就丢弃一旁。真要读书,须善耐寂寞,甘守孤独。古人云:“贵有恒,何必三更起五更睡;最无益,只怕一日曝十日寒。”白纸黑字的阅读是个“苦中有乐,乐中有苦”的过程,没有极大的毅力支撑,是很难将阅读坚持到底的,所谓“一天爱读书容易,一辈子爱读书不易”。毅力是一种希望,更是一种成功的力量,凭勤奋和毅力可以水滴而石穿。在阅读的时候,我们要耐住寂寞,不怕孤独,专心致志。只要我们持之以恒,坚持不懈,咬定青山不放松,养成一种“板凳甘坐十年冷”的读书习惯,就一定能够达到理想的境界。中国有句俗话,叫做“心急吃不到热汤圆”;说得稍微文雅一点,就是“一口吃不成胖子”;再文雅一点,就是“欲速则不达”;再文雅一点,就是荀子所说的“不积跬步,无以至千里;不积小流,无以成江海”(《劝学篇》)。无论表达方式是俗是雅,其意思都是一样的:任何成功或进步都是一点一滴不断努力的结果。

战国时期,张仪在各诸侯国从事游说活动,说服各国采纳他的主张,游说数年没有成功,还受到很大侮辱。回到魏国故乡,他的妻子劝说他不要再游说了。张仪对妻子说:“你看看我的舌头还在否?”他的妻子笑着说“还在”。张仪说,“有舌头在就足够了”。后来张仪自荐成功,担任秦相,说服各国服从秦国,瓦解齐楚联盟夺取楚汉中地,辅秦惠文君称王。试想,如果他“不锲而舍”,那恐怕就不能成就后来的事业了。

知名作家方益松曾写过《蜗牛的壮举》,大意是讲一群蜗牛靠着自己的力量,坚持不懈地爬上了世界著名建筑胡夫金字塔的顶峰。这则寓言给我们的启示是:像蜗牛如此速度的,也能达到它们理想的顶峰,这世界上的事,靠的就是“毅力”二字,只要坚持不懈,你就能成功。

让我们再看一个美国人的人生轨迹:21 岁——生意失败;22 岁——角

逐议员落选;23 岁——再度生意失败;26 岁——爱侣去世;34 岁——角逐联邦众议员落选:36 岁——角逐联邦参议员再度落选;47 岁——提名副总统落选;49 岁——角逐联邦参议员落选。

这个“大失败者”,就是亚伯拉罕·林肯。无数次的失败,没有让他泄气,反而激发了他强大的信心与敬业热忱。他始终坚持不懈,终于在 52 岁时登上了总统宝座,成为了名垂千古的伟人。

人生如此,读书和做学问也是一样,要有坚持不懈的精神。清朝咸丰年间有个武官叫张曜,因苦战有功,被提拔为河南布政使。他是个文盲,常受朝臣歧视,御使刘毓楠说他“目不识丁”,因此改任他为总兵。他受此耻辱,从此立志要好好读书,使自己能文能武。张曜想到自己的妻子很有文化,回到家要求妻子教他念书。妻子说:要教是可以的,不过要有一个条件,就是要行拜师之礼,恭恭敬敬地学。张曜满口答应,马上穿起朝服,让妻子坐在孔子牌位前,对她行三拜九叩之礼。从此以后,凡公余时间,都由妻子教他读经史。每当妻子一摆老师的架子,他就躬身肃立听训,不敢稍有不敬。与此同时,他还请人刻了一方“目不识丁”的印章,经常佩在身上自警。几年之后,张曜终于成为一个很有学问的人。后来,他在山东做巡抚时,又有人参他“目不识丁”。他就上书请皇上面试。面试成绩使皇上和许多大臣都大为惊奇。张曜在山东任上,筑河堤,修道路,开厂局,精制造,做了不少利国利民之事。因为他勤奋好学,死后皇帝谥他为“勤果”。在这方面,现代国学大师陈寅恪更是一个典范。赵元任的夫人杨步伟回忆说:“那时在德国的学生们大多数玩得乱得不得了,只有孟真(傅斯年)和(陈)寅恪两个是‘宁国府门前的一对石狮子’。”意思是说他们对读书对学问颇有定力。这种咬定目标、坚持不懈的定力,值得我们学习。

其实,读书和写作是一样的道理,都是慢功夫。著名作家贾平凹曾经戏说“作家”就是“坐家”,真是调侃到家了。大家都知道武侠大师金庸。当年,他在香港办报,身为报社老板,每天亲自写千字的小说(连载)和千字的评论,而且一写就是二十年,这不能不说是一种毅力。因此,我赞成一位论者的话:“比知识更重要的是方法,比方法更重要的是方向,比方向更重要的是态度,比态度更重要的是毅力。”毅力是一种精神,一种追求,一种力量。从许多优秀教师的成功之路来看,他们的成长和成功都有一个共同的特点,就是在繁重的工作同时,能耐得住寂寞,并且锲而不舍地坚持读书学习。如“十几年来,做过大量的调查,阅读了上千万字的著作,分析过数万个学习个案,统计处理了无数的数据”的特级教师、西南大学教育学院教授龚春燕,“在最初的几年,阅读了五十多部理论书籍和两千多本教育期刊,撰写了一百多万字的笔记”的特级教师、江苏省苏州工业园区第二实验小学副校长徐斌,“几年来阅读量达三百多万字,记下了二十多万字的读书笔记”的特级教师、清华附小校长窦桂梅,等等。这也说明了一个道理:有志者,事竟成!

当今的时代,也许我们从书中读不出“黄金屋”,读不出“颜如玉”,但阅读毕竟是一个人终身的事情。况且,我们已进入一个开放的、多元文化激荡的时代,科学技术迅猛发展,知识数量暴增,每个人都要把读书作为日常生活中不可缺少的一部分。正如著名作家曹文轩所说:“尽管在这个非常自由的时代任何人都可以选择自己的爱好和生活,但我依然认为,读书是一种高尚的人生追求、高贵的精神追求。”

教师是一个专业,要实现自己的专业化发展,面对着日新月异的信息和新的知识,就不得不重视读书学习。读书,是教师生存的需要,也是教师专业化发展的需要。读书,应该成为教师的一种生活方式。养成读书学习的习惯,理应是教师的一种风度、一种责任、一种情怀、一种精神、一种追求。无论是年轻教师,还是老教师,在教育教学工作的同时,都应该扎扎实实地“业余读书”,努力提升自己的读书境界和审美层次,让“读书学习”与生活同行,与生命同在。中国写作学会阅读学专业委员会理事长曾祥芹先生说:“闪光的人生始终伴随着阅读,高明的阅读不断改变着人生。”如果我们的生活中删除了读书这一重要内容,在当今这样一个价值系统稍显紊乱的社会,我们的内存又如何生成对这个世界的价值判断与价值观?苏轼说:“自孔子圣人，其学必始于观书。”苏霍姆林斯基也说：“要天天看书。终生以书籍为友，这是一天也不断流的潺潺小溪，它充实着思想的河流。”请记住这些名言，让我们每一位教师都能读书，都能成为读书人，因为在我们的生活中，阅读是不可或缺的一课。正如一位论者所说：“阅读不能改变人生的长度，但可以改变人生的宽度。阅读不能改变人生的起点，但可以改变人生的终点。”①

是啊，人们常说：金钱不是万能的，没有金钱却是万万不能的。这句话可以接过来说：读书不是万能的，不读书却是万万不能的。高尔基有句话讲得好：“热爱书吧——这是知识的源泉！”要知道，“书籍是全世界的营养品。生活里没有书籍，就好像大地没有阳光；智慧里没有书籍，就好像鸟儿没有翅膀”（莎士比亚语）。请相信读书的力量，书读得越多，我们与世界就越接近，生活对于我们也就变得更充实、更丰富、更有意义。

十三、教师阅读书目推介（以语文教师为例）

从新课程的要求和教师专业发展的需求来看，中小学教师的知识结构应该由50%的本体性知识（学科），30%的教育学、心理学等职业知识以及20%的人文和科学背景知识构成。

（一）本体性知识

1. 汉语知识

唐汉：《汉字密码》，学林出版社，2002年

本书是理解汉字的一本极好的通俗读物，既可以用来了解探究汉字的密码，也可以用来当辞典使用。全书分上下册，共分为八章，分别从汉字与动物、汉字与植物、汉字与天地、汉字与人体、汉字与两性、汉字与战争、汉字

---

① 沙柳：《一生需要光明，阅读改变人生》，《人民教育》2004年第11期。

与民生、汉字与文化等方面详细梳理了上千个基本汉字的源流。

现在有些语文教材强调集中识字，此书对汉字的解读便是成组解读、梳理源流的。识字任务主要集中在小学，特别是小学低年级。低段儿童对图画比较敏感，因此汉字的图画性质也最能引发他们的兴趣。而到了中学阶段，学生需要学习文言文之时，这样的汉字教学，能让他们对文言词语的本义与引申义有更清晰的认识。

2. 文本解读

(1) 杨伯峻：《论语译注》，中华书局，2006 年

"半部《论语》治天下。"从古至今，无论在士人当中还是在老百姓中间，《论语》一书都被视作一部不能逾越的经典。作为中国文化的源典，《论语》主张的思想已浸透到中国两千多年的政治体制、社会习俗、心理习惯和行为方式里去。《论语》的内涵极其丰富，但它核心内容是怎样做人，或者说是如何进行道德和人格修炼。《论语》是中国儒家的宝典，孔子及其弟子两千五百多年前的言行，在当今社会中依然能够释放出新的活力。

杨伯峻先生所注的《论语译注》，以注释准确、译注平实著称，是当代最好的《论语》读本之一，在学术界和普通读者中享有盛誉。

(2) 王水照等译注：《古文观止译注》，上海古籍出版社，2010 年

《古文观止》是自清朝以来最为流行的古代散文选本，由清朝人吴楚材、吴调侯于康熙年间编选。《古文观止》选取了从先秦到明代共 222 篇思想性和艺术性都比较强的文章，既有儒家经典、历史散文，也有传记、书信、论辩、游记以及寓言小说。入选之文大多短小精彩，均是便于记诵的传世佳作。

王水照等所注的《古文观止译注》，论述分析精辟中肯，注解简明，译文通俗流畅，是《古文观止》的最佳读本之一。

(3) 蒋勋：《蒋勋说唐诗》，中信出版社，2012 年

我们常常说最好的诗人在唐代，这其中多少有些无奈，可那真是诗的黄金时代。唐朝为什么会带给我们感动？因为唐诗里有一种说不尽的灿烂与

华美。本书是作者的系列图书之一。作者以宽广的学养和善于发现美的眼睛,将中国文学史上重要的"一代之文学"——唐诗,娓娓道来。为了让读者了解唐诗的脉络,全书分十讲,分别讲述了大唐盛世、春江花月夜、王维、李白、杜甫、白居易、李商隐,内容丰富,文笔流畅。这本书能够为读者丰富古典诗词知识,提高诗词鉴赏能力。

(4) 叶嘉莹:《唐宋词十七讲》,北京大学出版社,2007 年

本书是根据叶嘉莹先生于 1987 年先后在北京、沈阳及大连三地做的系列演讲整理而成的,是她最受读者欢迎的一本诗词鉴赏书籍,也是新教育教师专业阅读在文本解读方面重点推荐的图书。全书共讲解了温庭筠、韦庄、冯延巳、李璟、李煜、晏殊、欧阳修、晏几道、柳永、苏轼、秦观、周邦彦、辛弃疾、姜夔、吴文英、王沂孙等 16 人的词,基本上涵盖了最重要的一批词人。

此书以词家为线索,运用西方理论以及中国传统批评方法,对唐宋词的演进与发展过程进行了比较感性的介绍,对重要作品进行了比较与分析。

(5) [美]莫提默·J. 艾德勒、[美]查尔斯·范多伦:《如何阅读一本书》,郝明义、朱衣译,商务印书馆,2004 年

本书初版于 1940 年,1972 年大幅度增订改写为新版。主要作者艾德勒曾是《大英百科全书》的编辑指导,有着丰富的阅读经验。本书不是为那些喜欢资讯式阅读的读者而写,而是为寻求提升理解力的读者而写。全书分为四个部分,主要讨论四种不同的阅读:基础阅读、检视阅读、分析阅读和主题阅读。在作者看来,每本书的封面之下都有一套自己的骨架,一本书出现在你的面前时,肌肉包着骨头,衣服包着肌肉,可说是盛装而来。读者的任务是揭开外衣或者撕去肌肉,看清柔软表皮下的那套骨架。这是一本有关阅读的永不褪色的经典。

3. 学科理论与实践

王荣生:《听王荣生教授评课》,华东师范大学出版社,2007 年

本书分为五个板块:名课研习、课例研讨、课例评析、课例兼评、课例综

述。其中涉及相当一批名师名课。作为语文课程论专家,王荣生教授对这些名师名课的重新审视,对于语文教学的拨乱反正具有积极的意义。本书最大的特色在于革命性地将观课评教的重点从教学方法转向教学内容,即使讨论教学方法,也是从教学内容的角度去讨论。这种角度,切中了语文教学少慢差费的脉搏。此书对于语文教师的价值是巨大的,应该成为语文教师在课堂教学方面的必读书籍之一。

(二)职业知识

1. 教育学

(1)[苏]苏霍姆林斯基:《给教师的建议》,教育科学出版社,1984 年

本书集中了苏霍姆林斯基对中小学教育教学中 100 个重要问题的看法,基本上涵盖了教育教学的方方面面。就主要方面而言,大致可以分为六类:教师素养问题、阅读问题、后进生转化问题、思维问题、记忆力问题和学习兴趣问题。这是一部教育经典之作,堪称中小学教师必读的"教育圣经"。语文特级教师高万祥认为:"师范大学的教育课程,学生可以什么都不学,但不能不读苏霍姆林斯基;在职的教师和校长,在教育学著作方面可以什么都不读,但苏霍姆林斯基的书一定要读,否则,要成为一名优秀教师和优秀校长恐怕很难。"

(2)[日]佐藤学:《静悄悄的革命》,李季湄译,长春出版社,2003 年

这是一本典型的"大家小书",作者佐藤学深入地分析了广泛存在于教学、科研以及综合课程中的形式主义,指出其根源在于将学生从"学生、教师、教材、学习环境"这四个相互联系的要素中抽取出来所造成的"主体性神话",以及教师之间缺乏真正的合作关系。

在佐藤学看来,这种从教室和一线教师那里萌生的变革,是一场静悄悄的革命,是"植根于下层的民主主义的、以学校和社区为基地而进行的革命,是支持每个学生的多元化个性的革命,是促进教师的自主性和创造性的革命"。

2. 教育管理

（1）[美]帕克·帕尔默：《教学勇气——漫步教师心灵》，吴国珍、余巍等译，华东师范大学出版社，2005年

全书共分八章，帕尔默一开始便指出：真正好的教学不能降低到技术层面，真正好的教学来自教师的自身认同与自身完整。书中颠覆了我们关于教学的许多观念，将许多支离破碎的东西用心灵整合起来，它检讨我们的认知方式，要求我们将知识当成一种信念，将教学当成生生不息的对话，而所有的问题最终都指向一个问题：认识自己。读者通过本书的阅读和理解，将会重新认识教学，重新认识自己，用心灵拥抱教育，将自己的生命融入到职业之中，重新燃起教学热情，并在不断重读中获得勇气。

（2）[美]艾伦·布兰克斯坦：《创建优质学校的6个原则》，林玲等译，华东师范大学出版社，2007年

本书的哲学和价值基础，与《有效的学习型学校——提高学生学业成就的最佳实践》一脉相承，也是作者在多所学校十五年教育改革研究经验的结晶。本书的核心是作者提出的创建优质学校的六条原则，分别为：1. 共同的宗旨、愿景、价值观和目标；2. 确保所有学生学有所成：预防和干预系统；3. 以教与学为中心的合作团队；4. 利用数据指导决策和可持续发展；5. 赢得家庭和社区的积极参与；6. 发展可持续的领导力。在书中，作者对这六条原则进行了透彻的分析。它既是一本充满方法与策略的书籍，更是一本充满力量的书籍，值得教师与教育管理者一读。

（3）郑杰、徐红：《谁是教育的敌人》，华东师范大学出版社，2011年

本书以对话形式展现了教学和教育管理方略。书中就中小学教师教学和教育管理中存在的热点问题进行了深入剖析，旨在解决困扰教师和教育管理者的实际问题。作为教育者的本真展示，这样的对话或许也能调动你对某些问题进行深入思考。阅读本书，你不妨也来思索：什么是教育中最重要的问题？谁是教育的敌人？

(4) 钟道然:《我不原谅:一个 90 后对中国教育的批评和反思》,三联书店,2012 年

中国教育怎么了?建议家长和老师都来读一读这本《我不原谅:一个 90 后对中国教育的批评和反思》,它是中国人民大学学生控诉中国教育现状的一本书。如何改变目前功利化的教育现状不是一个简单工程,让我们就从可以改变的地方做起——让教育心态不那么功利,让孩子在学习中享受快乐,不做应试教育的"困兽"。

(三) 人文基本知识

1. 文学艺术

(1) 张民生、于漪总主编:《教师人文读本》,上海辞书出版社,2003 年

本书分上、中、下三册,荟萃了古今中外 39 位大师的经典之作,让我们跳出具体的"教与学",聆听大师最接近教育本质的真情叙事,感悟"为师之道"的智慧点化。除了获得教育启示外,读者还能在书中体味到诗意生活的审美和情感价值。如朱光潜的《慢慢走,欣赏啊》、罗素的《我为什么活着》、林语堂的《人生的乐趣》、沈从文的《时间》等文章,启迪教师对人生、对现实、对理想、对爱、对自己的精神进行个性构建,并在思想者的成长路上,树立起精神和现实的立体坐标。

(2) 李泽厚:《美的历程》,天津社会科学院出版社,2008 年

本书是中国美学的经典之作。作者李泽厚把中国人古往今来对美的感觉玲珑剔透地展现在大家面前,如斯感性,如斯亲切。书中提出了诸如原始远古艺术的"龙飞凤舞",殷周青铜器艺术的"狞厉的美",先秦理性精神的"儒道互补",楚辞、汉赋、汉画石之"浪漫主义","人的觉醒"的魏晋风度等重要观念,多发前人所未发。此书于 1981 年初版,之后多次再版重印。已有英文、德文、韩文等多种译本问世。

(3) 蒋勋:《蒋勋的卢浮宫》,三联书店,2011 年

本书可以帮助你在卢浮宫游览得更"悠闲"一些,可以使美术门外汉窥

到美的门径。作者先从卢浮宫的建筑史讲起,从古埃及、美索不达米亚、古波斯开始,带我们走过古希腊、古罗马,再到中世纪、文艺复兴时期……告诉我们应该在人类美术历史长廊的什么地方多做一些停留、沉思、赞叹。阅读本书,读者自然很想去卢浮宫一游。

2. 哲学、历史、宗教及社会学

(1) 冉乃彦:《中小学教师如何用哲学》,教育科学出版社,2011 年

教师唯有不断提高自己的马克思主义哲学素养,才能成为一个思想者、创造者,成为一个真正的优秀教师。本书的作者告诉我们:"哲学很有用。"其实,"用哲学"是许多优秀教师的人生经验,是优秀教师从教学中提炼出来的体悟。柏拉图说:"教育,从最高意义上讲就是哲学。"作为教师,读一读《中小学教师如何用哲学》这本书,可能会有不小的收获。

(2) 周国平:《何来何往——平凡生活的心灵书》,新星出版社,2012 年

"生而为人,忙于人类的事务本无可非议,重要的是保持心的从容。"在这本书中,作者围绕"人生的价值"、"精神的寻找"、"人之常情"等人生诸多疑惑,悟生死,勘得失,试图在浮躁尘世中安抚众人的心灵,于生活中获得自信和安乐。

周国平的散文随笔,常用文学的形式谈深邃的哲学命题,诸如生命的意义、死亡的意义、性格与品质、自我的价值等。文字深入浅出,寓哲理于常情,平易之中多见理趣,充满了人生的智慧和哲学的美丽。

这本书中同样处处体现出作者的哲思,正如他所言,"所谓智慧的人生,就是要在执著和超脱之间求得一个平衡。有超脱的一面,看到人生的界限,和人生有距离,反而能看清楚人生中什么东西真正有价值"。

(3) 钱穆:《国史大纲》,商务印书馆,1996 年

读史可以明智,读史更可明今。本书是一本中国通史,内容以文化为主要线索,以政治、经济为次要线索,兼谈社会风气和国家关系等,推求"明其治乱盛衰之所由,开其一贯相承之为统,以指陈吾国家民族生命精神之所

寄”。著者对历史人物、历史事件的臧否，自显其睿智；历史上的功过是非，读者读后高下自然在心中。全书通俗易懂，简明扼要。

(4) 李学勤总顾问，何承伟总策划：《话说中国》，上海文艺出版社，2005年

本套丛书蕴涵了博大精深的中国历史文化财富，具有超越时空、绵延不绝的永恒价值与魅力。从拥有《话说中国》开始，中国历史文化宝库的大门由此而开启。如果说《十万个为什么》深刻地影响了你的童年生活，那么，《话说中国》将对你的一生有益，是你相伴左右的良师益友。全书共十六卷，一千五百余则经典故事，全面展示中国历史悠久亘长而又风云变幻的生动轨迹；三千余幅细腻反映社会生活的生动画面，立体凸现光辉灿烂的中华五千年社会文明成果。

(5) 楚渔：《中国人的思维批判》，人民出版社，2010年

这是一本从哲学角度谈思维科学的书，我们不要误以为和《丑陋的中国人》类似，是在谈中国人的劣根性，把它当做“愚蠢的中国人”去理解。本书的作者挑战了许多中国学者对中国人传统思维模式的定义——保守，他认为是僵化，而之所以僵化，是因为传统思维模式中滥用的辩证法、过强的实用主义、对真理探索精神的丧失等让我们固步自封。当我们在翻看《中国人的思维批判》这本书时，不时会有一行行加粗的文字跳到读者的眼前，给人强烈的观感和触动。我想看了这本书的人，不仅仅满足于知道原来还有另一个“世界”的存在，更多的是放下书思考该如何改变。

3. 科学

(1) [英]史蒂芬·霍金：《时间简史》，湖南科学技术出版社，1992年

本书是由英国伟大的物理学家、黑洞理论和“大爆炸”理论的创立人史蒂芬·霍金教授撰写的一本有关宇宙学的经典著作，是一部将高深的理论物理通俗化的科普范本。阅读本书，读者可以初步了解狭义相对论、宇宙的起源等宇宙学的奥秘。

(2) 吴国盛：《科学的历程》，北京大学出版社，2002年

这是一本很有意思的书，从古希腊博物学说一直讲到近现代的计算机技术。

本书以西方文明和科学的发展为主线，同时讲述了东方文明和科学技术对人类进步的重大贡献。此书不仅包括物理学的发展史，也包括化学、生物学和其他自然科学的发展史，是一本较全面的科学史著作。这本书的难能可贵之处是在讲述严肃的历史发展轨迹的同时，没有扔掉科学发展的那些生动活泼的细节，使得该书有更大的可读性和趣味性。

(3) [美]埃德·里吉斯：《谁得到了爱因斯坦的办公室》，上海科技教育出版社，2011年

本书以世界著名研究机构———普林斯顿高等研究院为背景，撷取了一批为20世纪科学发展作出伟大贡献的科学家的工作和生活片段。这些科学家包括相对论的创立者、物理学家爱因斯坦，天才数学家、逻辑学家哥德尔，现代计算机之父冯·诺伊曼，原子弹之父奥本海默，细胞自动机大师沃尔弗拉姆，美籍华裔诺贝尔奖得主杨振宁、李政道等。

作者以当代若干重大的科学发现为线索，以生动的笔触，将自己亲赴实地采访获得的大量鲜活资料串联在一起，让读者从另一视角领略当代科学发展的概况，感受科学巨匠的个性魅力。

4. 综合及其他

(1) 傅国杰：《聆听大师》，人民教育出版社，2009年

本书涉及国内外38位名人，他们遍及科学、学术、文学、艺术等领域。按照各位大师所从事领域的不同类别，全书划分为四大部分：科技泰斗、学术大家、文坛巨匠(上)、文坛巨匠(下)。每个栏目之下，逐篇介绍每一位大师。本书在介绍大师们对人类作出的伟大贡献的同时，突出地阐发大师们高尚的道德，宽广、卓越的学识和景行行止的人格风范，旨在使读者从大师们的成长轨迹中得到激励和启迪。书中还介绍了大师们达到世界顶级水平作品的科普性和文艺性作品，并用纪实散文式的手法，穿插了许多动人的故事，读来引人入胜，堪称一部富有教育意义的文艺作品，适合教师和青少年阅读。

(2) 雷玲编著：《教师的幸福资本——成长为优秀教师的8种特质》，华东师范大学出版社，2011年

本书不是要告诉读者幸福人生的生存法则,也不是要指明幸福人生的捷径佳途,而是想借对自身教师生涯的梳理和反思,整理、归类自己从事教育新闻工作以来零距离接触、采写的教师故事,从中品尝幸福的滋味,触摸幸福的温度。因此,这是一本教会教师品位职业幸福的书。幸福需要品读,幸福感可以在阅读与学习中积淀。只要努力养成书中的8种特质,你就能远离职业倦怠,成为幸福的教师。

(3)[美]吉姆·崔利斯:《朗读手册》,南海出版公司,2009年

本书是崔利斯数十年儿童阅读指导研究与实践之总结。以生动的事例引人入胜,以确切的数据佐证事实,是本书的一大特点。作者用大量笔墨对低收入家庭或社区怎样开展朗读计划、帮助孩子培养读书习惯提供了有针对性的指导。针对不同年龄的孩子开列了朗读书单,解决了部分读者开始不知道朗读何种图书的担忧。可以说,这是一本集指导性、操作性和知识性于一体的科普读物。该书于1979年初版,之后经过五次修订,被美国数十所教育院校选为指定教材,并迅速被引进到中国、日本、韩国、澳大利亚、英国、西班牙等国。该书仅在美国的销量就突破200万册。

(4)蔡家园:《书之书》,金城出版社,2012年

这是一本有关书的故事的书,书人、书事、书房、书架、书香、书签……凡是关于书的事,作者蔡家园都把它写进了书里。全书分为四辑。第一辑《书香袭人》,让读者了解了书之美——腰封、书签、藏书印、藏书票……无不体现了爱书人的雅意。第二辑《书之栖居》,讲述了有关书架、书房、书店和图书馆的故事,都非常有趣。例如,书架"就是书睡觉的床",书店是"一座城市的光芒",书房则可以让爱书人"躲进小楼成一统"。第三辑《与书结缘》,讲的是书痴、书商、读书、借书、藏书、窃书、禁书等一系列有关书的故事,可谓是有关书的故事的"高潮"。最末一辑《书畔风景》,讲述的是与书有"亲缘关系"的事物的故事,例如"书与影视"、"书与女人"、"书与咖啡"等。

(5)[美]罗伯特·达恩顿:《阅读的未来》,熊祥译,中信出版社,2011年

这是一本书的传记。历史上关于知识传播形态的讨论从来没有像当下这般焦虑。在新技术新媒体的大潮中，阅读的迷惘也同样让人失措。在《阅读的未来》这部书中，哈佛大学图书馆馆长、历史学家罗伯特·达恩顿通过对过去、现在和未来的印刷文字的致敬，提出“任何试图展望未来的人如果正努力解决现在的问题，就应该从历史中学习应对之策”。因为图书不只是叙述历史，而且创造历史，未来阅读改变的是形式，不变的是阅读。

需要说明的是，上列的书目只是“推荐书目”，确切地说是“参考书目”，而不是什么“必读书目”。北京大学文科资深教授、美学家叶朗曾为年轻学子编了一份文选，共计76篇，涵盖了古今中外不同文化背景下的名家名作，多为代表了时代高度的经典文本。作为一名文科教师，我看到这些文选颇有些怦然心动。这些文选，除抒情散文外，特别选了学术论文、评论文章，这不仅对本科生、研究生有用，也值得我们中小学教师认真阅读。

但这里我要说的是，对于各种推荐书目，无论是“必读”还是“不必读”，人们其实无须太拿它们当回事。复旦大学中文系教授李也说：“公认的必读书目不是没有，比如对于中文系现代文学方向的学生来说，一些知名作家的代表作不可不读，像鲁迅的《狂人日记》、巴金的《家》、茅盾的《子夜》、老舍的《骆驼祥子》、曹禺的《雷雨》等。不过在学生那里，一切必读书目都只是参考书目，读与不读得看学生自己。”更重要的是，“带着问题读书才最有效，看看同一个问题作者是怎么想的，自己又是怎么想的，印证、反驳还是补充了自己的想法。没有问题，没有对话，就像一次性消费，看过就忘了，也无所谓精华和糟粕”。

说到底，一个人如果太计较读什么样的书能为学习或工作找到捷径，未必能把书读好；反之，如果抱着增智求知的态度，读书则总是有益的。在我看来，当下教师阅读，不仅是为自己阅读，还是一个关系民族、关系未来的问题，这就是教师读书的意义。因此，我希望，我们每个人尤其为人师者，一定要多读书，读好书、善读书，并能够通过阅读来改变我们的教育现状，改变我们孩子的未来。

第三篇
教师继续教育

培训是教师最大的福利。当前,我国中小学教师继续教育发展的关键不在于规模不够大,也不在于培训经费的不足,而在于教师教育观念的转变和培训模式的创新。还有,很大一部分中小学教师对继续教育学习的必要性和重要性认识不足,参加培训的主动性、积极性不高。面对这样的现实,作为教师培训机构,我们要以需求为导向,重心下移,走“研训一体化”的道路,切实提高校本培训的有效性,努力构建适应新课改、有利于教师专业发展的教师继续教育体系。

第十章　透析国际视野中的师资培训

有研究表明,在发达国家,教师不仅把参加培训看作是应尽的义务,更看作是自己难得的权利。国外教师参加培训的积极性如此之高,原因主要有两点:一是各国建立了完善的培训激励机制。如美国、日本、英国、德国等许多国家都规定,教师参加在职进修,不仅可以带薪,而且学校还要补贴教师参加进修的食宿、交通等费用;其中美国还有许多公司、企业以及基金会为参加进修的教师提供赞助和奖励。此外,国外教师参加培训和进修是他们加薪晋级的重要标准,即进修记录和学分愈多,工资愈高。二是各国在努力探索如何适应时代需求,改进师资培训方法,不断提升教师的素质。

一、增强危机意识,发展师资培训

实际上,在发达国家中,教育危机意识是非常强烈的。例如自20世纪80年代以来,美国紧锣密鼓地进行教育改革,教育改革的专业团体报告、国家报告或文献接二连三地出台。在20世纪80年代初,美国开始对其基础教育状况进行反思,并组织有关教育专家进行了大规模的调查研究。1983年4月,美国高质量教育委员会发表了题为"国家处于危险之中:教育改革势在必行"的重要报告,掀起了以"重建学习体系"和"全面提高教育质量"为核心的新一轮教育改革浪潮。在过去的二十多年中,正是这种危机意识使美国社会对师资培训投入了更多的关注和重视。

而英国教育素来有重古典人文学科、轻科学技术的传统,但随着科学发展对人类生活影响的不断增加,2002年,英国科学教育协会决定在今后十年内投资5 000万英镑设立一些教师培训中心,旨在提高英国中小学自然科学课程教师的水平，使他们更好地向不同年龄、不同能力的学生展示科学的魅力。根据计划，英国为此建设了一个国家中心和九个地区中心。

二、充分利用资源，形成开放灵活的培训格局

在师资培训研讨中，日本注重研讨的实效性和高水平，特别强调师资培训的课程要适应社会和时代的要求，因此在人员编制与选拔、研究项目和承担任务以及聘请国外客座教授等方面，日本文部省都予以指导与支持。

在德国，州一级的培训主要在各州的教育学院中进行，时间多为一星期左右；地方的培训，多由各市教育局、行政区域或教师团体进行组织；学校一级的培训，则由学校或几所学校联合组织。除了培训层次丰富以外，在德国，师资培训还有大学内学习、函授教育、网络课程等形式。

而美国的中小学教师可以自己决定培训点，他们自主选择大学教育学院或者校外培训基地，或者参加教育行政部门举办的各种培训班，通过培训取得某门课程的学分；另外，接受有培训教师资格的专家的指导学习，进行论文写作，也可作为培训记录，并取得相应学分。在这些国家的师资培训课程中，内容选择的范围很广，既有单科培训，又有系统学习，参加研讨会也可以计算学分。

三、适应教师需求，实践“邀请教育”

美国学者威廉姆（William W. Purkey）和贝蒂（Betty L. Siegel）曾提出“邀请教育”理论，即在实施中小学教师继续教育中构建一种组织，邀请教师参与到培训的过程中来，让教师在互动式的培训氛围中发现自我、寻求共同的突破，感受培训所带来的收获。

因此，在培训过程中，各国根据不同的培训内容采取不同的培训形式，使各项培训呈现出活力。比如，对于教育教学技巧的培训，可采用案例教学

法，让学员在分析案例的基础上提出解决问题的办法并进行相互交流；而对于教育理论与信息的培训，则宜采用专题讲座和读书研讨培训法，让教师在自主学习、相互探讨与自我反思中不断提高自身的理论素养和认识水平。这些方式不仅能促进教师积极主动地投入、参与到继续教育的活动中去，而且有助于培养教师自主探索解决问题的能力。此外，从世界范围来看，目前教育对话正以各种各样的形态体现在新的教育理念和教育实践中。学校课堂教学需要对话，教师培训更需要走向理解与对话。

在师资培训中，日本的大学、专门培训机构特别注意与中小学校联系起来，为教师随时提供服务。美国为培养“临床专家”型教师，提出要进一步提高教师的教学能力，并制定了《师资能力培养法》，规定了教师必须具有的各项技能和素质。韩国的幼儿教师参加工作后，还需每隔三年进入政府创办的教育培训机构脱产培训一年，其费用由政府承担。英国的教师职前培训与职后培训由同一机构实施，这样不仅有利于教师教育职前职后的一体化，而且也有利于加强大学师资培训机构对师资培养质量的责任感。而芬兰的《教育法》规定，所有学前教育、义务教育、高等教育、成人教育的教师，都必须具备硕士以上的学历，并通过教师资格考试。在此基础上，芬兰各教育机构鼓励教师开展积极的自主学习和研究活动，并免费为教师提供在职或脱产培训。芬兰 10 所综合大学均有教育学院，这些学院除了开设常规课程外，还根据教育改革的需要，增设了教育咨询专业，提供教师的终身培训。从 20 世纪 90 年代初开始，法国就对教师培训制度进行改革，由教师培训学院承担师资培训工作，其宗旨是将牢固的理论知识与实地教学实践相结合，而培训的内容可由教师自己提出，各所学校也被赋予了一定的自主权，可以采取多种形式对教师进行短期或脱产培训。

四、对我国师训的反思

当前，在“以人为本”科学发展观的指导下，如能进一步采取有效措施，通过教师继续教育合格证书制度的实施,把教师业务成绩考核、职务评聘、工资晋升以及各种奖励的评定,都以相应的继续教育合格证书为基本依据,对没有达到继续教育要求,未能取得相应的继续教育合格证书的教师,则相应取消其职称评审、聘任、晋级等方面的资格。

目前,我国教师培训的方式总体上比较单一。从层次上说,除研究生课程班和中学骨干校长培训班由高等师范院校组织外,中小学、幼儿园教师参加在职培训,主要由各区县教师进修院校组织实施。当然,我们也要看到,我国的校本培训发展较为迅速,比如,从中小学、幼儿园教师的职业特点出发,借鉴“超市”的思路,在课程设置上采用“菜单式”,列出“自选式菜单”科目,通过计算机网络传到中小学、幼儿园,供广大教师自由选择;此外,既在教师进修院校内办培训班,又根据中小学校和教师的实际需要,在基层学校设培训点,开展定向或“订单式”培训以加强培训的针对性和实效性,这也是较好的探索思路。

近年来,西方国家纷纷把导师制、课题研究与试验、观摩与交流活动、反思性教学等作为教师继续教育和校本培训的主要形式。相比之下,我国教师继续教育的方法显得比较陈旧和单一,传统的课堂授课方式以及“满堂灌”、“填鸭式”的培训方法普遍存在。不仅如此,培训内容也比较陈旧,缺乏实用性,不能满足教师的培训需求。在新形势下,我认为,我国目前中小学、幼儿园教师的培训需求主要有三个方面:一是社会发展对教师的需求;二是专业发展对教师的需求;三是教师自身个性发展的需求。

在了解了教师的培训需求的基础上,各级培训机构、培训者要转变角色,增强服务意识。《基础教育课程改革纲要(试行)》明确指出:“中小学教师继续教育应以基础教育课程改革为核心内容,教师进修培训机构要以实施新课程所必须的培训为主要内容。”因此,在新课程背景下,培训机构和培训者应与课改同步,树立起“心想基层,面向基层,服务基层”的意识,使自己真正成为中小学教师学习的组织者、协调者、促进者,同时也是信息的提供者、隐性知识显性化的加工者和学习活动的参加者。

教育是个复杂的系统工程，更是社会各方共同的责任。在教育国际化思潮的带动和影响下，上海各级教师培训机构除了要进一步优化结构、加强自身队伍建设外，还应聘请院（校）外特级教师、学科带头人以及一线优秀教师参与各类培训项目的讲课和指导工作，充分发挥他们在推进上海二期课改、促进教师专业化发展中的作用。同时，尽一切可能聘请国内外有关高等院校、科研单位和本市兄弟区县中小学、幼儿园以及社会各界的名师专家作为兼职教师，让教师获得开拓视野的机会。只有充分利用国内外的各种教育资源，调动一切可以调动的力量，才能真正提高师资培训的质量。

第十一章　社会多元选择背景下教师在职教育的实效性如何提高

《国家中长期教育改革和发展规划纲要(2010—2020)》(以下简称《纲要》)的出台,在全社会引起广泛反响。作为一名长期在教师教育领域从事教育管理和学术研究的工作者,笔者拟从上海市黄浦区教师教育实践出发,结合对《纲要》有关“教师队伍建设”部分的学习和理解,就“社会多元选择背景下教师在职教育的实效性如何提高”谈一些我们的实践与思考。

正如《纲要》“加强教师队伍建设”部分开篇所指出的,“教育大计,教师为本”,要实现我国基础教育改革与发展的战略目标,教师队伍建设是一项重要的保障条件。从发展的眼光看,上海教育在经历了教育设施改善、教学设备更新、教育环境优化等有形的硬件质量提高后,势必要面对一场提高教师队伍整体水平的攻坚战。作为上海诸多教育改革经验的发源地,黄浦区在提高教育质量的改革中已取得了可喜的成绩。同样,在社会多元选择背景下,面对“如何加强教师队伍建设,全面提高教师培训质量”这一命题,我们坚持让每一位教师得到发展的指导思想,充分整合优质资源,并不断创新工作思路。在这场攻坚战中,作为区级培训机构,教育学院无疑担当着非常重要的角色。

《纲要》第17章“加强教师队伍建设”被置于第三部分“保证措施”的首要内容,其中明确提出了“造就一支师德高尚、业务精湛、结构合理、充满活力的高素质专业化教师队伍”的发展目标。尤其是在教师培养培训方面,《纲要》指出,要“完善教师培训制度”、“创新培训模式”,努力“提高教师专业水平和教学能力”。

多年来,我们一直在强调“教师培训要有针对性、实效性”,但客观地说,目前一些地方的教师培训仍然存在培训方式单一、培训内容低水平重复的状况，不能从根本上满足不同年龄、不同层次教师的培训需求。面对这样的现实，我们必须坚持以问题为中心，以需求为导向，以实践为重点，将培训重心下移，不断探索多元化的培训模式，努力构建适应新课改、有利于教师专业发展的教师继续教育体系。

值得指出的是，教育是引领的事业，需要“超前”；教师在职教育也是如此。“十一五”期间，黄浦区虽然在培训内容、培训模式、培训机制等方面都有较大的突破与创新，但要真正让培训走进心灵，贴近需求，成为教师的最大“福利”，从根本上变“要我学”为“我要学”，还有许多问题值得我们在“十二五”期间深入探索与实践。

一、以“研训一体化”模式，完善教师培训机制

我们以模式来保证教师培训质量和规范校本研修管理，是因为“模式决定差异”。工业产品制造如此，教育过程也如此。骨干教师与一般教师的差异源于培养模式。同样，教师培训作为教师专业发展的重要途径，不同的培训模式也决定了不同的培训效果。实践证明，在众多的教师培训模式中，“研训一体”是一种有效的形式。如果在教师培训过程中，一个习惯于使用“教师一讲到底”的传统模式，另一个则采取“专家讲授——问题研讨——听课评课”等研训结合的模式，一段时间后，两种培训模式所带来的培训效果的差异是显而易见的。“十一五”期间，黄浦区适应教师发展需求，探索改革常规培训模式，加大课程建设与开发的力度，共开发了八十多门培训课程，供教师选择。这些课程内容丰富，针对性强。如2008年3月，许多高中语文教师选择了“高中语文课改培训”课程。吸引教师选择这门课的原因在于，该课程不仅内容适合教师需求，且打破了传统的授课形式，由相关部门的三位培训者组成团队进行多元授课，既有理论讲授，又有实践操作，还有专题研讨，这种研训结合的培训模式受到了学员的欢迎。因此，我认为，与时俱进，不断创新继续教育模式，完善培训机制，规范管理，应该

成为各级培训机构和培训者的共识。

二、采用分层次、多元化的培训方式，满足不同教师的需求

教师在职教育的目的是促进教师专业发展，但不同层次的教师需求不同，因此教师在职教育中如何根据教师成长规律和特点进行分层培训，对组织培训的有关部门要求很高。为此，近年来，黄浦区培训部门围绕优化和完善教师培训，在满足不同教师的需求方面进行了诸多探索实践。比如，以教学基本功培训为抓手，帮助新教师提高课堂教学能力；以课题研究培训为载体，进一步提升高级教师的科研能力和水平；以培养与培训相结合，将名师工作室的带教方式纳入教师在职教育的范畴，培养了一大批中青年骨干教师；以学科培训为重点，全面提升全员培训的质量。

为实施分层培训、构建多元化的培训模式，切实提高教师培训的针对性和实效性，我们必须从六个“基于”入手：一是基于需求。以需求为导向，重心下移。培训前调研，培训后总结反思。在培训过程中，要对教师的需求进行深入分析和研究，力求做到了解需求，引领需求，服务需求，满足需求。二是基于研究。提高教师培训质量的前提是研究。尤其是教师培训者，要研究教育、研究教师、研究学生。研究成常态，发展有状态。没有研究的培训，是没有生命力的培训。为此，我们必须走“研训一体化”的道路。在区教育学院各业务部门的积极参与和共同努力下，目前黄浦区各学科的教研员都已开设了微型课程。这类课程，实际上就是将原有的教研活动内容进行提炼、总结与反思，使之主题化、系列化、课程化，从而形成培训课程。三是基于实践。教育是一门实践性很强的科学，源于实践，高于实践。教育最可怕的是“坐而论道”。说着容易做着难，所以我们绝大部分人选择了说。说要理论联系实际，说培训要有针对性和实效性，说培训重心下移，说为什么教师培训一直是“要我学”而不是“我要学”……但是，我们没有去做，或者说

做的还不够。因此，教师培训应进一步面向一线，立足课堂，从实践中来，到实践中去，通过切实有效的培训，帮助教师架构起理论与实践的桥梁。四是基于“人”。我们整个教育界都在号召“以人为本”，可真正做到的又有几个呢？教师培训，也是如此。培训要适应每一个教师的发展，必须要分类、分层培训。如开展与高校合作的培训项目，为黄浦区高端教师的专业发展提供智慧支持。目前黄浦区与复旦大学中文系、复旦科技进修园主办的“初高中语文”和“高中数学”几个研修班，受到了学员的普遍欢迎。有一些参加过培训的学员还要来听，他们不要学分；有不少学员反映“这样培训很有意思”。这使我想起孔子的主张——君子“谋道不谋食”，而高品位的培训，就是为教师“谋道”，就是提升教师的精神品质。此外，在全员培训中，我们努力做到个性发展与全面发展相结合。不仅要让教师倾听，更要让教师述说，让不同教师的知识背景成为培训的重要课程资源，这是体现培训个性化的重要方面。同时，通过“请上来”与“走下去”的方式，将菜单式培训与订单式培训相结合，帮助教师解决工作中的实际问题，提高工作成效与水平。如有些培训者到中小学送教上门，开展“订单式”培训，得到了学校和教师的好评。五是基于问题。“学贵有疑，小疑则小进，大疑则大进”，科学的基本态度是质疑，最基本的精神是批判。我国著名学者胡适说过，问题是知识和学问的老祖宗。哈佛大学有一句名言就是“教育的目标是使学生始终处于问题之中”。教师培训也应该增强教师的问题意识。六是基于评估。目前，教师培训普遍存在“有培无评”、“培后不管”的问题。因此，要建立健全评价机制、激励机制和保障机制，把教师培训情况作为教师资格获取、职务聘任、职称评定、任职岗位的重要条件。

三、学习和应用“案例研究”，增强培训的针对性和实效性

教师在职教育不能脱离教学，好高骛远，而应和教师的教育教学实践结

合起来,真正为教学服务,尤其需要提升普通教师的教学能力和专业水平。在教师在职教育模式的探索与实践中,我们认为,教学案例和课例的分析与研究有利于增强教师的实践性智慧,提高课堂教学的能力。因此,在全面提高培训质量的前提下,区教育学院组织相关学科的教研员开设了六个教学案例培训班,旨在以典型课例为载体,让研训走进教材和课堂,通过听课、评课、上课,采用"自我反思、同伴互助、专家引领"的形式,让教师在教学中学会教学,切实提高教师的教学水平和"教育行动研究"能力。这种以案例为载体的培训,让学员听起来觉得"接地气",很实在,有时候一个个问题就在案例分析中得到了解决,学员很喜欢。由此看来,教师培训要坚持质量第一,从问题入手,通过案例分析和研究,做到理论与实践的结合。研究表明,如果一门课只有实践案例而没有理论性总结,就会流于"就事论事",使学员只见树木不见森林;而如果只是理论性阐述而没有案例支撑,就会变得空洞苍白并让人感到无趣。所以,我们采用案例式培训,也正是体现了这样一种理念:教师培训课程不能脱离教学实践,也不能让理论渐行渐远。

四、做好见习教师规范化培训,搭建新教师成长平台

见习教师规范化培训,是上海教师教育的一项重要举措。根据市教委的要求,黄浦区从2012年9月开始,已全面启动见习教师规范化培训。在培训过程中,区教育学院要加强与教师发展学校(即培训基地,黄浦区有十所教师培训学校,其中八所为市级培训基地,两所为区级培训基地)的合作与沟通,积极探索见习教师规范化培训机制和实施办法;进一步修订和完善见习教师规范化培训的系列文件、配套管理制度和操作手册;建立培训学校见习教师专管员例会和培训学校校长例会制度;定期召开会议,分析规范化培训中的问题,完善各项运行制度;及时报道规范化培训中的重要活动,及时总结和提炼培训过程中的特色和亮点。我非常推崇苏霍姆林斯基的一句

话,他说,校长的工作是"提炼",是"抽取"。我一直认为,区教育学院的专业人员,也应该有这样的基本功。

五、培训时间业余化,解决教师的工学矛盾

在教师教育实践中我们感到:目前中小学、幼儿园教师工作压力大,学习动力不足,"被培训"、"被发展"的情况比较普遍,而且工学矛盾也比较突出。

为了解决一线教师的工学矛盾,减少对基层学校正常教学秩序的影响和干扰,教师培训部门在培训课程的组织、策划和实施时,要将有些课程和项目尽可能利用寒暑假或双休日来实施培训,使教师培训在时间和形式上做到工作时间与业余时间相结合、集中培训与分散培训相结合,并逐步过渡到培训时间业余化。举例来说,如以听课、评课为主要方式的培训,我们就在工作时间进行;以教育理论和人文素养提高为主要内容的培训,则充分利用寒暑期或双休日时间。

六、充分利用各种教育资源,提升教师培训的层次

教育是个复杂的系统工程,更是社会各方共同的责任。在社会多元化选择的背景下,上海各区县的教师培训机构除了要进一步优化结构、加强自身队伍建设外,还应聘请院(校)外特级教师、学科带头人以及一线优秀教师参与各类培训项目的讲课和指导工作,充分发挥他们在推进上海二期课改、促进教师专业化发展中的作用。同时,尽一切可能聘请国内外有关高等院校、科研单位和本市兄弟区县中小学、幼儿园以及社会各界的名师专家作为兼职教师,参与教师培训和校本研修,让一线教师获得开拓视野的机会。只有充分发掘培训中的丰富资源,调动一切可以调动的力量,为我们所用,才有可能缩小培训者与受训者之间存在的期望差,真正提升教师培训的层次和水平。

总之,在社会多元选择背景下,教师在职教育的出路在于改革与创新。经过近几年的探索与实践,我们切身体会到改革与创新为黄浦区教师继续教育工作带来了四方面的明显变化。第一,部门间逐渐打破了界限。教师培训不再是师训部一家的事,区教育学院各业务部门的教研员、科研员、德研员以及现代信息技术部、《黄浦教育研究》编辑部的老师都积极参与教师培训。第二,教师开发培训课程的理念发生了转变。以往师训教师主要从自己的研究特长出发开设课程,授课教师是主体;现在从基层教师的需求出发开设培训课程,受训教师是主体,体现了以教师发展为本的思想。第三,教师设计培训课程的内容发生改变。传统的培训课程更多地注重理论体系的系统性,对教师的发展需求考虑得相对较少;现在授课教师把学术性与教材研究结合起来,引起了教师的极大共鸣,达到了提升教师专业水平和教学能力之目的。第四,培训模式有所创新。培训教师正在摒弃"一讲到底"的培训模式,他们更多地变成了组织者、管理者、引导者、促进者,培训可以采用讨论、研究、教学观摩、公开课展示、听课评课等灵活多样的方式。

应该看到,上海中小学、幼儿园教师继续教育正朝着"研训一体化"的方向迈进,但同时我们又必须正视培训中存在的问题。为此,在新的形势下,我们将坚持以邓小平理论和"三个代表"的重要思想为指导,以科学发展观为统领,根据"按需施教,分层培训"的原则,对新一轮教师培训进行"顶层设计",在教师专业发展的理论取向和行动研究上避免"摸着石头过河"的做法,能从战略高度把握区域教育改革与师资队伍建设的全局,以课程改革和教师专业发展需求为主要内容,采取"灵活开放"的培训方式和管理模式,进一步推进"研训一体化"的进程。概而言之,我们的基本思路和目标是:不求完美,但求创新;不求规模,但求精致;不求统一,但求多元;不求形式,但求实效。

笔者相信,在大家的共同努力下,不断总结,不断反思,努力突破发展的"瓶颈",逐步形成"研训一体化"的多元培训机制与模式,教师在职教育一定能在教师专业成长中发挥更加重要的作用。

第十二章　案例式培训：一种新的教师教育模式

一、案例式培训的背景

在上海“二期课改”已经深入推进的当下，构建并完善可持续发展的教师教育创新模式，不断提高教师培训的针对性和实效性，是各区县教育行政部门和培训机构正在认真研究并在实践中深入探索的重要课题。

从调研分析情况看，一线大部分教师所需要的是学科性、针对性、可操作性比较强的培训，能解决他们在教育教学工作中遇到的问题和困惑。但由于种种原因，目前我国各地教师培训方式比较单一，仍然是以“有什么菜就上什么菜”为前提，以课堂讲授与专题报告为主，缺乏适合教师特点、有针对性的培训项目，以致培训的现实与当前日益增长的培训需求之间存在较大的差距。基于这样的现状，我们认为：当前中小学教师继续教育发展的关键在于教师教育观念的转变和培训模式的创新。因此，黄浦区教育局在提出“办学生喜欢的学校”这一目标的同时，强调要加强教师队伍建设，不断创新教师教育模式，切实提高教师在职教育的有效性。作为区级培训机构，我们本着在实践中反思求变、在困惑中寻找出路的想法，在提倡多元化培训模式的前提下，选择“案例式培训”作为创新教师教育模式的一种尝试。

要进行案例式培训，首先要了解什么是案例。案例，也称个案、个例、事例或实例。案例教学法早在1870年即被美国人应用于法律教育中。20世纪初，美国哈佛大学工商管理学院成功地运用案例教学法进行教学。案例教学在美国当今教师教育中普遍盛行，在我国尚未被广泛使用。就案例的概念而言，尽管专家们对它有多种不同的描述，但作为包含问题或者疑难情境在内的真实发生的典型性事件，它具有一定的真实性、完整性、典型性和问题性。劳伦斯认为，“案例是对一个复杂情境的记录。一个好的案例是一种把部分真实生活引入课堂，从而可使教师和学生对之进行分析和学习的工具，它可使课堂讨论一直围绕只有真实生活中才存在的棘手问题来进行。但一个好的案例首先必须是一篇好报道”。理查特认为，“教学案例描述的是教学实践，它以丰富的叙述形式，向人们展示了一些包含有教师和学生的典型行为、思想、感情在内的故事”。舒尔曼则认为，“一个案例，正确理解的话，不单单是一个事件或故事的报道。称某事为一个案例就是相当于作一个理论断言——断言它是某事的一种情况或更大类中的一个例子”。可见，作为情境中的事件或故事，不同人对案例会有不同的解读。就教师在职教育而言，所谓案例式培训，大都是以课例为主。一般来说，课例培训中通常是由教师执行集体备课方案，然后全员参与，进行观察和反思。在集体评议的基础上，再对课程进行重新设计，教师也重新进行教学和反思，然后再向培训班全体学员展示一节相对精致的公开课。当然，我们也可以通过视频教学案例，同课异构，跨学科听课、评课、研课等多种培训方式，把这种以教育案例或课例为载体的教师行动学习引向深入。

二、案例式培训的意义

随着教师专业化运动在我国的蓬勃发展，案例式培训越来越被认为是一种有利于教师学习的方式。无论是从教师的实际需求来说，还是从培训效果来说，教师在职教育不能脱离教学，而应和教师的教育教学实践结合起来，真正为教学服务。这种基于“问题意识”的实践性培训，必然是满足教师学习需求的、受到教师欢迎的培训。与传统培训模式不同，案例式培训是一个教师群体对课堂教学的系列研究，有利于实现同伴互助、教学反思和共同提高。更为重要的是，教育案例和课例的分析与研究有利于增强教师的实践性智慧，提高教师的课堂教学能力，让教师对如何做课例研究有更多的理解和认识。因此，在全面提高教师培训质量的前提下，黄浦区培训部门组织有关教师开设了高中数学、初中英语、初中化学、小学语文、小学自然和教育科研等六个教学案例培训班。在案例式培训中，我们强调以课例为载体有针对性地研究，提倡和鼓励学员之间自由、开放的研讨，其中蕴含着学员对教学内容和学生如何学习等更深层次的理解和思考，旨在通过“自我反思、同伴互助、专家引领”等多元化的培训方式，让教师通过听课、评课、上课，在教学中学会教学，切实提高教师的教学水平。

三、案例式培训的实施过程

案例式培训分为三个阶段，具体实施过程如下：

（一）第一阶段

1. 案例的搜集和选择：培训者根据培训计划和研究主题搜集和选择相关案例，其案例可以是教学视频、教学光盘、公开课录像以及书中的教育案例和教育故事，也可以是教师上的公开课或现场教学展示活动。

2. 梳理案例：培训者依据培训目标和要求事先对案例进行梳理和分类，使自己对案例有一个整体的认识和把握。

3. 阅读案例：在案例分析和研究之前，培训者先介绍案例教学的概念，然后再让学员事先阅读和了解培训案例。

（二）第二阶段

1. 分组讨论，任务驱动：在培训者的组织和指导下，学员依据教学设计和研究主题，以分组的形式，讨论案例议题，并明确每组讨论的目的、任务和重点。

2. 分工合作，做好记录：各组在进行案例分析与研讨时，分工合作，并做到边评边议边思，做好记录。

（三）第三阶段

1. 全班讨论：以口头报告或书面记录的形式汇报各组讨论的结果和主要观点。

2. 培训小结：培训者或主持者根据各组汇报的情况，进行归纳和小结。

3. 自我反思：每位参训者根据案例分析和研讨的内容以及形成的观点，结合自己的教育教学实践，进行自我反思，进一步理解案例议题与概念，并从中寻找理论与实践的结合点与生长点。

此外，培训者也可以以教育案例或课例为载体，通过"听课—备课—上课—修改教案—再上课"等多种形式进行培训，以提高教师培训的针对性和实效性。

四、案例式培训的绩效

尽管案例教学在我国中小学教师教育中还处于探索阶段，但它预示着教师培训已面向实践取向。实施新课程改革，教师最需要的是教学实践方面的培训指导。在开展案例培训时，案例的选择是非常重要的。一个好的案例是成功教学的关键所在。对此，黄浦区教育学院科研室朱崇富老师的做法值得借鉴。他想方设法在自己的课堂教学中挖掘学员的资源，尝试让学员以作为案例研究的目的开设课程，并且将课例分析与小组合作学习相结合，以达到思想的交流与碰撞。有的培训者则在学员的备课和教学设计上下工夫，以提高课堂教学的有效性。值得注意的是，教育案例与教案或教学设计不同。教案或教学设计是事先设想的教学思路，是对即将发生的教学活动的设计与说明，重在预设。而案例是对已经发生的教育事件或故事的记录与思考，重在反思。但如果能够把教育案例与教案或教学设计结合起来，进行比照研究，其培训效果可能会更佳。

在调研和培训实践中我们发现，有的教师平时很少学习理论，认为理论学习一时难以运用到教学中去，得不到立竿见影的效果，这是不利于教师专业发展的。针对这种情况，我们从“案例是理论的故乡”这一观点出发，要求培训者把案例作为载体，指导教师如何学习教育理论，如何在案例写作中不断地研究、反省自己，从而把自己的思考引向深入。而在研究别人的教育案例或课例的时候，培训者可以与参训者一起研讨、交流，共同分享成功经验或吸取教训，以实现教学相长、共同提高。对此，担任高中数学学科案例培训的赵伟老师颇有体会。他在培训小结中写道：“在教学实践环节中，我们非常重视任务驱动、同伴互助和教学反思等形式，以提高培训实效。事实表明，培训者与参训者都感到从他人的教学或教育案例中学到了新的东西，得到了很多启发。”学员陶雅婷老师（黄浦区应昌期围棋学校）也有同感，她说：“想要自己的教学水平有所提高，一定要多听其他老师的课。这次由区化学教研员黄莹老师开设的‘初中化学课堂实践课例研究’培训课程，正好给我们搭建了这样一个平台，对我们青年教师的成长实在是太重要了。”

对于培训效果来说，培训项目的精心设计和学员的主动参与是达成培训目的的基础。从已有经验看，没有教师专业发展的自主性，缺乏教师专业发展的内在动力和需求，教师培训在一定意义上就是低效甚至是无效的。有效的教师培训一定是参训者主体参与的、自我导向的培训。与专题报告式“只听不做”、现场考察式“只看不做”、参与讨论式“只说不做”等单一的培训方式不同，案例式培训的价值与意义就在于能激发教师专业发展的理性自觉，有利于教师实践知识的生成，促进理论与实践的交融。特别是一线教师的课例报告，大都是在课堂教学实践探索的基础上形成的，是“做”出来的，不是“写”出来的。当然，从某种意义上说，案例还只是“就事论事”，而案例培训的意义则在于“就事论理”，正所谓“理论源于实践，却又高于实践”，最终是“为了实践”。不难看出，案例培训的根本出发点是让教师在真实的教学情境中学习如何教学和如何研究，既强调实践操作中的“做中学”，又带一定的理性成分和理论含量。如区小学自然学科教研员张瑞芳开设的案例培训班，在观课评课、小组讨论和全班集体交流的基础上，安排了专家的专题讲座，注重教师教学经验的总结与提升，提高了案例研究的理论层次。

培训表明，以课例为载体，通过“听课—备课—上课—修改教案—再上课”这样的实践环节，使教师的潜能得到进一步提高，教师的教学能力变得更强。尤其是那种深入课堂现场的培训，不仅仅是培训内容和方式的变化，培训主体也在发生变化。对于一线教师来说，他们不仅是“参训者”，更多的是“参与者”。在培训过程中，培训者积极创设情境，引领教师说出自己的教育故事。教师说自己的教育故事，不仅是对自己工作的反思，也能给同伴带来一种思考和启发。在这里，学员们有个很好的学习“共同体”，有互相学习交流的平台，所以他们对这种培训形式很认同。学员俞瑛老师（上海市第十中学）说：“参加案例式培训是一种难得的学习机会。在听课、评课或案例分析时，大家欢聚一堂，畅所欲言，有问题，有困惑，有反思，有建议，而更为重要的是在主体参与的基础上与培训者之间进行对话、交流，以及针对教学中所遇到的疑难、困惑问题进行共同‘会诊’，找出解决的办法。”的确，明知自己教育教学存在问题，却找不到有效的解决办法，“不识庐山真面目，只缘身在此山中”，是许多一线教师面对问题的真实感受。为了解决一线教师想要解决的问题，培训者在培训内容和形式上作了有益的探讨。如区小学语文教研员王愉敏、张桂英老师，与一线两名小学语文骨干教师合作开设培训课程。在案例培训过程中，他们针对上海“二期课改”作文课堂教学研究较为薄弱的现状，请学员于晓沁老师（黄浦区中华路第三小学）上了一节题为“假如我会飞”的作文研究课。围绕这一课例，学员全员参与，带着思考题观课，随后分组进行评课研讨。在此基础上每个学员针对自己班级学生的情况进行同课异构设计或作某一环节的微型课设计，并回学校进行教学实践。实际上，对一节精心准备的优质课听课的本身就是一种学习，评课或课例分析时通过不同观点的争论，进一步帮助老师去伪存真，从深层次上挖掘和理解课标及教材，进而得到启发，改进教学。从培训者来看,大部分是区培训机构各业务部门的专业人员,也有高等院校、科研单位的专家学者和本区中小学各学科的骨干教师。培训凸显各学科特点,既注重学科教学前沿理论学习,更注重课堂教学实践,尤其是在对案例的分析、思考与研究中,培训者、学员和专家学者坐到了一起。在我看来,好的培训者就是一个优秀的“中介”,在培训中起到组织、管理和引领的作用,同时又是一个积极参与者。这样,不仅参训者得到了提高,培训者的观念、行为,以及研究和指导力也有了根本的变化。担任初中英语学科案例式培训的周加有老师感言:“在一个学期的案例式培训中,几乎没有什么理论的说教,但我和学员一起在课堂教学中发现了很多值得思考和研究的现象,为我们今后的教研和师训工作提供了很多素材。”可见,案例式培训不仅具有很强的针对性,而且为包括培训者在内的教师“学习共同体”提供了可以共同实践和研究的“场”,通过交流互动达到预期的培训目标。否则,教师团体的整体发展和提高是难以真正实现的。

总之,作为一种新型的教学方式,案例式培训有利于教师实践知识的生成和理论素养的提升,尤其是在理论与实践的结合方面有着很好的联结作用,是教师专业发展和教师培训的有效途径。尽管案例式培训在我国教师教育中尚未广泛运用,但其独特价值和重要意义是不可忽视的。为此,我们将在教师在职教育中加大案例开发、研究与培训的力度,帮助教师提高理论素养和基于教学实践的“问题意识”,切实提高教师培训的针对性和实效性,为实现黄浦区提出的“做学生喜欢的教师,办学生喜欢的学校”这一目标做出应有的贡献。

第十三章　走活“校本研修”这盘棋

在新一轮课程改革不断深入的今天，探讨校本研修的话题有着十分重要的意义。表面上看，传统的教师教育好像处在“瓶颈”的状态，培训内容陈旧、形式单调，对学校一线的教师越来越缺乏吸引力。但是，正是这种令人烦恼的困境，却酝酿着新变化。2006 年 7 月，《上海市基础教育教师队伍建设“十一五”规划纲要》出台后，各区县闻风而动，结合实际，将区域推进校本研修纳入基础教育的重点工作，使上海的教师教育工作在“十一五”时期有了良好的开局。

为贯彻落实《规划纲要》的有关精神，构建“重心下移，以需求为导向”的教师全员培训模式，促进教师自主学习，再造教师的学习文化，切实提高校本研修的有效性，黄浦区制定了《关于推进黄浦区中小学（职校）、幼儿园“十一五”校本研修制度建设实施意见》，并提出区域推进校本研修制度创新计划。

一、校本研修制度建设

（一）校本研修的基本原则和总体思路

为加强校本研修制度建设，上海市黄浦区教育局提出了“以校为本，校际联动，区域推进，各司其责”的基本原则和总体思路。

“以校为本”是指校本研修的重心应落在学校，以学校为研修基地，以教师为研修主体，以学校和教师在教育教学中的实际问题为研修内容，以改进教育教学实践、提高教育教学质量、促进教师的专业成长和学校的发展为基本目的。

“校际联动”与其说是一种思路,不如说是一种价值取向。“以校为本”不是“本校为本”,它基于学校,而不是“限于学校”,更不是“闭门造车”,不能演变成脱离各种专业力量的“各自为战”。“以校为本”的研修需要集体的智慧,包括校内外各种智力方面的合作与支持,尤其是要依托培训机构和同类学校的力量,相互协作,联合开展各种研修活动,共同分享经验与成功。

“区域推进”的总体思路是:在教育行政部门的统一部署下,建立机制,完善制度;科研引路,典型示范;整合资源,全面推进。

“各司其责”,指的是政府推动,学校实施,业务部门指导、管理和服务。

(二)校本研修的组织机构和管理机制

校本研修的主体是学校和教师,但如果没有教育行政部门和有关业务部门的总体规划和指导,仅仅由学校自行组织,则可能由于学校自身的要求和认识上的局限性,研修在很大程度上会陷入无序状态。为此,根据上海市教委的要求,黄浦区成立了教师教育工作领导小组,为学校实施校本研修提供政策支持、宏观指导、评估奖惩以及制度建设和经费上的保障。

在黄浦区教育局的领导下,区教育学院成立了校本研修管理小组,具体工作由师训部老师负责,其他业务部门的专业人员积极参与相关的研究、指导和服务工作,主动为基层学校开展校本研修提供教育资源和专业支持,对相对薄弱的学校给予重点支持,以促进教育的均衡化发展。

需要指出的是,校长是校本研修的第一责任人。校长对校本研修的认识直接关系到校本研修工作的开展。学校要成立以校长为组长的校本研修领导小组,根据课程改革和教师专业发展的需要,站在提高教育教学质量、提升教师整体素质的高度,认真规划,精心组织,扎实做好以下几个方面的工作:

1. 加强校本研修的制度化、规范化建设。各校要制定校本研修五年规划和学年度校本研修计划,明确研修目标和任务,加强过程管理,严格考核制度,抓好检查和督促工作。

2. 整合教育资源,建立有效的校本研修互动网络。学校要充分发挥教导处、科研室、年级组、教研组和备课组的作用,通过多种渠道与方式了解教师在教育教学中的问题与经验,有针对性地组织专题研讨和交流活动,及时解决教师在教育教学中的困惑与问题,大力推广教师的成功经验。

3. 构建开放的校本研修体系。校本研修不能搞成本校之内自我封闭的研修,要积极主动地争取本市高等院校和科研单位专家学者的支持和指导,获得必要的专业引领。同时,要重视区内特级教师、学科带头人、骨干教师以及区级培训机构专业人员在校本研修中所发挥的特殊作用,因为他们既是参与者,又是组织者,更是引领者。

4. 规范校本研修工作档案材料的管理。为了使档案管理更加规范有序便于督导检查,校本研修档案须保存十五年以上。

(三) 校本研修立项申报管理程序

学院:根据市教委《规划纲要》和区教育局《实施意见》的有关精神,提出校本研修的基本要求和管理意见;学校:结合自身特点,合理选择校本研修模式(如研修提高式、案例研究式、学习反思式、经验介绍式、专家讲座式、小组讨论式、课题研究式等),认真制定校本研修五年规划和学年度研修计划,并填报研修项目立项申请表;学院:对各校校本研修五年规划、学年度工作计划和研修项目立项申请表进行审核与批准,并对各校校本研修项目实行过程管理;学校:在研修过程中,严格按计划实施校本研修项目,在研修活动结束后,需要进行学分复审认定工作,由师训专管员将相关材料送交教育学院;学院:每学期(结束前两周)对学校申报的研修课程进行学分认定。

(四) 关于校本研修的课程设置与学分管理

开展校本研修活动,要有具体的课程来落实。经过培训机构的研究和分类，黄浦区“十一五”校本研修课程设置可分为五个模块，分别为师德修养模块、专业知识和技能模块、教育教学理论知识模块、课堂教学实践模块和科学研究模块。

校本研修的考核评估实行教育行政督导和研修课程学分认定制度。在学分认定方面，区教育学院根据市教委的有关要求和专家的意见，制定了《黄浦区中小学、幼儿园校本研修活动管理办法实施细则和学分核定的若干规定》，学校可根据有关学分认定的标准，结合本校的实际情况进行课程设计和具体研修项目的实施。校本研修活动，一定要有计划，有目标，有主题，有实施方案，有严格的过程管理和考核记录，并认真履行申报手续，经区教育学院审核、备案方可记载学分。为了实现校本研修的实效性和可操作性，确保各项活动能够按质按量按时完成，《规定》要求：校本研修认定学分每学年 4 ~ 5 分。“十一五”期间，校级研修培训共计学分一般不少于 12 学分，最多不超过 15 学分。

二、校本研修模式探索

“校本研修”是在新课程背景下提出的、伴随课程改革发展起来的一种融学习、工作和研究、培训为一体的学校生活和教师行为。在每一所学校里，大家都在说，大家都在做，“校本教研”、“校本培训”为两翼的立体校本研修模式已逐渐成为教师的内在需求，并将成为教师的一种学习方式、研究方式和历练方式。

但与基础教育课程改革一样，校本研修也是一项综合性工程，需要政府、学校和各业务部门的共同努力。为推进区域校本研修制度创新计划，我们在全面贯彻区校本研修工作会议精神的基础上，提出了构建校本研修“共同体”的工作思路，并以此为工作抓手，切实把校本研修工作落到实处。

基于新课程的校本研修“共同体”，是我们经过反复思索而提出的一种新模式。英国现代思想家齐格蒙特·鲍曼在其《共同体》一书中指出，“共同体是指社会中存在的、基于主观上或客观上的共同特征而组成的各种层次的团体、组织”;美国的彼得·圣吉则把共同体称为学习型组织(参见其《第五项修炼——学习型组织的艺术与实务》一书)。的确,共同体是一种早就存在的社会实践的组织形式。学习共同体是一个由学习者共同构成的团体。在新课程背景下,建立一个多种力量介入的校本研修“共同体”,有利于整合教育资源,加强校际合作,起到优势互补的作用。同时,教育专家、区级研训机构的专业人员与中小学通力合作,更能提升研修质量,促进教师专业发展。在校本研修“共同体”中,研训机构的教师肩负着桥梁与纽带的主要职责。一般来说,一线教师多实践经验而少理论积淀,专家、学者多理论积淀而少实践经验。研训机构的教师以其双重身份,成为两者间的桥梁和中介,在区域推进校本研修的过程中应努力做好服务和管理工作,并在专业引领上发挥应有的作用。

当然,校本研修重在全员参与,以校为本。我们所倡导的校本研修“共同体”,指的是一种校际的合作与交流,即将相关、相邻或同类的学校划为一个研修“共同体”。每个共同体指定一所牵头学校,负责确定共同体研修活动方案,组织协调共同体内校本研修活动的人员安排、经费筹措、活动安排等方面事宜。活动安排要做到“四定”:定主题、定人、定时间、定地点。

这种共同体的组成,可以是纵向的,如敬业中学、敬业初级中学、市十中学;也可以是横向的,即同类学校,如应昌期围棋学校和黄浦学校等九年一贯制学校;还可以是相邻的。这些共同体通过有分有合的研修活动,建立一种平等的、交互的、商讨的、谋求共同发展共同提高的学习共同体。

“市八”校本研修共同体就是一个很好的范例。2007 年 11 月 30 日下午,市八中学、市南中学、市八初级中学三所学校以“创建校际研修新模式,探索教师专业发展新思路”为主题,在市南中学开展了校本研修活动。这个共同体是在原有的“市八教育链”的基础上,由市南中学加盟而形成的。三校之间根据各自学校的特色和教师专业发展的需求,以学习共同体的运作模式,联合互动,共同开展校本研修,并初步建立了优势互补、资源共享、相互借鉴、协同研究、共同发展的良好机制。尤其值得指出的是，三校在"共同体"运作的过程中，能够定期交流互动，立足备课组、教研组，因地制宜地开展合作研究，大力提倡集体备课，积极开展研课、听课和评课活动，有效地促进和提升了校本研修的质量。又如"敬业"校本研修共同体，坚持将"以教师发展为本，以教师有效学习为中心"作为教师校本研修的基本理念，积极探索教师继续教育校本研修模式，充分发挥和有效整合共同体学校校本研修优质资源，促进教育教学质量稳步提高和学校的可持续发展。共同体本着共享性原则、自主性原则、实践性原则、有效性原则，追求共同体学校优势互补，资源共享，强强联手，取长补短，实现多赢。共同体学校在求同存异的基础上，协商确定共同的研修主题和内容，围绕计划，从本校实际出发，开展有针对性的研修活动，提高研修的有效性，自主选取适当方式开展研修，立足教育教学实践，重点解决教师在教育教学实践中带有一定普遍性的问题。共同体学校以德研、教研、科研为主要研修方式，有制度、人员、经费等保障措施，以提高教师学习和修养的水准，提高教师育德能力，提高教师的学科教学能力和水平，提高教师研究解决实际问题的能力。目前，"格致"、"大同"、"大境"、"光明"等校本研修共同体也相继开展了一系列切实有效的研修活动。相信通过学校和教师坚持不懈的努力和探索，基于"共同体"的校本研修模式，将会成为促进教师专业成长和学校可持续发展的有效载体。

值得注意的是，新课程背景下的校本研修，不是传统意义上的培训进修，而是一个广义的概念。它是通过学校这个平台，根据教师的不同专业需求实施的一种开放的教师研修模式。因此，在校本研修"共同体"实施过程中，我们要把教学、教研、科研和培训这"四张皮"水乳交融为"一张皮"，切实提高"研修一体"的水平和实效。

我国新一轮基础教育课程改革确立了"校本研修"是教师专业发展的重要路径。说到底，"校本研修"就是要求每个教师都"在研究状态下工作"。但对中小学一线教师而言，从事宏大的理论建构和纯学术的高校科研，显然是勉为其难或高不可攀。因此，现在提倡“草根教研”。草根，就是我们一线教师。基于这样的观点，校本研修必须以解决教育教学实际问题为研究的主要原则，以提高教育教学质量和教师实施素质教育的能力为研究的主要目标，以课堂教学和学生成长为研究的主要对象，真正把校本研修作为教师专业成长和学校发展的一个“抓手”和“助推器”。

第十四章 用好课程资源，推进研修一体

教师培训的“重心下移”后，校本研修在教师的专业发展中显得尤为重要。因此，2006年7月出台的《上海市基础教育教师队伍建设“十一五”规划纲要》明确指出：在规定的“240”、“540”培训中，校级培训的学时比例应高于50%，并提出区域推进校本研修制度创新计划。

为贯彻落实《规划纲要》的有关精神，黄浦区教育局制定了《黄浦区中小学、幼儿园“十一五”校本研修制度建设实施意见》，要求各基层学校和教师结合实际，充分利用“862”课程资源，积极探索区域推进下的校本研修模式。

校本研修的魅力在于参与研修的教师群体教学水平和科研能力的整体提升。因此，不少专家认为，校本研修是教师继续教育的重要组成部分，也是教师专业化发展的最佳选择。

那么如何利用平台资源，有效开展区域推进下的校本研修呢？我们本着“重心下移，以需求为导向”的理念和求真务实、注重实效的科学态度，主要做了以下几个方面的思考与探索。

一、建立研修一体制度，规范校本研修管理

对学校来说，开展“校本研修”是提高教育教学质量，提高教师综合素质的重要举措。但如何开展校本研修，许多学校却没有具体的培训内容、管理目标和运作模式。为此，黄浦区教育学院根据《黄浦区中小学、幼儿园“十一五”校本研修制度建设实施意见》的有关要求，制定了《关于黄浦区中小学、幼儿园校本研修活动的管理办法和学分核定的若干规定》，并成立了

校本研修项目管理小组，负责全区校本研修的管理、研究、服务和指导工作。不少学校也先后建立了教研组工作条例、教师反思制度、同伴互助制度、课程建设规程、过程管理和质量评价制度等一系列的研修一体机制。

在调研中我们发现，校本研修活动的成功推进，除了学校要制定规划及实施管理办法外，还要有区域专业支撑制度，即培训机构专业人员的引领，因此，我们在《全员培训第二阶段工作实施方案》中明确规定：区教研室各学科教研员要以学科学段为单位，从“862”录像课中选出本学科的1—2节课进行有针对性的点评，为基层教师提供评课示范，并写出“评课指南”，用于指导学校教研组或备课组开展评课、研讨活动。这样，在培训机构教师的指导下，以学校教研组或备课组为单位，针对同一内容，多人同时观课、评课，能大大拓展思维，增加课例的丰富性，启发教学的多样性。区德育室通过观课、评课总结出课堂教学中落实“两纲”的典型案例，并以案例分析为载体，组织基层学校开展专题研修活动，把教书育人有机地结合起来。区科研室规定，各基层学校对“862”课程资源的利用，可以作为校本研修课题进行申报，并将“区域推进校本研修，促进教师有效学习的研究”、“校本研修的实施策略研究”等题目内容列入《2006年黄浦区课题指南》中的“招标课题”，以课题研究为抓手促进校本研修工作。

二、从课堂教学切入，推进校本研修

针对目前课堂教学问题较多的现状，我们试图通过课程资源的有效利用，引领教师以解决教学实际中的问题为切入点，积极开展各种形式的教研活动，提高课堂的有效性。

课堂不仅是素质教育的主阵地，也是校本研修的主战场。因此，我们要求各校要制定“862”课程资源实施方案，结合课堂教学实践，积极开展“一校一评”活动。同时，各学段各学科在观课、评课的基础上，推出1—2节教学示范课进行公开展示，营造一种研究教学的氛围和文化。为了更好地推动这项工作，黄浦区教育学院将整合各业务部门的力量，从862节录像课中选出一部分体现二期课改理念的优秀课例，进行讲解、点评，用于研究、培训和指导教师的课堂教学。在研修活动中，有的学校还要求教师在观课、评课时做到“三个一”，即找出一个亮点，指出一个缺点，提出一个建议，并在“个人反思，同伴交流”的基础上，写出《观课有感》。这样的“研修”，使教师真正学有所得，学有所悟。

三、构建“自我反思”平台，唤醒教师自主发展的意识

从教师的专业发展角度，教师成长离不开自我反思、同伴互助和专家引领。其中自我反思尤为重要。作为教师，如果没有向学之心，没有自我反思、自主发展的意识，即使再高明的专家，恐怕也不能对其起到引领的作用。当然，自我反思不是胡思乱想，而是要有理论支撑的。高度自觉地对自己的实践进行回顾与审视，这本身就是很好的学习过程。如果没有一定的理论作为基础，自我反思的效果就会大打折扣。至于同伴互助，则是一种相互切磋、相互勉励和真诚分享，这不仅是一种有效的学习方式，而且是团队建设的基础。专家引领亦非常重要。教育因专家引领而精彩，专家引领，凝聚的是智慧，燃烧的是激情，唤醒的是灵性，收获的是享受。因此，我们要求各基层学校和教师结合本校、本学科、本学段和本人教学实际，在新课程理念和专家的引领下，以“校本研修”的活动形式，围绕“862”课程资源进行观课、评课、上课，再观课、再评课、再上课。经过这样反复的研讨、实践、反思，不仅使“862”课程资源得到充分利用，而且让每一位教师真切感受研究的氛围，促进自己开课的信心和热情，实实在在地把以“自我反思、同伴互助、专家引领”为主要形式的校本研修活动落到实处。

四、依托校内外优质资源，建立有效研修方式

首先，为提高校本研修的质量和效率，一些学校除依托校内资源外，每学期还聘请名师、专家来给教师们讲课，用他们的个人成长经历感染教师，唤醒、激活存在于每个教师心中的内需与激情，引导教师与新课程一起成长。不少学校在请培训机构人员参与校本培训和教学指导时，还尽可能让一线教师与专业人员一起研讨、交流，形成以中小学、幼儿园教师为主体，培训教研专家为专业引领的校本研修格局。

其次，学校在围绕“862”课程资源开展校本研修的过程中，还积极主动地聘请高等院校的教育专家学者，区教师培训机构的研究人员，本市各级名师、学科带头人和骨干教师等对教师备课、上课、评课、反思进行具体指导，以提高研修活动的实效性。

再次，黄浦区20个名师工作室的导师充分利用“862”课程资源，与学员一起观课、评课，研究、探讨问题，让每位学员在教学、研究、培训过程中获得进步，并体验成功的快乐。尤其是名师精湛的教学艺术和高水平的评课，不仅为学员的学习与实践提供了示范，同时也为全区教师开展观课、评课活动提供了很好的参考蓝本。

五、利用丰富的平台资源，为教师提供可资借鉴的教学案例

在教师成长发展的过程中，我们感到有不少的教师需要直接为之提供可资借鉴的课堂教学案例，他们可以从中直接获得教学经验，为自己专业水平和执教能力的提升找到快捷而有效的途径。为此，我们要求各校把上海市录制的862节课作为校本研修的案例，用来观课、评课，开展教研活动。有研究者认为，案例研究的特点是“就事论理”。所谓“就事”，即从案例出

发，贴近教学实际，具有很强的实践性；所谓“论理”，往简单方面说，就是从案例中抽出理性的结论，有一定的理论色彩。尤其是课例研讨，它的优点在于以发生在课堂的典型教育教学实例为载体而展开教育教学研究和讨论。它是不少一线教师和教育科研工作者在实践中探索、总结出的一种新的教研模式。一言以蔽之，案例研究可以将理论与实践结合起来，拒绝空洞与肤浅，给人以启发。

六、以课题研究为载体，丰富校本研修内涵

在教师教育实践中，我们认识到，校本研修的突破口就是以教育教学实践中的问题作为课题展开研究。因此，在开展校本研修与自己本职工作结合的过程中，我们要求教师树立“问题就是课题”的意识，善于从“862”课程资源中发现值得研究的实践问题，并由此转化为富有个性特色的校本培训项目，通过攻克一个又一个研究课题，解决教育教学中存在的问题。这种行动研究，最易达到同步推进教育教学教研工作，稳步提高教育教学教研质量的目的。

从某种意义上说，教师工作的内容就是教学和研究。但教学与科研不应该分离、脱节。著名教育改革家魏书生这样说道：“谈到科研，老师们常认为那是科研人员的事。其实，这是我们每位教师分内的事，是每位教师心灵深处的需要。”实际上，一名教师，只有走教学与科研相结合的道路，才能将教育教学工作提高到一种新的境界。钱伟长先生说得好：“你不上课，就不是教师。你不搞科研，就不是好老师。教学是必要的要求，不是充分的要求；充分的要求是科研。科研反映你对学科清楚不清楚。教学没有科研做底子，就是一个没有观点的教育，没有灵魂的教育。”确实如此，如果教师只教学不搞科研，那么教学水平就提不高，就没有深度。

实践证明，让教师成为研究者，是帮助教师克服职业倦怠，拒绝平庸，实现个人价值，享受专业幸福的最佳途径。参与教育科研可以使教师拥有的

教育理论与教育实践有机结合起来，从而更好地理解课堂和改善教育实践，提升自己的反思能力和研究意识，成为学者型和专家型教师。

从这一思想出发，我们本着提高教师综合素质和“科研兴校”的原则，明确提出学校要把教研、课题研究和课改有机结合起来，以课题研究整合各方的力量，拓宽研修渠道，丰富校本研修内涵。不少教师不仅对教育科研表现出极大的热情，而且把它作为提升自己研究能力和专业水平的重要途径。毫无疑问，当一个教师真正从内心热衷于教育科研工作，就会以一个研究者的心态从事教育教学工作，就会不断发现“教”与“学”的新问题，反思出新观点，并用其指导自己以后的实际工作。

七、利用信息技术搭建网络平台，引领教师专业发展

校本研修除了充分发挥学校和教师个人的作用外，还要发挥教育网络的作用。区级培训机构应该为基层学校和教师创造更多的引领机会，如本区特级教师、学科带头人的引领，骨干教师的引领，教研员、科研员、培训者的引领等。有条件的区县培训机构和基层学校，还可以搭建教育网络平台，通过网络进行引领。基于这一想法，通过努力，我们于 2006 年 9 月开始建立“黄浦教师教育网”，让教师在网上开展基于 862 节课的观课、评课活动，并开辟了“全员培训”、“校本研修”、“课程指南”、“校际互动”、“名师讲坛”等栏目。有了这个平台，教师可以在网上选择优秀的专家，学会与专家对话，在对话中分享教育智慧；有了这个平台，教师可以在网上学习先进的教育理念和专业知识，学会与理论对话，进一步解放思想，转变教育观念；有了这个平台，教师可以在网上寻找优秀的教学资源，用于自己的教育教学实践，学会与实践对话，提高自己的实践能力。

基于以上的实践与思考，我们认为，“校本研修”是“校本教研、校本科研、校本培训”三位一体的综合体现，是促进学校和教师发展的有效途径。

需要指出的是,在校本活动中,校本教研是一切校本活动的起点和基础,校本培训是中介,校本科研是动力,校本管理则贯彻整个过程,起着组织协调的作用。由此可见,校本教研是连接校本培训、校本科研、校本管理等活动的纽带,没有校本教研,就谈不上校本管理、校本培训、校本科研,更谈不上校本文化。

第十五章　倡导基于“共同体”的校本研修

如前所述，校本研修是在新课程背景下提出的、伴随课程改革发展起来的一种融学习、工作和研究、培训为一体的学校生活和教师行为。随着课程改革的逐步深入，校本研修已成为我国教师教育的重要组成部分。值得注意的是，新课程背景下的校本研修，不是传统意义上的培训进修，而是一个广义的概念。它是通过学校这个平台，根据教师的不同专业需求实施的一种开放的教师研修模式。因此，我们在校本研修“共同体”实施过程中，努力做到“三个结合”，把教学、教研、科研和培训这“四张皮”水乳交融为“一张皮”，切实提高“研修一体”的水平和实效。

一、校本研修要与提高课堂教学质量相结合

“聚焦课改，决战课堂”，这是上海“二期课改”处于攻坚阶段提出的口号。在全新的课程改革面前，我们越来越意识到：聚焦课改、聚焦课堂、聚焦教师，既是新课程背景下教师专业化发展的现实需要，也是校本研修中提高教学质量的关键所在。因此，校本研修必须以解决教育教学实际问题为研究的主要原则，以提高教育教学质量和教师实施素质教育的能力为研究的主要目标，以课堂教学和学生成长为研究的主要对象，真正把校本研修作为教师专业成长和学校发展的一个“抓手”和“助推器”。

二、校本研修要与开展教育科研相结合

教师要获得专业化发展，必须走教育科学研究之路。这里需要指出的

是，教育科研不是一些专家的专利，中小学教师也有自己的“话语权”。因为教师工作在教学“第一线”，有大量的教学感性认识，有丰富的实践经验，有鲜活的教育教学案例，这些都是开展课题研究最有力的支撑。其实课题研究并不神秘。这就要求教师树立起“问题就是课题”的意识，善于把教育教学中有意义的实践问题，转化为富有个性特色的校本研修课题，通过攻克一个又一个研究课题，解决教育教学中存在的问题。

不管怎样，对于一线教师来说，参加课题研究是更高层次的教研。我有一种理念，就是教育科研源于实践，又高于实践。但是，那种远离教育教学实际的“假科研”，是不利于教师的成长和学校的发展的。

三、校本研修要与促进教师专业化发展相结合

教师队伍建设的关键是专业化发展。“教师专业发展”的核心内容是专业，目标要求是发展。教师作为“学习共同体”中的“首席”，其专业发展路径离不开“自我反思、同伴互助和专家引领”的研修模式。一个教师，如果没有向学之心，没有养成反思的习惯，没有追求卓越的意识，即使再高明的专家，恐怕也不能对其起到引领的作用。因此，校本研修要成为教师深度学习和自我反思的载体和平台。但自我反思不是胡思乱想，而是有理论支撑的。高度自觉地对自己的实践进行回顾与审视，这本身就是很好的学习过程。如果没有一定的理论作为基础，自我反思的效果就会大打折扣。当然，一个教师的发展，除了要善于反思，还要善于将反思的意识付诸实践。反思归根到底是一种从认识到实践的过程。北京师范大学林崇德教授认为，优秀教师 = 教育过程 + 反思。他从认知心理学、教师心理学的角度提出了“教师教学监控能力”的概念，强调教师的教育工作多一份反思与教学监控，就多一份提高，就与优秀教师更接近了一程。在教师专业发展的过程中，除了自我反思，志同道合者的互相学习与激励也是必不可少的，这就是我们所说的“同伴互助”。所谓“同伴互助”，实际上是一种相互切磋、相互

勉励和真诚分享。这种研修模式，不仅是一种有效的学习方式，而且是团队建设的基础。如今课程改革中出现的许多问题，靠个人单打独斗是无法解决的，这就需要跨学科“集群”式的创新，没有团队精神、协同攻关和集思广益，就很难有新的突破和进展。至于专家引领，不只是教育理论的指导，同时也包括对教师教学实践、教学行为和教学方法的总结与提升。从更高层次上说，专家引领凝聚的是智慧，燃烧的是激情，唤起的是灵性，收获的是享受。学校在取得校外专家引领的同时，还可以注重让本校内在教育教学或教育科研等方面有特色的教师作某方面的引领，实现专家引领本土化。

从实践中我们体会到，在学校校本研修中，建设各种形式的研修共同体，引导教师在其中进行自主学习、自我反思，是帮助他们克服职业倦怠，拒绝平庸，实现个人价值，享受专业幸福的最佳途径。

第十六章　积极探索校本研修共同体的有效途径

随着基础教育课程改革的不断深入,“校本研修”已成为一个高频词。对于学校和教师来说,“校本研修”的关键在于能否根据自身的特点和优势,找到有效的途径,从而在提高教师专业发展的同时,促进学生的全面、和谐发展,推动学校教育教学质量的整体提升。

为推进区域校本研修制度创新计划,上海市黄浦区教育局不仅出台了校本研修的文件,成立了黄浦区教师教育工作领导小组,还召开了黄浦区中小学幼儿园校本研修工作会议,提出了“以校为本,校际联动,区域推进,各司其责”的基本原则和总体思路。

在全面贯彻黄浦区校本研修工作会议精神的基础上,我们又提出了“构建校本研修共同体,促进教师专业化发展”的工作思路,并以此为工作抓手,切实把校本研修工作落到实处。

共同体是一种早就存在的社会实践的组织形式。但目前,关于共同体的理论研究还不是很多。李普曼(Lipman)于 1988 年提出了“探究共同体”,布朗和坎皮恩(Brown&Campione)于 1990 年提出设计“学习者和思考者共同体”,斯卡达玛丽亚和伯雷特(Scardamalia&Bereiter)于 1993 年提出“知识构建共同体”,温特比尔特认知与技术小组(Barron et al.)于 1995 年提出了“学习共同体”。

我们所倡导的校本研修共同体,就是基于学习共同体的一种学校与学校之间联合研修的模式。这种依据同质促进、异质互补的原则而建立起来的校际研修共同体,在共同定义着共同体,并为共同体所影响,同时根据各自学校的特色和教师专业发展的需求,以共同体的运作模式,联合互动,共同开展校本研修,从而形成一种任务驱动、资源共享、相互借鉴、协同研究、共同发展的良好机制。

但在实践中我们认识到，要使校本研修真正成为推进新课程改革、有效促进教师专业成长和课堂教学质量提高的重要支持力量，化为每一所学校和教师的自觉行动，还需要从外力推动和内在需求等方面作进一步深入分析与探索。

一、政府推动，校际联动，内需驱动

1. 政府推动。"校本研修"是基于学校、立足职场、源于问题、自主研究、团队互动、区域统领的教师专业发展模式。但是，传统的校本培训和校本教研体制从形式到内容，已形成一种惯性，要改变这种惯性，必须借助一定外力，需要政府的力量来推动。作为教师发展的一种新模式，校本研修要在教育行政部门的推动下，建立一种机制，以便整合资源，全面推进。

2. 校际联动。校本研修"基于学校"，而不是"限于学校"，更不是"闭门造车"，不能演变成脱离各种专业力量的"各自为战"。以校为本的研修需要集体的智慧，包括校内外各种智力方面的合作与支持，尤其是要依托培训机构和同类学校的力量，相互协作，联合开展各种研修活动，共同分享经验与成功。这种校际的合作、交流与互动，至少能起到资源共享、优势互补的作用。

3. 内需驱动。校本研修活动的设计，要从教师的内在需求来考虑，使教师能积极主动地参与每一项活动。只有合作学习、平等对话、共创智慧的研修活动才能有效地激发教师的内驱力，激活教师的灵动思维，从而为教师的专业发展提供帮助。如果说现今的教师培训是"要我学"，那么校本研修更注重"我要学"。

二、个人反思，同伴互助，专家引领

从一定意义上说，教师尤其是中小学教师传递的是过去的知识，并不是时新的学问,如果缺乏自我反思的意识和自我更新的能力,一不留神就会陷入“用昨天的知识教今天的学生,让他面对明天的未来”这样的尴尬境地。现实中,为何很多老师教书教了十年、二十年,始终没有一点“家”的气息,而“匠”的气味渐浓?这是因为我们过于依赖经验,不善于反思。美国教育家波斯纳有一个著名的教师成长公式:经验+反思=成长。可见,反思对教师的成长与发展是十分重要的。研究表明,读书和培训是由外而内的学习过程,而反思则是来自教师内在的反省和思考,是理论与实践的对话。

同伴互助是教师专业成长中最基本也最重要的支持力量。在美国的好莱坞流行这样一句话:“一个人能否成功,不在于你知道什么,而在于你认识谁。”这句话告诉我们一个道理:人生能走多远,看与谁同行;有多大成就,看有谁指点。教师的同伴,主要指教研组的同仁,当然也包括不同学科的同事。一般意义上的同伴互助,主要通过教研组备课、听课、研课等活动来互相学习,共同成长。同伴互助也可通过叙事研究的形式,即讲故事,分享智慧。讲故事,是同行之间交流的重要手段。讲故事,是理清自己教育思路的重要方式。与写故事不同,教师在讲故事时常常会有灵光一闪的新想法,会对发生的教育事件有新的感悟和体会。老师们讲述故事,就是在传递自己的教育价值,就是在与同行分享教育的实践智慧。李开复在《与未来同行》中说过这样的话:“不论你做出了怎样优秀的工作,不会表达,无法让更多的人去理解和分享,那就几乎等于白做。”所言极是。言说就是思考。讲故事,教师的思想、经验得以物化,也可以在校本研修中与同伴互为“课程”,互助成长。

需要指出的是,同伴互助既基于教研组,又不限于教研组;既基于校本,又不限于校本;既基于学科,又不限于学科。尤其是跨学科,不同的学科有些东西却是相通的。钱伟长先生曾说:“人心要大,学问也要大;专业是可以相通的,不要画地为牢。”杨福家院士也说过:“不管‘做人’还是‘修业’,都离不开文史与科学,离不开文史与科学的交融。”现在有一个新的概念,叫做“跨界学习”。跨界学习作为一种全新的学习方式,正日益受到教育界的关注和认可。跨界学习，就是通过向外界学习，得到多元素的交融。而我们这里所说的跨界，包括跨领域、跨学科、跨学校，甚至跨文化、跨时空。有时候，“跳出教育看教育”，也许会给我们带来新的“风景”和收获。

此外，专家引领也是教师专业成长的重要条件。一个教师的成长，离不开关键事件和关键人物。而这其中的关键人物，可能是校长，也可能是指导老师，更多的则是市、区本学科的教研员和教育专家。在专业指导上，我们还可以通过专家听课、评课、指导课题研究等形式，把教师引领到研究的轨道上，促进教师由经验型向科研型的转变。

三、聚焦课堂，聚焦教师，聚焦学生

1. 聚焦课堂。课堂是学校教育、教学的基本组织形式。校本研修无论如何不能脱离课堂，不能不研究课程和教学。随着课改的进一步深化，学校一般都很重视课堂教学。课堂教学是复杂的，每节课都可以是独一无二的，一个教师一个样，一个学科一个样。没有课堂教学层面的改革，就不可能有真正的新课程的实施，教育改革也就无从突破。从这个意义上来讲，抓住了课堂就抓住了根本，抓住了课程和教学，就抓住了课程改革的关键所在。

2. 聚焦教师。教师是教育的第一资源。但是，当我们强调“一切为了学生，为了学生的一切”的时候，又有谁来关注“教师的一切”？李希贵先生提出了一个令人耳目一新的观点：教师第一，学生第二。当教师成为第一，受益的不仅仅是教师。正如李希贵所说的，当学校把教师放在第一位的时候，教师也会把学生放在第一位①。目前大家说得最多的是“增效减负”，课堂“减负”，说到底，比的是质量，拼的是教学底气。教育质量的提升，关键在于教师。教师队伍的建设，关键在于教师的专业发展。教师素质的高低、专业的成熟与否是相对的，而发展是绝对的。因此，学校要把教师发展作为

① 李希贵：《学生第二》，华东师范大学出版社，2006 年。

学校发展的第一要素，用教师的专业发展引领学生的全面发展，用师生的成长带动学校的持续发展。在这一进程中，校本研修是一个有效的载体。校本研修能使教师由经验型向科研型转变，是提高教师素质的有效途径。在开展校本研修活动中，要建立以学习、研究、实践、合作与交流为基本要素的教师“学习共同体”。

3. 聚焦学生。素质教育的实施、新课程的推进，都将“以学生发展为本”作为基本的教育理念。但同时，有一个问题也不容回避地摆在我们面前：我们是否真正做到了“以学生发展为本”？调研显示，目前教师对课堂的掌控“涛声依旧”，学生的基础和需求对教师教学设计的影响微乎其微。现在有一种现象，就是我们只研究课程，研究教材，却很少去研究学生。“以学生发展为本”的具体表现形式，就是要研究学生。只有研究学生，才能设身处地地从学生的角度思考问题，在换位思考中理解学生、尊重学生、关爱学生、欣赏学生，从而构建一种平等、和谐的师生关系。只有师生关系和谐，教学才可能是有效的。

四、营造文化氛围，提高教师学养

校本研修是当前教师继续教育中的一个热点，但在一些地区、一些学校，校本研修效果并不理想。之所以出现这种情况，说明校本研修在学校里还没有真正地扎根、发芽。因此，我认为，校本研修要立足于学校，立足于教师的专业发展，重在构建“教师文化”。教师文化是教师专业发展的土壤。教师文化既是教师观念和行为的一种反映，也是决定教师观念和行为的重要力量。教师专业发展的状况又决定了教师文化发展的状况。把教师文化的概念引入校本研修中，不仅有利于教师群体的发展，也有利于个体的良好发展。教师文化与教师的专业发展在动态的相互适应中，相互促进，共同发展。

按照邓伟志教授的话说：“文化是人类长期积累的各种观念的总和。”

从这样的角度理解，我以为“文化”不是一个名词，它是一个动态概念，是人的思维与生存方式。因此，作为学校和教师双重发展的载体，校本研修从“内容”到“过程”都必须体现学校文化与教师文化。

经过几年的实践与探索，黄浦区校本研修的制度建设已逐步完善，模式的探索与研究也取得了良好的效果。但要推进校本研修向纵深发展，使研修活动的内容更多地源自于教师的自主需求，这就需要文化力量的支撑。从“制度建设”到“文化构建”，是校本研修向深层发展的必由之路，也是校本研修所追求的最高境界。例如，上海市格致中学、大同中学等学校以校本教研为抓手，以校本课程开发为载体，努力提高教师学养，营造学校文化与教师文化，这种研修模式值得推广。

总之，在新课程的背景下，建立一个多种力量介入的校本研修“共同体”，有利于整合教育资源，加强校际合作，起到优势互补的作用。同时，教育专家、区级研训机构的专业人员与中小学通力合作，更能提升研修质量，促进教师专业发展。在这种多元化的学习共同体中，教师可以及时地强化自我教育意识，不断提高自我教育能力。

第十七章　提高校本研修效益要有“抓手”

在新课程改革的背景下，以校本研修为载体，促进学校可持续发展、教师专业发展和学生全面发展，是我国基础教育领域正在认真研究并在实践中深入探索的重要课题。为有效推动校本研修的深入开展，切实提高校本研修的实效性，学校必须从“三个抓手”做起，以求得“三个得益”，从而实现学校全面、协调、可持续发展。

一、三个抓手

1. 以学习为“抓手”，提高教师的理论素养。对于教师学习的重要性，几乎每个校长都能认识到，“工作学习化，学习工作化”成了有些学校的口号，创建学习型学校也是许多学校追求的发展目标。但是，在如何引领和促进教师学习上，许多学校却找不到有效的办法。其实，校本研修作为最基层的、最受欢迎的、最具有现实意义和生命力的教研形式，是促进教师学习的一个有效载体。如何利用这个载体，开展形式多样的研修活动，提高教师学习的积极性和主动性，是值得学校深入探讨和努力实践的。

在教育转型时期，教师的学习质量如何提高？首先，学校要了解并满足教师的学习需求。作为教师，要学习自己所教的学科的新知识，不断了解学科发展的新知识，同时也要学习教育的新理念、教学工作的技能和技巧，不断改善教学方法。但这些还不够，在全球化和信息化浪潮的推动下，教师应该把学习的面拉得更宽一些，读一些非专业、与自己的职业并不一定有直接关系的书，因为这些书可以提高个人的素养，提升个人的品位，增强自己的人格魅力。其次，教师要掌握学习方法，并将学习与教学结合起来。对于教师来说，教学就是学习，学习为了教学。因此，学校在组织教师学习时，要引领教师为改进自己的教学而学习，要针对自己的教学而学习。只有这种“工作化”的学习，才是持久的学习，有效的学习。

2. 以课堂教学为“抓手”，提高教师的实践能力。教育的问题说到底是一个实践问题，教师的教育教学实践离不开课堂。课堂是教学的主阵地，是充分展示教师个性和才能的舞台，是教师体现自身价值的场所，也是给予学生生命成长的芳草地，所以课堂永远是校本研修首要突破的关口。除了教师的“教”以外，课堂教学的另一个关注点，就是学生的“学”。其实，“学”是很重要的。之所以我国最早的一部教育学论著叫“学记”而不叫“教记”，就是因为很多时候，学是大于教的。因此，一个新时期的好教师，在意的不是自己教得有多好，而是如何让学生由学会、会学到乐学。可是，目前在很多课堂上，还是老师提问，学生回答，然后老师提供一个标准答案，这是释疑的办法。新课改理念提倡质疑，首先要引导学生从不同层次和不同角度去思考，去质疑。有了问题，有了质疑，才能产生创新的火花，才可能有创新思维和创新能力。

3. 以课题研究为“抓手”，提高教师的研究水平。校本研修工作的开展，不仅强调“以校为本”，更强调“教师即研究者”。没有科研，就没有高质量的教学。但一般来说，一线教师做研究，优势在于处在教育教学实践之中，有丰富的实践经验，最大障碍是教育理论匮乏，视野比较狭窄，认识水平不高。

因此，我认为一线教师从事教育科研，首先必须勤于学习，积累丰厚的教育理论，掌握科研的一些基本方法。但必须指出的是，教育科研不是为研究而研究，而是为教育而研究。对于广大中小学教师来说，从事教育科学研究的目的是为了更好地当教师，课题上不上“档次”并不重要，发不发论文并不重要，重要的是解决教育实践中最实际的问题。如果教师把教育科研看作是对自己教学的补充，是自己专业生活的一种方式，那么他就会凭借自己的力量，把草根性的研究和自己的教学实践紧密地联系在一起，就会成为研究的主人。其实,教育教学中的任何问题都可以成为教师研究的对象和内容,如课堂教学改革中,教师教学方式如何改变?学生学习方式如何改变?评价与考试制度如何改革?和谐师生关系如何构建?……这些基于身边的小问题的研究,不仅可以改进教师的教育教学工作,而且能够使师生生活状态得以改善和提高。在研修活动中,教师要有意识地发现自己教育教学中的问题,并将问题转化为课题,进行研究和反思,再将研究的成果或体会变成自觉的行为,从而不断提高自己,超越自己。

二、三个得益

1. 学校得益。学校通过构建并完善校本研修制度,不断创新研修模式。在形式多样的研修活动中,教研组建设得到加强,教师学习氛围更加浓厚,学校文化更加深入人心。尤其是学校文化的构建,当系学校发展的灵魂所在。校园文化一旦成为全体教师、学生和家长的共识,成为学校愿景的一部分,它就有可能转化为师生的行为。这种行为体现在师生的学习、生活和工作之中,就会产生一种文化能量,形成一种各尽其美、和而不同的境界。当然,教师教育境界的提升和学生的健康成长,也会使学校文化更加和谐,学校发展更加充满活力。

2. 教师得益。在校本研修的过程中,教师通过自我反思、同伴互助、专家引领等方式,由传统继续教育的"受训者"转变为以校本教研为主要活动内容的"研修者"。校本研修使不少教师学会了课题研究,学会了教学反思,学会了合作和交流,尤其是在关注问题、研究问题的过程中,教师的主体地位得到了提高,专业素养得到了提升,文化自觉意识不断增强,其教育热情和生命活力得以彰显。

3. 学生得益。毫无疑问,学校和教师的发展,最终是让学生受益。校本研修,直面丰富多彩、生动活泼的教育实践,以问题为切入点开展课题研究,探索出教师发展的有效模式,改变了"教"与"学"的方式,使学校的教育质量不断提高。特别是在“以学定教”的教育理念指导下,学校课堂教学更加关注学生的自主学习,使学生由“学会”到“会学”,再到“乐学”。只有“把发展的主动权还给学生”,“让课堂焕发生命活力”,学生的自主意识和创新能力才能真正得到提高。

第四篇
教育思考

教育离不开思考。思考是有力量的,它可以改变人的工作方式,改变人的生活状态,激发人的潜能和发展动力。

如今,在教育行动研究中形成了一种好的理念:问题即课题,工作即研究,结果即成果。在教育实践中,我们每个人都会遇到问题和困惑,而在这些问题产生与解决的过程中,必然存在着研究与思考。

需要指出的是,教育是一项理性的事业。教育思考要“取法乎上”,没有高屋建瓴的理性思考,没有对学校和教师发展的正确定位,就会在琐事的圈子里绕来绕去,以致迷失方向。只有基于实践而又高于实践的理性思考,才会具有指导和启发意义。

第十八章　关于“课程改革与教育创新”的思考

党的“十七大”报告中指出:“要坚持走中国特色自主创新的道路,把增强自主创新能力贯彻到现代化建设各个方面。”这一重要论述,不仅为加快建设国家创新体系指明了方向,也为我们实施新一轮课程改革,推进教育创新增添了新的强大动力。

创新,顾名思义,即创造新的东西,含有始创、首创之意。走前人没有走过的路,做前人没有做过的事,创前人没有创过的,这就是创新。《论语·宪问》说“裨谌草创之”,《孟子·梁惠王下》载有“君子创业垂统,为可继也”,《史记·司马相如列传》写道“符瑞众变,期应绍至,不特创见”,《汉书·叙传下》则有“礼仪是创”……中国传统文化中这些精辟论述,深蕴着中华民族先贤勇于创新、重视创新的思想。创新是人类文明进步的本质特征和独有品格。人类自从摆脱愚昧时代,迈入文明时代的门槛,就具有了创新的要求和创新的本领。中国古代表现出来的创新精神是非常强的,我国四大发明在世界上是领先的(但近代以来,确实是创新不够,这也是事实)。一部人类文明史,从本质意义上说就是一部在不断创新中进化进步的历史。人们在从事社会生产和社会生活过程中的每一项发明、每一项创新,都无不在提升着社会文明的程度,同时提升着人类创造社会文明的意识和才能。然而创新真正成为一种自觉的思想意识和思想理论,是在资本主义市场经济发展过程中的事情。美籍奥地利经济学家熊彼特于1912年在《经济学发展理论》中首次提出“创新”概念,并作为他的经济学理论的核心。按照熊彼特的定义,创新就是建立一种新的生产函数,在经济活动中引入新的思想、方法以实现生产要素的新的组合。要实现生产要素的新的组合,就需要有新的生产理念、新的生产方式、新的生产技术,这就必然衍生出技术创新、制度创新以及其他方面的创新。因此,作为一种企业行为或社会现象,创新不是单项的而是包括多项要素在内的系统工程。

社会的发展呼唤创新,教育改革更加需要创新。如果说创新是一个民族进步的灵魂,是一个国家兴旺发达的不竭动力,那么教育创新就是教育改革的良方,就是教育不断发展的力量源泉。江泽民同志在北师大百年校庆讲话中提出"教育创新",把教育改革、发展和创新放到国家创新体系这样一个大体系中提出,放到知识经济全球化这样一个大背景下来进行思考。进行教育创新,根本目的是要推进素质教育,全面提高教育质量。党的"十六大"报告中指出,要"坚持教育创新,深化教育改革,优化教育结构,合理配置教育资源,提高教育质量和管理水平,全面推进素质教育,造就数以亿计的高素质劳动者、数以千万计的专门人才和一大批拔尖创新人才"。这一教育创新战略,对于实现我国教育改革与发展的目标、全面建设小康社会具有重大意义。时代呼唤科技创新和教育创新。科技创新和教育创新是社会发展的必然要求。当今世界各国之间的竞争,说到底是科技和人才的竞争,是民族创新能力的竞争。一个没有创新人才的民族,就难以屹立于世界民族之林。现代社会已步入信息技术时代,一个普通人可以借助计算机技术非常便捷地获得丰富的信息。例如,"二十五史"可以储进一张光盘,要查什么,极为便当;《全唐诗》也是一样,你想查阅其中的任何一类诗句皆可立即调出来。但是,如果要写一句新诗句,那便是创造。从这个意义上说,怎样创新远比怎样获得信息和怎样管理信息更为重要。德鲁克说:"成功者不是经验丰富的人,而是变革速度最快的人,学习能力最强的人。"因此,现代人必须具备创新意识和创新能力,否则会一事无成。江泽民同志在为美国《科学》杂志撰写的社论中指出,中国将致力于建设国家创新体系,推进知识创新、技术创新、体制创新,提高全社会创新意识和国家创新能力,这是中国实现跨世纪发展的必由之路。

一、基础教育改革与创新必须以先进的教育理念为先导

创新教育的提出,有助于我们站在时代的高度来自觉反省、检讨我们以往的教育,有助于新一轮课改的实施落到实处。实践基础上的理论创新是社会发展和变革的先导。创新教育作为国家创新体系的重要组成部分,必须在先进的教育理念引领下进行。任何教师都有一定的教学观念,都在一定的教学观念的支配与指导下开展教学活动,掌握课堂进程。观念对教学实践的展开与教学行为的发生具有重要意义。当人们谈论传统的应试教育理念下的课堂教学时,经常用“战斗最前线”这个词加以形容,这似乎在说“课堂即战场”。这样的课堂,强调严明纪律、正襟危坐,学生如履薄冰、战战兢兢,少了一些轻松,少了几分幽默,少了一些欢声笑语,少了几许神采飞扬。尤其是要求学生齐声回答,不许交头接耳、与师争辩,是违背自由原则的。因此,请记住那句古老的谚语:有什么样的观点,就会带来什么样的行为;而要改变人们的行为,应从改变其观点开始。有鉴于此,进行教育创新首先得从改变传统教育思想着手。

我曾在余文森教授所编《基础教育课程改革的四大支柱》一书中看到这样一个案例:“两个乡下人,外出打工,一个到上海,一个去北京。可是在候车厅等车时,都又改变了主意,因为邻座的人议论说,上海人精明,问路都收费;北京人质朴,见吃不上饭的人,不仅给馒头,还送旧衣服。想去上海的人想,还是北京好,挣不到钱也饿不死,幸亏车还没开走,不然真掉进了火坑。想去北京的人想,还是上海好,给人带路都能挣钱,还有什么不能挣钱的,我幸亏还没上车,不然真失去一次致富的机会。于是他们在退票处相遇了,互相交换了车票。去北京的人发现,北京果然好。初到北京的一个月,什么都不干,竟然没有饿着,不仅银行大厅里的太空水可以白喝,而且大商场里欢迎试尝的点心也可以白吃。去上海的人发现,上海果然是一个可以

发财的城市,干什么都可以赚钱,带路可以赚钱,开厕所可以赚钱,弄盆凉水让人洗脸也可以赚钱。凭着乡下人对泥土的感性认识,第二天,他在建筑工地装了十几包夹杂有沙子和树叶的土,以“花盆土”的名义,向爱花的上海人兜售。当天他在城郊间往返六次,净赚了50元钱。一年后,凭着“花盆土”,他竟然在上海拥有了一间小小的店面。在长年的走街串巷中,他又有一个新的发现,一些商店楼面亮丽而招牌转黑,一打听才知是清洗公司只负责洗楼不负责洗招牌的结果。他立即抓住了这一空当,买了些人字梯、水桶和抹布,办起了一个小型清洁公司,专门负责擦洗招牌。如今他的公司已有一百五十多个打工仔,业务也由上海发展到杭州和南京。前不久,他坐火车去北京考察清洁市场。在北京站,一个捡破烂的人把头伸进软卧车厢,向他要一只啤酒瓶,就在递瓶时,两人都愣住了,因为五年前他俩曾换过一次车票。”

我想,这个关于“观念与命运”的案例,对于我们教育工作者也不无启发意义。教育理念是教师的主心骨。有人说得好:“人之所以能挺立、行走,关键是脊柱在起作用,人一旦失去了理想信仰,整个人生大厦就会倒塌。”“人没有理念就等于没有灵魂,没有前进的路标和行为的指南。”

那么,什么是教育理念?

教育思想的最高境界是教育理念,理念解决价值取向问题。教育理念也称为教育理想、教育信念、教育信仰、教育信条等。可以说,教育理念是一种理想化、信仰化了的教育观念。教育观念是指人们对教育问题的认识和看法。新的教育理念,是社会变革和教育内涵发展的产物。它的真正来源不是“文本”,而是教师实践经验的升华,是教师教学生活的新感悟,是教师自我反思意识的新觉醒。我国两千多年的教育实践积累了宝贵的经验,教育理念也随着时代不断变迁。孔子的教育理念与其人生的理念相一致,即“仁”以及与此相联系的孝、善、慈、忠、温、良、恭等,围绕这种理念,生发了许多教育主张,例如有教无类、因材施教、学思结合、教学相长等。孟子主张“性善”,认为“人皆可以为尧舜”,其教育理念具有鲜明的民主性,并以“得天下英才而教育之”为人生的最大快乐。陶行知教育理念为生活教育，主张生活即教育，社会即学校，教学做合一。值得指出的是，教育理念不唯教育大师具有，普通的校长、教师们也应具备。

在新课程体系下，教师要更新教育思想，至少要转变三个观念：

一是转变教育观。传统的教育是“遗传”式的，即把传授知识作为教育的首要任务，注重的是知识的传授和复制，过分强调学科本位，强调接受学习、死背硬记，强调教师应具有渊博的知识，主张“想给学生一杯水，教师要有一桶水”。当然在传统的以学科为中心的课程体系下，教师以本学科的专业知识“传道、授业、解惑”，有一桶水也就够了。但是，随着我国基础教育课程改革的不断深入，教师要由知识的传授者转变为学生学习的指导者。这时，教师再用一桶水去应付学生，显然是不够的。

二是转变学生观。教育改革的问题，表面上看是一般的观念或操作问题，但从根本上看，是对教育以学生为本体的迷失或犹疑不定。教育是十分复杂的活动。对实践工作者来说，教育的本体并不是很容易把握的。中国的传统教育观念，历来是以“听话”与否作为评价孩子的一个重要尺度，甚至是唯一尺度。听话的，就是好孩子、好学生；不听话的，就不是好孩子、好学生。比如，中国孩子从小学一年级起上课就坐得很直，从孩子的身体发育来讲，这样做也许是有必要的，但如果把这样做视为纪律教育、品格教育，可能欠妥。六七岁的孩子上的不是军校，也不是出家人练入定，为什么一动也不许动？有些孩子上课动动手脚就会被认为“不专心”、“好动”，要作为问题提出来告知家长，要写进学期评语存档，要当成不良习惯予以劝诫。在这样一种观念下，我们的学生在家长、教师面前，只需绝对“听话”，而无须“对话”交流。今天看来，这样的教育，是衰败的教育，是没有活力的教育。什么是好孩子，不能拿“听话”与不听话来衡量。学生有缺点不可怕，可怕的是学生没有特点。对于学生的不听话，要作具体分析：属于道德问题的不听话，那就要坚决反对；属于天真活泼的淘气，那就要宽松一点；属于思维上有独特见解的不听话，应大力支持和鼓励。从这个意义上说，课改后，学生那种“不听话”应视为课改带来的新变化,是好事。孩子听话是优点,但太听话就成了缺点。美国教育家对具有创造力的孩子的描述是顽皮、淘气、所作所为时常违反常规。中国民间早有“小时不逞,大了无用”的说法。的确,好奇是儿童的天性,儿童“故意破坏绿化”可能只是为了看看花蕊里有什么;有的孩子将钢琴键扭掉,只是为了想看看什么东西能发出声音。孩子的这些淘气行为,往往孕育着可贵的探索力、创造力和丰富的想象力。如果为了求得一时安宁而不问青红皂白,粗暴地阻止孩子,或许因此而扼杀了孩子的想象力和创造力。对这个问题我们的态度是行为上要严,思维上要宽;小时要严,大了要宽。所谓“宽”,就是宽容。教育呼唤宽容,学生需要宽容。

“宽容”到底是什么?马际娥在《宽容的样子》一文中有生动的描述:“宽容是高山,它能容下鲜花,也能容下荆棘;宽容是大海,它能容下江河,也能容下小溪;宽容是丝丝春雨,它能融化顽固的冰层,唤醒沉醉的爱心。尊重学生的独特之处而能有一种兼容之心,是一种宽容;承认学生的长处而常怀赞赏之意,是一种宽容;了解学生的过失的起因,并给予原谅,常留信任之心,是一种宽容;体察学生的痛苦和难处,而抱同情之心,并及时伸出援助之手,是一种宽容。”

然而,我们在这方面做得到底如何?美国前总统尼克松曾说:“中国的教育过分强调每人样样都好,样样搞统一,从早到晚训练得十分驯服,不允许有独立见解,不能如爱因斯坦所说的‘离经叛道’,这样培养出来的只是守业型人才。”美国老师给学生布置一篇作文,题目为“一场足球赛”,一个孩子交的作业就只有一句话:“昨天因雨,足球赛暂停。”这样的作文若交给我们老师手中,结果会怎样呢?十有八九的老师会说:“这么懒,就这一句话,拿回去重写。”而在美国老师眼里,这样的作文可得高分。为什么?因为思维独特!这里就要反问了,什么样的老师是好老师?我说把难的教容易了,这就是好老师!好老师的要求是深入浅出地让学生轻松接受教育。一位外国诗人说过:“伟大的艺术家是简化的大师。”能用最洁净朴实的方法，让人受到最丰富、生动的教诲，这便是最伟大的教育家。反观我国的基础教育，老师教小孩画画，在黑板上画一个大苹果，全班画的都一样，这里只有模仿没有创造。美国老师教小孩画苹果，先是自己在黑板上画一个，然后对学生说："这是老师画的，你们怎么想的就怎么画。"结果小孩画出来的苹果什么样的都有。从这个意义上说，我们首先要保护孩子的好奇心和想象力。对学生来说，自主学习、善于创新是第一位的，讲规则、守纪律的"听话"是第二位的。

还有一点，由于世俗的偏见，加上学校教育不适当的引导，在人们的潜意识中，往往认为只有读重点高中、上名牌大学，将来才能"出人头地"，才是学生应该树立的目标。一旦学生的想法与这种价值观有悖，便会被教师指责为没有上进心。

不妨来看看国外是如何对孩子进行理想教育的——

有位中国学者到美国小学考察，当他问及美国孩子的理想时，孩子们的回答让我们这位学者目瞪口呆：商店售货员、街头艺人、人体模特、火车司机等。这些在国内被视为"下等"的职业竟然成了孩子们追求的"理想"，而他们的老师却在一旁用赞赏的目光看着这帮小家伙。要是在国内呢？我们的老师一定会马上纠正学生："你的理想太平庸了，你应该重新树立一个更高远、更有意义的目标，比如说，当个伟大的科学家或大学教授、歌星、名演员等。"而家长，则说不定会揪住孩子的耳朵一顿臭骂："没有出息的东西，就算当不了大官，至少也得在政府机关里混出个人样来，光宗耀祖不说，让你爸妈也跟着沾光啊！"

就我国的教育现状来看，尽管多年来教育改革的呼声不断，然而从小学到大学，我们的课堂一如既往，教师仍然是主角，处于支配地位，学生则只是被动地听。为此，新课程改革以"一切为了每一位学生的发展"为最高宗旨和核心理念，特别重视学生创新精神和实践能力的培养。新课程强调，教师要激发学生的潜能，鼓励学生独立探究，关注学生的学习兴趣和学习方法，把学习的主动权还给学生。在这个背景下，教育创新必须与当前课程教材改革联系起来。按照新课程的理念,我们要充分认识到学习过程是学生生命过程的重要组成部分,教学活动是师生间、生生间的对话活动。生命的发展有其主体规律,每一个儿童都是一个珍贵的生命,教师应当体会儿童生命的最大丰富性和主动性,关注学生成长与发展的每一点进步,帮助学生发现自己、肯定自己。上海二期课改提出的“以学生发展为本”,就是要求课程的建设和实施必须遵循这一原则。

三是转变教学观。教学观支配着教师的教学实践活动,决定着教师在教学活动中采取的态度和方法。传统教学,教师只关注“教”,忽略学生的“学”,学生成为被动接受知识的“容器”,信息交流的方式是单向的,课堂成为讲堂。因此,由教师的“教”向学生的“学”转化是现代教育观的核心,反映在课堂教学中,教师必须从“主唱”的讲坛上走下来,与学生一起探究,教学过程要由传授和记忆知识转变为学生发现信息、加工信息、研究问题、增长知识的过程。教师要用发展的观点看待学生,关注学生的差异,注重学生的个性发展。

总的来讲,我认为叶澜教授的四个“还给”提得非常好:“把课堂还给学生,让课堂焕发生命活力;把班级还给学生,让班级充满成长气息;把创造还给老师,让教育充满智慧的挑战;把精神发展的主动权还给师生,让学校充满勃勃生机。”

二、基础教育课程改革必须以教育体制的创新为保障

在我国,由于长期的封建社会、科举制度,我们的教育主要是考试,不大鼓励创新,甚至扼杀了创新,尤其是标准化考试更是如此。我们已经改了很多,但是惯性的力量使大部分的教师还是喜欢死记硬背、听话的学生。有人问杨振宁,中国教育与美国教育相比孰优孰劣?杨振宁说,不能笼统地说,应该是各有优劣。他最后概括成一句话:“中国教育给了我严谨,美国教育

给了我创新。”我觉得，杨振宁这句话概括了两种教育模式的特点，至少反映了一定的实际，中国教育比较严谨，比较按部就班；西方的教育比较自由，不像我们教学那样死，比较鼓励学生敢说、敢想。中国教育和美国相比，我国的基础教育要比它好，本科教育可能差不多，研究生教育比它弱，越往上我们越弱。为什么呢？创新能力不够。其实，创新并不神秘。求异思维的冲动和能力，可以说是人人都有的与生俱来的禀赋，是人生下来能够适应各种环境的天然保障。它与人的智力水平并没有简单的正相关，而更多地与文化习惯、教育影响相联系。为了说明这个问题，我们不妨来看一个画圆想象的实验：一位老师在幼儿园的黑板上画了一个圆，问："小朋友们，你们想象一下，这个圆可能是什么？"结果在两分钟内，小朋友们说出了22种不同的答案。有的说，这是一个苹果；有的说，这是一个月亮；有的说，这是一个烧饼；有的说，这是老师的大眼睛。这位老师拿同样的实验到大学一年级去做，要他们想象一下黑板上的圆可能是什么。结果2分钟过去了，没有一个同学发言。老师没有办法，只好点名请班长带头发言。班长慢吞吞地站起来迟疑地说："这——大概是个零吧？"这个实验非常简单，却很能说明问题。没有受过教育的小朋友在两分钟内说出了22种不同的答案，经过小学、初中、高中教育，经过高考选拔，一路过关斩将考入大学的优秀学生，面对这么一个简单的问题，两分钟过去了，却没有人回答。被迫回答的班长还"大概"是个零吧。大学生真的全部失去了想象力了吗？不是的，经过多年教育，他们建立了一个信念：老师的任何问题都有一个标准答案，面对这样一个突如其来的问题，他们揣摩不出老师的标准答案是什么，所以就不敢贸然回答，不愿当众出丑。他们关心的不是我怎么看问题，我怎么想问题，而是老师怎样看问题，老师期望的答案是什么。在心理上，他们已经习惯了接受老师的答案，而不是向老师的答案提出挑战①。

还有，2004年1月11日上海《新民晚报》头版刊登了一封读者来信，引

---

① 袁振国：《教育新理念》，教育科学出版社，2007年，第3页。

起了我们的反思。这封读者来信,说他家的猫“全身黑毛发亮,两眼炯炯有神,但是看见一只小鼠浑身发抖,躲起来三天三夜不进食”。这位88岁的读者说:“我一辈子知道猫是老鼠的天敌,不明白我家的猫为何如此。”上海市动物学会宠物分会秘书长解释说:“猫有捕捉老鼠的特能,是维持生存的一项基本技能,但这种特能要经过学习,让老猫带小猫捕捉才能掌握。现在的小猫没有见过老猫捕鼠,没有生存之忧。一代代繁殖下去,猫的特能就退化了。”这不禁让人想起应试教育下的基础教育。本来,人的天性是好奇、创新。尤其是数学上的优秀生,完全可以在老师的带领下,学习各种创造性地“解决问题”的特能。但是,长期以来,我们的某些数学应试教学,只是让学生做那些由别人提出的、可以按照套路在几分钟内做出的考试性题目。应试的成功者被套上各种光环,使他们很有满足感,恰如那只“全身黑毛发亮,两眼炯炯有神”的猫。遗憾的是,相当一部分“身经百试”的状元和金牌获得者,却渐渐失去了“创造”的本能。“花拳绣腿”把数学的“武功”全废了。到了攻读博士的时候,如同“猫见了老鼠发抖”那般,不知所措,连创新的门槛都摸不到了。事实上,应试的成功者一定具有相当高的智商,正如历代的科举状元肯定是优秀人才一样。但是,无数经验告诉我们,考试好不等于创新好。创新是要学习的,而且是在创新活动中实践的。我们的应试教育,剥夺了优秀生的“创新”机会,创新能力就退化了。更危险的是,一代代繁殖下去,猫的本能会渐渐退化。那么,中华民族的数学创造性是否也会因“应试”而渐渐退化呢?这也许并非“危言耸听”!“优秀学生”是国家的宝贵财富,未来的栋梁,社会的希望。保护他们的创造力,是中华民族兴亡所系①。基于这种状况,中国的教育改革势在必行。

当然,教育体制的改革与创新还涉及行政管理体制、投入体制、办学体制和治校体制等方方面面。

我们认为,教育体制创新应该具有多元化、包容性的特点。

---

① 张奠宙:《教育随笔两则》,《教育参考》2005年第4期。

首先，建立完善的教育规范体系。具体来说，一是国家要注重宏观管理。我国有960万平方公里的土地，国家不可能用一个立法、一个规范、一个政策把各地各级各类的学校都管起来。国家立法的条文应该尽可能地简明，上海、北京、江苏、安徽……各个地方情况不一样，应该给各地制定政策法规留有空间。二是我们的立法和法规很多时候都锲入了政策，法律和政策不分。法律、法规是带有强制力的，是公民必须遵守的行为准则。政策是可以随着时间、地点、条件的变化不断变化的。法律制定以后必须要有权威性，要能够贯彻执行，除了实体法，还要有保证实体性法规实施的程序性法规。三是法规除了要"防民"以外，很重要的一条是要"管官"，教育要规范，不光是对公民和学校合法行为的认可、对公民和学校违法行为的限制，这种认可和限制的前提是对政府合法行政行为的认可、对政府行政违法的一种制约，这样方能体现民主社会的本质。

其次，完善政府的公共行政管理。现在，校长真正有多少精力放在抓学校的教育质量上？据有人调查统计，上海的校长每年要参加的各种评审平均有12次，大大小小的会议每星期要三天以上，没有多少时间能真正投入到抓学校的教育教学质量上。我们知道，现代学校的外部条件是政府、社会，还有家长，内部是教师和学生。在计划经济下，学校对政府负责。现在，学校要向学生负责，就应该转向以校为本，要把公共竞争获得的利益和责任还给学校和社会，让学校依法自主管理。

再次，建立现代学校制度。中国现在教育管理的落后，除了政府没有从微观管理领域转到宏观管理以外，还有一条重要的原因是学校没有建立起自主管理和自我监管的机制。比如说，目前我们的社会已经建立了法人制度，学校应该是法人组织，校长应该是法人代表（现在只是名义上的法人代表），但其实不然，有名无实，真正的法人是教育局。校长是对教育局负责而非对学校负责。因此，学校往往没有真正意义上的、自主的、战略性的发展意识与发展规划。针对这种情况，有不少学者提出，要"把学校还给学校"。但是，把"学校还给学校"并不是无条件的，没有制约的放权必然导致腐败。现代学校制度的核心不光是校长管理学校,要使我们的管理重心下移。从某种程度上说,我们现在校长的权力比其他国家大,如给教师"炒鱿鱼",发红包。国外有董事会,可以任命校长,解聘校长。在政府与学校之间有一个中介机构,就是董事会、理事会和监事会。校长的权力还需要进一步下放,社区、家长以及毕业生等服务对象都可以参与到学校的管理和建设中来。当然,这要有一个过渡,思想认识是有先后、有深浅的。

三、基础教育课程改革必须以创新的教师为主体

国运兴衰系于教育,而教育创新又离不开教师队伍的发展。"百年大计,教育为本。教育大计,教师为本",教师队伍的状况直接关系到我国人才培养的质量。教师是实施素质教育的操作者,在教育创新中承担着重要使命。教育创新的目标是要培养创新的人才,而创新的人才需要创新的教师去培育。因此创新的教师是教育创新的主体。没有创新的教师,就没有教育的创新。教师富有创新精神,才能培养出创新人才。

随着上海二期课程教材改革的推进和深化,我们在推动教育体制机制等外部环境改革的同时,将更多地关注学校的"内涵建设",聚焦教学,聚焦课堂,关注教师,关注学生,重新构筑新形势下的师生关系。其实,教育的发展,应建立在学生与教师的共同发展之上。这样的发展,还需要教师人文底蕴的支撑,需要以哲学的观点摆正我们的认识,以文学的修养丰富我们的人生,以一种现代心理学研究的敏感,让我们的教育在实践的基础上多几分创造。在课改中,教师的角色非常重要。我认为,今天的师生关系已不再是陈旧的"以一桶水倒满一杯水"的单一的知识传授关系了。教师应该成为学生的交流者、互动者和合作者,要把学生真正纳入到一种平等、理解、双向的师生关系之中。当然,教师的生存、学习与发展不仅仅是为了学生,这其中隐含着教育理念的重大变革。师生关系的核心,是把教师和学生看成真正

意义上的“人”。有人说,教师是一个辛勤的园丁,培育美丽的花朵;也有人说,教师是春蚕,劳作到死吐丝方尽;还有人说,教师是人类灵魂的工程师,塑造着学生的精神世界;更有人说,教师是蜡烛,燃烧自己照亮别人。这些曾经写在我们教育学教科书上的东西,现在看来,是有不少问题的。

在讨论教育创新的同时,我们有必要对教师的作用观进行一番分析和反省。传统上教师职业被赋予了过多的道德内涵,但这种道德并不是指向教师个人发展的,更多强调教师的责任与作用,强调教师职业的付出和贡献。对社会上一直流传的这些说法,我国学者陈永明作了深刻的分析,通过这些分析我们将对教师的作用做出一个全新的认识。①

1. 蜡烛论——可贵的精神与悲惨的命运

“教师是蜡烛”这一隐喻使人感到既喜又忧:一方面,它是对教师奉献精神的一种真实写照;另一方面,它又反映了一种重要的师生关系,即生重于师。但教师的自身发展没有得到重视。事实上,教师作为蜡烛,不仅要照亮别人,也要照亮自己,教师自己也有生命,需要与学生“教学相长”,在燃烧自己照亮别人的同时,自己也要光彩照人。

“蜡烛论”给教师的定位太高,几乎将教师抽象为一种“圣人”。它反映了社会普遍对教师这个职业所抱有的崇高期待,似乎教师可以解决学生的一切问题。而实际上,蜡烛的光是十分有限的,只能照亮学生的一部分;有时甚至限制学生的发展,因为它的光太微弱。“蜡烛论”在把教师无限拔高的同时,也锁定了教师悲壮、凄凉的命运,冷落了教师的存在价值和生命本真意义,是产生教师职业倦怠的借口,是一些学校强压教师的天然权杖和一些人侵害教师权利不言自明的法理。它冷落了教师的生命价值,忽视了教师个体存在的意义。因此,“蜡烛”精神固然崇高可贵,但它喻示的是悲凉的教师命运和形象。教师投身教育事业不能以燃烧牺牲自身为前提和代价,而应是其生命的体现与延伸、价值的显现与意义的

---

① 陈永明:《教师的作用是什么——对教师隐喻的分析》,《教育研究与实验》2001年第1期。

生成。

2. 工程师论——教师的专制与教育的扭曲

“人类灵魂工程师”据说原是斯大林对作家的称呼①,后来人们将其移用于教师身上,于是,至少在中国,“人类灵魂工程师”便成了教师特定的称谓。

“教师是人类灵魂的工程师”这一隐喻包含了十分丰富而复杂的内涵。它表明教师从事的是一个非常崇高的事业,目的是塑造学生的灵魂。因为只有人才有灵魂,因此教师的职责是“育”人,注重学生的心灵发展,而不仅仅是向学生灌输知识和能力。然而,工程师论是一个“混合型隐喻”,将一些互不相容的形象生硬地并置在一起,形成了一个牵强、不太协调的图像。首先,将教师比喻为“工程师”,反映的是一种工业模式,似乎学生是一块没有生命、任人摆布的钢铁,可以任工程师按照自己的蓝图塑造成产品。而与此同时,“灵魂”这个概念将教师提升到一个神圣的境地,似乎教师是一个万能的上帝,可以按照自己既定的方案塑造学生的精神。作为“灵魂工程师”的教师往往漠视人的自主性、能动性和超越性,把学生视为无生命之物而任意改造,在师生关系中表现出专制倾向,学生只是被动的接受者、认同者与遵从者。也许,这个隐喻反映了中国人的一种思维方式,即将抽象和具象、有生命的和无生命的、人和宇宙合为一体。

从教师自主权考虑,工程师论也隐含着自相矛盾的地方。一方面,它似乎比较重视教师的能动性,教师可以按照自己的意愿和设计塑造学生、改变学生。而另一方面,它又表明教师缺乏必要的自主权。上级对产品通常有统一的要求和规定,工程师只能按照一定的工艺要求、方案和流程操作,不具备教师所应该具有的主动性。从某种意义上说,教育既是一门技术,又是一门艺术,教师的工作不能完全被规范,必须享有一定的想象和创造的空间。“灵魂工程师”的冠名扭曲了教师的形象,自然也扭曲了教育,它把教

① 陈桂生:《“教育学视界”辨析》,华东师范大学出版社,1997年。

育变成一把雕刻刀，按照某种意志把人塑造成为“标准件”和“工艺品”。要知道，人类的灵魂不可能是一个机器，让工程师任意修理，用一个固定的工艺流程去塑造或者改变。而且，教师自己的灵魂由谁去塑造呢？

3. 园丁论——一种农业模式

如果说上述“工程师论”反映的是一种工业模式的话，那么，“教师是园丁”这一隐喻反映的便是一种农业模式，它认为学生像种子，有自己发展的胚胎和自然生长的可能性，但需要教师来浇水、培土。与工程师论相比，园丁论更加重视学生的生长性，既考虑了学生发展的共同规律（可生长性），同时又照顾了学生个体发展的差异性（每一颗种子可能开出不同的花儿）。同时，这个模式也考虑到了教育的过程性，而不仅仅是结果。教育学生就像是培育花朵，需要经常、定时地浇水、施肥、松土。但“教师是园丁”一方面没有肯定教师的形成性作用，另一方面也没有意识到教师的作用其实是十分有限的。我们认为，教师不仅仅是园丁，他本身应该是一朵美丽的花。花是无法去影响园丁的，它只能给园丁带来感官的愉悦，带来工作的成就感。而在现实生活中，学生对于教师的影响是巨大的。教育过程是教师与学生互相作用的过程。同时，园丁自己是如何发展的呢？我们过去的教育理论强调教师的价值必须通过学生的价值体现出来，忽视了教师自身价值的直接呈现方式。

4. 桶论——一种应试教育模式

“教师要给学生一碗水，自己要有一桶水”，这一隐喻强调教师的知识储备要比学生多得多，对教师本身的职业要求是很高的，同时，从教育理念上看，“桶论”强调教师和学生之间的知识传授过程是“灌输式”的，而且这种灌输是从上往下“倒”的姿势。“桶论”反映的是一种应试教育模式，学生被看成被动地接受知识的容器，而教师只是填入知识。然而，在当前科学技术突飞猛进的今天，教师的知识并不一定多于学生，学生在日常生活中有许多机会接触新鲜事物，学到老师不知道的东西。“桶论”对教师知识能力的要求主要是一种量上的储备，没有强调教师知识储备的质量，而且没有考虑到对教师教学方法的要求。

还有，“桶论”没有考虑到学生作为独立学习者和终身学习者的能力和条件，似乎学生从老师的桶中接到的水可以够自己一辈子受用。因此，有人认为，与其期待教师时刻有一桶水往学生的碗里倒，还不如把教师当成一个帮助学生挖掘泉水的人。学生就是一眼泉，一眼取之不尽、用之不竭的泉。教师应该从“倒水人”变成“挖泉人”，为具有不同个性的学生的终身发展出一臂之力。同时，“桶论”所隐含的一些观点也可以被改造或延伸。比如，“水”在人类的语言中象征着生命、活力和绵延；没有水，人就不能生存；水是生命的源泉，是万物之本。用“水”来比喻教师的知识和能力，暗示着教师对人类精神生命的维护、延续和更新。按社会发展的要求，今天的教师不能只满足于“一桶水”，而应是“一条流动的河”。单是“一条流动的河”还不行，还要保持好这条河的“流量”、“流速”和“水质”。

上述分析不仅可以引导我们对教师的角色进行比较深入的反省，而且可以使我们对教育的其他方面进行思考。

想当年，“天地君亲师”，教师这一职业被列入神牌，供人们顶礼膜拜。这是何等荣耀，这样的时光已一去不复返。将教师职业神圣化是农耕经济社会文明传承方式的单一性决定的。在今天这个信息化的社会里，随着教师功能的弱化，教师职业的神圣性随之消失，教师职业成为社会众多平凡职业中的一种。教师告别神坛是社会发展的必然，是社会进步的表现。

教师告别神坛，对自己是一种解放。教师卸下沉重的道德十字架，告别神性，恢复人性。在自由的天空下，教师可以自由地展现人性的多姿多彩，张扬独特的个人魅力，尽情地享受生活的乐趣。肖川说：“我们应该还教师一个感受到生活幸福、具有活力和创造力的角色。只有一个人感受到生活美好时，他才能更富有爱心，为社会作出有价值的努力。”

教师告别神坛，对学生是一种解放。教师摘下神圣的面纱，露出可亲可敬的一面，有利于建立和谐的师生关系。古人云：亲其师，信其道。在平等的师生关系中，不只是学生尊重教师，教师也尊重学生。教师主动走进学生的内心世界，聆听学生的心声，就会使学生更加信任教师，视教师为自己的朋友和共同探索真理的伙伴，教育对于学生而言就能成为一种美好的享受。

但众所周知，我国教师现状不容乐观，不仅教师的学历、技能等职业手段不尽如人意，而且教师的教育观念和创新能力也令人担忧，有的教师甚至连“教书匠”都做不好。在“应试教育”的影响下，我们大多教师成了只会低头拉车、不会甚至不愿抬头看路的“死干家”（而非实干家），他们不求崇高的师德修养和高深的教学方法，只求“短平快”和省心省力的填压灌方式提高成绩。因此，我国要培养有创新精神和能力的“教育家”、“专家型”的教师，就必须要在新课程理念的引领下，走专业化发展道路。

教师专业化内涵包括了三个方面：一是教师所教学科的专业水平；二是教师教育教学的能力；三是高尚的思想品德，其中包括教师的职业道德，即师德。前两项大家比较重视，师德的要求却往往被忽视。其实师德是教师的灵魂。一名教师如果师德不高，即使业务能力很强，也教不好学生。高尚而富有魅力的师德就是一部活的教科书，就是一股强大的精神力量，对学生的影响是耳濡目染、潜移默化，使其受益终生的。师德有广义和狭义之分。狭义的师德就是教师的职业道德，包括忠于教育，关爱学生，遵守学术规范，不抄袭、剽窃他人知识成果等。广义的师德则是对教师的道德有全面的要求，要教师承担教书育人的责任，为人师表，人格高尚。

师德的核心是处理好“三个关系”：第一，要处理好与教师职业的关系，这意味着教师要有敬业精神。第二，要处理好与学生的关系，这意味着教师对学生要有爱心。教师的职业是爱的职业。2005 年教师节，温家宝总理在接见教师代表时说，作为一名教师，首先要有爱心。有一句话，没有爱心，就没有教育。我们的教育对象是一个活生生的人，学生的思维总是处于动态之中，这就要求我们机智、灵活地处理学生活的思想问题。对孩子、对学生要关爱，要宽容，要耐心，这样才能体贴入微，把他们教育好。第三，要处理好自身的心理和行为的关系，这意味着教师要规范调控自己的言行，克制私心。教师的爱是无私的。陶行知说：“捧着一颗心来，不带半根草去。”

教育是一项充满灵性和智慧的创造性劳动,教师要胜任工作必须有过硬的素质,“学高为师,身正为范”就是对教师素质的精炼的概括。

因此,教师职业的内涵是十分丰富的。教师专业发展是教师实现人生价值的需要。教师专业发展有两条途径：一是向他人学习,二是向自己的经验、教训和历史学习,学会反思。作为一名教师,如果没有反思,就没有进步和提高。陶行知说:“我们要常常检讨,紧紧把握,天天创造。”正是怀着这种“常常检讨”的精神,陶行知不仅自己时常反思,而且还要求学生“每日四问”,我们今天的教师,要想每天都有进步,也同样需要“每日四问”,同样需要实践反思。反思不是一般意义上的“回顾”,而是以研究者的眼光审视、分析和解决自己在教学实践中遇到的问题。同样是研究,但教师不同于教育理论专家的地方在于,它更多地体现在实践层面,表现为行动研究和实践反思。以问题为中心的行动研究和实践反思,是促进教师专业可持续发展的真正动力。实践也证实了,没有反思的经验是靠不住的,它不能给教师的行动以合理有力的指导。而且,单纯的经验积累对教师的教学来说也是不够的,往往出现“十年的经历可能和重复十次的一年扭曲经历的价值相当”。然而反思可以使教师“摆脱单纯的冲动和一成不变的行动,并把盲目的和冲动的行为转变为智慧的行为”。教师的智慧隐藏在教育教学实践中,要通过专业学习和专家引领,让实践变得更有意义。那就是要加强学习和创新。有位作家说:“学习是一个人的真正看家本领,是人的第一特点、第一长处、第一智慧、第一本源,其他一切都是学习的结果、学习的恩泽。”创新也是学习的恩泽。学习是让我们更上一个层次的重要途径,而阅读是适合教师的一种有效的学习方法。

当前教育改革的重点正在向学校层面转移。学校现代文化建设、制度建设、课程教材建设,都是我们必须关注的。课程教材作为教师发展的载体,是教师培训中的一个核心内容。课程改革的推进,没有教师不行。课改即教师,教师即课改。新的课改的提出,可以带动其他许多项目。黄浦区曾提出“政府推动,项目引领,整体推进二期课改”,得到上级有关部门和专家的充分肯定。作为一个教育工作者,我们必须关心“学校发展”,并抓住课改这个契机。还有,教师教育如果不把课改与培训结合起来,是没有生命力的。课改要有思考,要建立制度文化,这是基本要求。教师专业化发展必须与学校发展联为一体,才能实现教师与学校共同发展。学校不能只是使用教师,必须十分关注教师的发展,有持续发展能力的教师才能真正促进学校的持续发展。

四、基础教育课程改革必须坚持以课堂教学改革为中心

新一轮课改实施以来,人们不约而同地把目光集中到课堂教学。过去的一些课堂教学模式,过分强调教师的主导,强调课堂教学各个环节的起承转合。在这样的课里,教师有许多“表演”的成分。因此,在新课程体系中改革课堂教学、创新教学模式,并不是要开设一些表演性很强的公开课,而是真正对“应试教育”体制下的课堂教学进行深刻的反思。

任何一种教学模式,都有其指导思想与价值取向。在传统教育思想的影响下,我国以往的课堂教学主要存在以下问题和弊端:

一是“授人以鱼”的灌输式教学。古人云:授人以鱼,不如授人以渔。意思是说,与其给别人一条鱼,不如教给他钓鱼的方法;给别人一条鱼,只能供他一日之餐,教给他钓鱼的方法,却可以使他受益终身。

我国传统的课堂教学只是把学生看作一个有待加工、可以被动塑造的对象,认为人的大脑就像储存知识的仓库,儿童的心灵就像是没有任何痕迹的“白板”,可以任人随心所欲地涂写或塑造,课堂教学的任务就是用知识去填充大脑这个“仓库”,注重的是知识的传授、培养学生的记忆能力和“存储”能力,在本质上是一种灌输式教育或“储蓄式教育”,它“把学生变成了‘容器’,变成了可任由教师‘灌输’的‘存储器’”。在这种“灌输式”的教育

观念下，课堂教学基本上遵循着“四部曲”：首先是“赶鸭子”，不管你愿不愿意、喜不喜欢，被家长送进学校的学生统统被赶到教室里去；其次是“填鸭子”，给他们很多东西，不管他们是否消化得了；填完以后，到期终就是“考鸭子”，要看一看灌的效果如何：在这三个步骤之下，最后学生都变成了“板鸭子”。

二是“唯书唯上”。在现实的课堂教学中，我们经常看到这样的情景：教师如同钦差大臣，教材如同圣旨，而学生则如同俯首听命的臣民；教师唯教材、唯教参、唯教案至上，学生对于课本知识绝对遵从，对于教师一贯服从，把教材、教师讲授的内容视为“圣经”和金科玉律，当做颠扑不破的绝对真理，他们极少怀疑教材的正确性和教师的权威性，即使偶尔有所怀疑和反驳，也很可能被视为“叛逆”和“犯上”，遭到教师训斥而被打入“冷宫”。这样造成的结果是，学生不知道如何去学习，缺乏批判性地分析问题和独立思考、解决问题的能力，许多教师眼睛中的学习佼佼者，往往并没有成为栋梁之材。在这种传统的“唯书唯上”的课堂教学中，学生对于知识的掌握不是以一种探究性、批判性和反思性的方式获得，而是把知识当做具有终极意义的“真理”来对待。这样，学生对于知识的理解往往处于一种“知其然而不知其所以然”的状态，以致造成我国学生存在严重的“后劲不足”现象。有专家提出我们的学生赢在起点而输在终点，我想并不是我们的学生不勤奋、不努力，而是他们学得太死，学得太浅，学得太窄。没有厚积，哪来薄发？还是孟子说的好：“尽信书，不如无书。”

三是“大一统”的教育。我国传统的课堂教学如同机械大工业生产中的“流水线”，无视学生之间存在的这种巨大差异，试图以一种“大一统”的课堂教学来塑造和培养统一的“标准件”，它的最大特点就是热衷于千篇一律：统一的培养目标，统一的教学大纲，统一的课程，统一的时间，统一的教学进度，统一的答案，统一的评价标准。这种整齐划一的课堂教学犹如古希腊传说中普罗哥拉斯蒂斯的“铁床”[1]，严重忽视了学生在课堂教学中的主体地位，忽视了学生之间存在的个体差异。

其实，个性是创造力的源泉，是个体生命精神活力的支撑。一个唯唯诺诺、人云亦云的人不可能在工作中独辟蹊径、富于创造力，一个精神委顿、没有棱角的人不可能在生活中活力四射、激情洋溢。因此，因材施教，“对症下药”，大力张扬学生的个性，也就意味着培养学生的创造能力。“教育个性化”成为第二次世界大战后各国尤其是西方国家教育发展的一个带有普遍性的指导思想。例如日本政府就把“重视个性”叫得非常响。日本临时教育审议会于1984—1987年提交的四份教改报告，尖锐批评了日本教育中阻碍个性化发展的弊端，如“过多地培养了以死记硬背为中心的、没有个性的模式化人才”，认为“这些都是由于教育制度单调化一和不灵活所派生出来的”。为此，报告指出：“重视个性的原则是此次教育改革的重要原则。因此，要在教育内容、方法、制度、政策等各个方面对照这一原则展开根本性的讨论。”

个性是一笔宝贵的财富，这一点不但对于个人来说是如此，对于一个民族来说同样是如此。对于我们这样一个迫切需要出类拔萃人才的发展中国家，实施个性化教育、培养个性化人才显得尤为重要。

四是过于严谨与封闭，脱离现实生活。课堂教学源于生活，生活是课堂教学的源头活水。对于学生而言，课堂教学本身就是一种特殊的生活方式，是课堂教学引导的个人生活展开的过程。但是，在传统教学思想的影响下，我国的课堂教学在整体上缺乏现实感和生活感。它过分强调预设和封闭，其典型表现就是以教案为本，实行计划教学（过度严谨的计划教学）。在传统教学看来，课堂教学是按计划进行的，每节课无一例外地必须完成规定的教学进度（课时任务），这样，一课时跟着一课时循序渐进地完成所有的教

---

① 普罗哥拉斯蒂斯是古希腊传说中的一个强盗，据说他让囚徒躺在铁制的床上，如果囚徒比铁床长，就锯掉多出的部分；如果囚徒比铁床短，就把人拉长，使之符合铁床的长度。后人借此比喻将复杂的现实问题作唯心的简单处理，谓之“铁床”。

学任务。由于传统的课堂教学只注重课本和教学计划,而严重脱离了学生的现实生活,忽视了学生的兴趣、爱好以及身心发展的多方面需要,导致学生对这种课堂教学失去了兴趣,学习积极性不高,甚至厌学、逃学。

随着时代的发展,民主、平等、对话、创新、个性等开始进入教育的话语圈,并逐渐为教育界所推崇和倡导,在这种背景下,单纯灌输、以教师为本等传统的教学方式将成为历史,新课程改革期待着教学行为和教学方式的创新。

1. 教学方式的变化——从灌输到引导

传统教育是以"灌输"为主要教学方式的。灌输实质上反映的是社会本位、教师中心的教育价值观,它无视学生的主体性,漠视人的自由和尊严,忽视学生的兴趣爱好和学生个性发展的需要,是一种目中无"人"的教育。

如果说灌输是传统社会背景下的教学特征,那么在一个开放的社会,尤其是在一个尊重多元化、强调个性发展的社会,灌输是必然遭到排斥的。因为"教育的基本作用,似乎比任何时候都更在于保证人人享有他们为充分发挥自己的才能和尽可能牢牢掌握自己命运而需要的思想、判断、感情和想象方面的自由"。"人"及"人的发展"已成为教育的核心所在。显然,这仅仅靠灌输、压迫、逼迫甚至强迫是无法实现的,灌输只会禁锢、封闭、奴役和钳制学生的发展,灌输只会使学生成为奴仆和顺民。只有引导才能把学生从依附、盲从和定势中解放出来,使每个学生成为他自己,成为一个自由健康成长的人。

记得有人说过,世界上最美的三堂课,一堂是孔子"沂水春风",一堂是佛祖"拈花微笑",还有一堂便是古希腊学园的互相诘难。这三堂课之所以最为美妙,正是因为这里充满着悠闲、快乐和自由。

2. 教师工作方式的变化——从孤立到合作

有大量事实表明,在尝试改革期间,实施者之间的相互影响是有效实施的关键。新的含义,新的行为,新的技能,这都明显地取决于教师是个人孤立地进行工作,还是相互交流思想和支持他们共同的工作。但一直以来,教师大都是在自我封闭和孤立的状态下来开展自己的工作的。在许多教师看来,只要自己认真备好课就一定能上好课,至于教师之间的合作、交流和沟通则是退居其次甚至根本就不重要的。

也许传统意义上的课程的确不要求也不太需要教师之间的合作,但这种"孤军作战"的工作状态在新课程改革的背景下是没有生存空间的。此次新课程改革,在改革原有分科课程的基础上,设置了以分科为主、包含综合课程和综合实践活动的课程。新课程无论是研究的内容,还是研究的课题、研究的方法都涉及多门学科知识和领域,仅靠单个教师的力量显然无法完成,它需要教师之间更紧密、更有效地结合在一起,形成一个以平等为前提、以互动为主要特征的教师工作群体。

合作不仅仅局限于教师与教师之间,还包括教师与社区、教师与家长之间的合作。新课程特别强调让学生走出课堂、走进社区、走向社会,如研究性学习、社区服务与社会实践课的开设即是最好的体现。这样如何充分、有效地开发和利用校外课程资源,加强与社区、与家长之间的协调就显得尤为重要,它直接影响到课程的有效实施。

3. 课堂中知识结构的变化——从"以教案为本"到"师生互动"

传统的课堂教学,常常是一种"以教案为本"的封闭性教学。这种封闭性使课堂变得机械、沉闷和程式化,缺乏生气和乐趣,缺乏对智慧的挑战和对好奇心的刺激,使师生的生命力在课堂中得不到充分发挥。新课程改革将打破教科书一统天下的局面,教师不再仅仅是传授知识的人,教师的个人知识也将被激活,师生互动产生的新知识的比重将大大增加。按新课程标准的教科书所提供的知识也将为激活教师个人知识和师生互动产生新知识留下充分的余地。师生互动和课堂知识的变化,将改变传统的课堂面貌。

4. 教学基本要求的变化——从控制到对话

如果从字形来分析,可以发现古老的"教育"和"学校"都带有强烈的专制色彩,如"教"原是"子"的边上站着一个手持教鞭的人的形象;而"校"的原意则是两块木头的相交,象征着某种枷类刑具。教育从一开始似乎就是控制的代名词，而控制从一开始就是学校、教师对学生的控制。

因此，传统教学从教的角度切入，不管学生有什么样的身心基础；只关注教师的教，不管学生的学；只关注书本知识的传授，不管学生的动手实践能力与创新能力、独立思考能力、学习能力的培养。在教学中，师生关系是不平等的。教师是整个教学过程的控制者，教师控制着课程资源，控制着教学的进程，控制着教什么和怎么教，学生是没有任何发言权的。但控制既不是教育的目的，也不是教育学生的手段。控制是对学生的压抑、强制、禁锢甚至摧残，它使学生变得顺从、卑微、麻木。爱因斯坦就认为“学校凭借恐吓、压力和权威来管理学生是一件最坏的事，它破坏了学生深挚的感情和真诚、自信，它养成学生驯服的性格”。显然，这与我国促进学生身心和谐发展的教育方针是背道而驰的，也与我国实施创新教育、提倡培养创新人才相对立。因此，本次课程改革要求课堂教学从控制走向交往和对话。

对话，在日常生活中是个极其平凡的字眼，原指人与人之间的谈话，现已成为当代社会使用频率较高的关键词之一。从国际事务到人与人之间的关系，从政治领域到学术研究，对话已成为人们追求的一种生活状态，并成为民主平等的代名词。对话就是通过语言形式所进行的交流，它与权威式的“告诉”或“灌输”不一样，它是互动的一种主要形式（互动还包括非语言形式的交流）。作为对时代精神的回应，教育领域中正孕育着这种全新的对话精神，教育对话正以各种各样的形态或多或少地体现在新的教育理念和教育实践中。

所谓对话教育是在反思传统的灌输教育及现代的园丁教育的基础上逐步发展起来的一种新的教育理念和新的教育实践。回顾教育的发展历史，我们不难发现，20 世纪以来世界教育主要经历了三种不同类型的教育——灌输教育、园丁教育和对话教育。

众所周知，在传统教育中，灌输教育以教师为中心，以教师的讲授为主要方式。园丁教育虽然克服了灌输教育的诸多不足，强调学生的自主和自由发展，但仍然存在着不少缺陷，如分科过多，缺乏整体性，只强调各学科的区别，不顾及各学科之间的联系等。值得注意的是，园丁教育后来逐渐走向极端，过分强调学生的自由发展，不重视对学生整体施教和整体发展的宏观调整能力。为了弥补这些缺陷，20 世纪 80 年代开始至今，世界上许多国家开展了对话式教育的实验。

对话是教学中交往的重要途径和形式。所谓“对话”，是指师生基于相互尊重、信任和平等的立场，通过言谈和倾听而进行双向沟通的方式。在对话中，人们不是探讨一个确定性的主题，而意在一种有待发现的真理。参与对话的人之间没有任何对立，他们只是想搞清楚共同面对的问题。平等对话应该成为教育交往的手段，更应该成为一种教育情景。在这种以“对话”为基础的教育情景中，教师和学生都作为整体的、独特的个体在教学中相遇，在相互对话与理解中接纳对方、尊重和信任对方，没有强求一律，也没有苛严的规则，有的是师生、生生之间的问辩、质疑、宽容和接纳，有的是心与心之间的敞亮和开放，是心与心之间的碰撞和激荡，而不是一方对另一方的控制与强迫。“平等对话应该是师生之间的相互接纳与分享，是双方的交互性和精神的承领。”[①]因此，对话教育代表着教育发展的必然趋向，是一种更为理想的教育，它在培养人的意义上是不言而喻的。“从某种意义上讲，教育是师生心灵和谐共振、互相感染、互相影响、互相欣赏的精神创造过程。它是心灵对心灵的感受，心灵对心灵的理解，心灵对心灵的耕耘，心灵对心灵的创造。”[②]。

五、基础教育课程改革必须以学生学习方式的变革为重点

转变学生的学习方式，是新课程改革的一大目标和重点。应该说，与每

① ［德］雅斯贝尔斯：《什么是教育》，邹进译，三联书店，1991 年，第 2—3 页。

② 李镇西：《教育所思》，华东师范大学出版社，2003 年，第 64 页。

一位一线教师直接相关的莫过于学生学习方式的变革与教师教学行为的重建。学生学习方式的转变,是教师教学行为变革、评价方式改变的出发点与依据。因此,学生学习方式的变革不仅是教育创新的核心问题,也是新一轮课改中最大的难点、热点和亮点之一。

(一)什么是学习方式

学习方式(Learning Style,又译为学习风格),是当代学习理论研究中的一个重要概念,最早于 1954 年由美国学者哈伯特·塞伦(Herbert Thelen)提出。目前学术界对它的解释并不完全一致,一般认为学习方式是指学习者在完成学习任务时所具有的或偏爱的行为和认知取向。它是学习者持续一贯表现出来的学习策略和学习倾向的总和。而学习策略则是指学习者为完成学习任务而采用的一系列步骤,其中某一特定步骤称为学习方法。例如,有的学生善于用概念进行分析、判断、推理,有的学生则偏爱借助于具体形象进行记忆和思考。

(二)为什么要强调学习方式的变革

过去,只要一提起“学习”,许多学生就会想到“读书”、“练习”、“做习题”和“考试”等。在一定程度上,学生学习方式存在着单一、被动的问题,学生缺少自主探索、合作学习、独立获取知识的机会。教育部基础教育司调查组的调查结果表明,我国义务教育目前的教与学的方式,以被动接受为主要特征。具体表现为:教学以教师讲授为主,很少让学生通过自己的活动与实践来获得知识、得到发展;依靠学生查阅资料、集体讨论为主的学习活动很少;教师经常布置的作业多是书面习题与阅读教科书,而很少布置观察、制作、实验、读课外书、社会调查等实践性作业;学生很少有根据自己的理解发表看法与意见的机会,课堂教学在一定程度上存在着“以课堂为中心、以教师为中心和以课本为中心”的情况,忽视学生创新精神和实践能力的培养。这种单一、被动的学习方式往往使学生对学习生活感到枯燥、单调、乏味，而且负担很重。为此，本次课程改革的具体目标之一就是“改变课程实施过于强调接受学习、死背硬记、机械训练的现状”，积极倡导建立以“主动参与、乐于探究、交流合作”为特征的学习方式，我们把这种学习方式简称为“自主、合作、探究”的学习方式。而以这种方式学习，对于创新精神与实践能力的培养有着重要意义。

1. 自主学习

所谓“自主学习”，是就学习的内在品质而言的，相对的是“被动学习”、“机械学习”和“他主学习”。关于自主学习，国内外已经有大量的研究。行为主义心理学家认为，“自主学习包括三个子过程：自我监控、自我指导、自我强化。自我监控是指学生针对自己的学习过程所进行的一种观察、审视和评价活动；自我指导是指学生采取哪些致使学习趋向学习结果的行为，包括制订学习计划、选择适当的学习方法、组织学习环境等；自我强化是指学生根据学习结果对自己作出奖赏或惩罚，以利于积极的学习得以维持或促进的过程”。而以弗拉维尔（Flavel）为代表的认知建构主义学派认为，自主学习实际上是元认知监控的学习，是学习者根据自己的学习能力、学习任务的要求，积极主动地调整学习策略和努力程度的过程。我国学者庞维国等对自主学习也有不同的界说。

根据国内外学者的研究成果，我们可以将“自主学习”概括出这样几个特征：(1) 学习者参与确定对自己有意义的学习目标的提出，自己制定学习进度，参与设计指标；(2) 学习者积极发展各种思考策略和学习策略，在解决问题中学习；(3) 学习者在学习过程中有情感的投入，有内在的动力的支持，能从学习中获得积极的情感体验；(4) 学习者在学习过程中对认知活动能够进行自我监控，并作出相应的调适。

从上述特征中，我们可以发现，自主学习最大的、最核心的特点就是强调学生的主体性。传统的教育是以教师的教为中心的，学生总是处于从属、服从、被支配、顺从的学习状态，而自主学习则强调学生对自己的学习过程、学习内容、学习方式、学习结果、学习策略在一定程度上可以“自我决定、自我选择、自我调控、自我评价”，真正体现自我、主体的价值。

2. 合作学习

合作学习作为一种古老的教育观念，在中外教育史上都可以发现其生动的实践案例。但现代意义上的合作学习，兴起于20世纪70年代初的美国，并在70年代中期至80年代中期取得实质性进展，目前已广泛应用于许多国家的中小学乃至大学的教学之中。

合作学习是相对“个体学习”提出来的。合作学习是指学生在小组或团队中为了完成共同的任务，有明确的责任分工的互助性学习①。它包括五个基本要素：(1) 积极互赖，即每个成员都认识到自己与小组及小组内其他成员之间相互依赖、积极互动的关系；(2) 个人责任，是指小组中每个成员都必须承担一定的任务以保证共同任务的有效完成；(3) 有效沟通，合作学习既有共同任务，但在共同目标一致的情形下又保持相对地分工，这就要求小组成员之间要不断地进行沟通、协商和调整，直到达到目的；(4) 小组自评，为了小组活动能继续有效地进行，小组必须及时地对其活动进展情况进行评价，并及时调整目标；(5) 混合编组，指在组建合作学习小组时，小组成员之间应是异质的、互补的，各成员各自发挥其特长，形成取长补短之势。

1997年，美国著名教育评论家埃利斯指出：“如果让我举一项真正符合‘改革’这一术语的教育改革的话，那就是合作学习。”我国自20世纪80年代末期开始引入并进行合作学习的实验研究，但真正得到推广，还是在实施新课程以后。我们在中小学听课时发现，进入到合作学习这一环节时，往往三五个学生围成一桌，讨论甚为激烈，气氛相当活跃，教师教得高兴，学生学得有趣，课堂上出现了师生互动的可喜局面，整个课堂都“活”了起来。教师、学生和听课者大都以为这就是新课程所提倡的课堂教学了。其实不然。这些所谓的“合作学习”往往只是把学生分成小组而已，追求的是形式上

---

① 王坦：《合作学习论》，教育科学出版社，1994年。

的、表面上的热闹，只不过是摆“花架子”、“走过场”罢了，并不是新课程所提倡的真正有效的合作学习。真正的合作学习其实是以教学目标为导向，以异质小组为基本组织形式，以教学各动态因素的互动合作为动力资源，以团体成绩为奖励依据的一种教学活动和策略体系。它追求的是教学中生生间、师生间的合作交往、民主平等、和谐融洽、相互信任、积极参与、共同提高。

3. 探究学习

探究学习是近年来涌现的教育新名词，它与“研究性学习”、“研究型课程”一起预示着一场教育的变革。所谓“探究学习”，是指从学科领域或现实社会生活中选择和确定研究主题，在教学中创设一种类似于学术或科学研究的情境，通过学生自主、独立地发现问题、实验、操作、调查、信息搜集与处理、表达与交流等探索活动，获得知识、技能、情感与态度的发展，特别是探索精神和创新能力发展的学习方式和学习过程。它是相对于接受学习而提出来的。探究学习最早起源于杜威的“问题教学法”，后来美国学者施瓦布明确提出“探究式学习”，他认为：“如果要学生学习科学的方法，那么有什么学习比通过积极地投入到探究的过程中去更好呢？”①

和接受学习相比，探究学习具有更强的问题性、实践性、参与性和开发性。经历探究过程以获得理智能力的发展和深层次的情感体验，建构知识，掌握解决问题的方法，是探究学习要达到的三个目标。

所有能有效地促进学生发展的学习，都一定是自主学习。但并不是所有的学习领域和学习主题都需要用合作学习的组织形式，也不是所有的学习领域和学习主题都需要用探究学习的方式来进行。不仅个体学习的组织形式是必不可少的，接受学习对一些学习内容来说也是必要的。

只是在我们过去的教学中，由于种种原因，特别是由于教学大纲规定了过多的知识点，使得教师只能用简单的“接受”的教学方式来进行。今

---

① 宋乃庆等：《中国基础教育新课程的理念与创新》，中国人事出版社，2002 年。

天,从教学大纲到课程标准的重要变化之一就是减少了知识点,给教师的教和学生的学留出了更多的空间,我们有必要也有可能更多地强调合作学习与探究学习的方式。而真正的合作学习和探究学习一定是自主学习。唯有自主学习才能帮助学生确立自主的尊严和获得可持续发展的动力。

"自主、合作、探究"虽然是本次课程改革倡导的主要的学习方式,但这并不意味着它们就是学生在学习过程中采取的唯一与全部的方式,学生应该根据具体的学习情况灵活选择、有机整合各种学习方式,以达到最佳的学习效果。如"问题学习"、"实践学习"、"反思学习"、"案例学习"、"课题学习"、"个性学习"、"对话学习"、"网络学习"等,这些方式有的是"自主、合作、探究"某一方面的具体化,有的则是三者的整合。

下面就"问题学习"作一点阐释。

问题学习是创新学习的基本特征。所谓问题学习,就是要求学生以问题作为学习的载体,以问题为中心,围绕问题的发现、提出、分析和解决来组织自己的学习活动,并在这样的活动中逐步形成一种强烈而又稳定的问题意识,始终保持一种怀疑、困惑、焦虑、探究的心理状态。

俗话说,"不学不成,不问不知"。知识来源于问号,学总是和问紧密相连的。我们让学生学会学习,就应该让学生"会问"。著名发明家保尔·麦克克里德说得好:"惟一愚蠢的问题是不问问题。"学习的过程,其实就是学习者不断地"生疑——质疑——释疑"的过程。南宋理学家朱熹说过:"读书无疑者,须教有疑。"因此,"疑"是学生学习的关键。有疑,学习者才能积极思考,在不断生疑、质疑、释疑的过程中,才有"创新"。学,贵有"疑";有"疑",才有"思";有"思",才有"问";有"问",才有"悟"。感悟是与训练相对应的一对概念。传统教学比较重视有形的、线性的"形式训练",如"语文教学即语言文字训练"、"作文序列训练法"、"复习旧知——学习新知——巩固新知"等教学理念和教学模式,都是在外加的、既成的知识或规则的统摄下派生出来的纯技能训练。而感悟由于它的潜隐性和长期性,常常被忽略。其实,感悟对学习是十分重要的。它是对特定境域的一种直觉综合和把握。我们要通过问题学习,让学生在质疑中发展感悟。

古人的“学则须疑”,就说明了学习中质疑的重要性。如果在学习中缺少怀疑和批判,就不能有创新。亚里士多德曾说:“思维自疑问和惊奇开始。”有了疑问,才会提出问题;有了问题,才会确定思维的目标;有了目标,才会促使人去积极思维。“疑问”是开启创造大门的钥匙,“发明千千万,起点是一问”。中国有句格言:“常有所疑——创新的发端,勇于破疑——创新的能源。”鲁迅先生曾说过,第一个吃螃蟹的人很可佩服。第一个吃螃蟹的人,除了英勇无畏,首先是一个长于质疑的发现者。综观人类社会发展的历史,科学上的创造发明都是从疑问开始的。牛顿对苹果为什么会下落产生疑问,才导致万有引力定律的发现;瓦特对火炉上的水壶盖被冲开的现象生疑,才有了蒸汽机的发明。当然,能否产生疑问,与一个人的知识经验有关,但更重要的是学习者要有“质疑”的习惯。

意识到“问题学习”的价值并不意味着学生就一定会提问。作为教师,应当鼓励学生提问,教学生“敢问”、“善问”、“互问”,给学生提供“问”的机会。教师“满堂灌”自然不好,而“满堂问”也未必可取。我们举一个例子:1998 年年底,一个美国科学教育代表团到上海市访问,希望听一堂中学的科学教育的公开课。接待人员安排了一所有名的重点中学为他们开设了一堂高中一年级的物理课。任课教师是一位优秀的特级教师。在教学过程中,教学目的明确,教学内容清晰,教学方法灵活,有理论,有实验;教学过程活跃,教师问问题,学生回答问题,师生互动,气氛热烈;教师语言准确简练,教学时间安排精当,当老师说“这堂课就上到这里”的时候,下课的铃声正好响起。按照我们习惯的观念,这堂课可谓天衣无缝。下面近百名听课教师随着铃声响起,掌声雷动。可是五位美国客人却没有表情。第二天当接待者请他们谈谈他们的观感时,他们的回答出乎我们的意料。他们反问:这堂课老师问问题,学生回答问题,既然老师的问题学生都能回答,这堂课还上它干什么?[1] 确实如此,为一反传统,追求课堂师生互动,有的教师改串讲式的“满堂灌”为提问式的“满堂问”,把教学目标分解成一系列问题,这些问题往往因没有严密的逻辑体系而显得繁而无序,琐而无纲。曾见一位英语教师上课,一堂课共设置了近百个问题,无需点名,学生按照座位顺序一个接一个回答,45 分钟下来,教师一问到底,几乎没有对教材进行精讲分析,似乎显得轻松自如,游刃有余,但学生却疲于应付,杂问碎答。这种“满堂问”式的课堂教学,表面上问题目不暇接,轰轰烈烈,热闹非凡,似乎是对“满堂灌”的革命[2],但实际上这是不利于激发学生的创新思维和潜能的。因为学生在“答”的过程中,实际上还是作为一个“信息受体”而出现的,搞得不好,教师在课前精心设计的诸多问题就只能成为牵着学生鼻子走的一种手段,学生在这一个个问题面前难免有被“审”的感觉。相反,如果我们能营造一种新的课堂教学氛围,让学生也有机会成为“问”的主体,成为一个“信息源”,那么,学生学习的积极性和主动性将被大大激发,因为“发问”总是以积极思考为前提的。从这个意义上说,教师与其“给”学生十个问题,不如让学生自己去发现、去“产生”一个问题。爱因斯坦说得好:“想象力比知识重要。……提出问题比解决问题重要。能够提出问题的人是善于思考的人。现在的学生提不出问题,一些权威、老师不允许提出问题。在这样的背景下怎能培养有思想的人才呢?”陶行知先生在《八位顾问》一诗中也强调了问题意识的重要性,该诗写道:“我有八位好朋友,肯把万事指导我,你若想问真姓名,名字不同都姓何:何事,何故,何人,何时,何如,何地,何去,好像弟弟和哥哥,还有一个西洋派,姓名颠倒叫几何。若向八贤常请教,虽是笨人不会错。”[3]

大量事实表明:开展“问题学习”,能够激发学生的思维,增强学生的问题意识及分析问题和解决问题的能力。记得《中国教育报》(2004 年 2 月

① 袁振国:《教育新理念》,第 7 页。
② 郭祖彬:《透视课堂教学中的“伪创新”现象》,《新教育探索》2004 年第 2 期。
③ 胡东芳:《教育新思维》,广西师范大学出版社,2003 年,第 63 页。

24日)曾刊登过一篇题为“问题学习：让学生大脑‘活’起来”的报道，说的是北京市西城区皇城根小学等九校自2001年10月以来，在小学生中通过开展“问题学习”，培养学习能力的实践研究，取得了显著效果。2003年11月，黄浦区开展中小学、幼儿园“二期课改”成果展示活动，我去听了好几节课，其中有一节初二的语文课《死海不死》(2003年12月10日格致初级中学“聚焦课堂·学生主动学习”教学展示活动，执教老师为陈蕾)，采用的就是“问题学习”方法。在“问题学习”中，通过学生质疑，师生共同探讨、互帮互问等形式，加强了师生互动的频率，课堂气氛异常活跃。所以，我们在写这次展示活动的报道时用了这样一个题目：“课堂‘活’起来了，学生‘动’起来了”。(《黄浦教育》2004年2月创刊号)

可见，高明的教师教学生时，是将学生从不善于提出问题教成善于提出问题；不高明的教师教学生时，是将学生从善于提出问题教成不善于提出问题。难怪美国一所著名大学的校长曾幽默地说：“一个人大学毕业时，如果认为自己什么问题都弄懂了，可以授予他学士学位；如果认为自己有一些问题弄懂了，有一些问题还没有弄懂，可以授予他硕士学位；如果认为自己什么问题都没有弄懂，可以授予他博士学位。”

总之，课程改革重在教育创新。教育创新不仅是时代的要求，也是教育自身发展的必然要求。党的十三届四中全会以来，我国的教育事业取得了令人瞩目的成绩。但我国的教育与西方发达国家相比还有较大的差距，与社会主义现代化建设需要相比还有较大差距。我们的教育体制、教育思想、教育结构、教育内容、教育方法等方面存在的许多问题，也正在不断地暴露出来。要解决这些矛盾和问题，唯一的出路就是创新。只有坚持教育创新，才能把我国基础教育课程改革不断引向深入。

第十九章　关于“办学生喜欢的学校”的思考

2010年6月,面向社会发布的《国家中长期教育改革与发展规划纲要》(以下简称《规划纲要》)对减轻中小学生课业负担提出了明确要求,但是,随着社会的发展,竞争越来越激烈,中小学生学习考试的压力也越来越大。面对当前基础教育的现状和社会发展的要求,《规划纲要》明确指出:教育要发展,根本靠改革。改革创新,是教育发展的根本动力。

基于这样的背景和区域基础教育的特征,上海市黄浦区进一步明确将“办学生喜欢的学校”作为新一轮区域教育改革与发展的目标。这一目标的提出,一方面是因为在深化教育改革的过程中,由于区域经济、文化和政治等对教育事业提出了新的要求,而传统教育观念和“应试教育”的影响,使得学校的升学压力和学生课业负担过重的问题一时难以得到很好解决,不能适应这种发展的要求;另一方面是基于“教育是为了学生一生的幸福”之理念,把对学生的培养和教育看作一个人生命成长的过程。因为,教育的问题说到底是“人的教育”,教育的每一个细节都关乎人的灵魂与精神、价值追求和人生道路。因此从本质上说,“办学生喜欢的学校”是一种新的办学理念,是区域推进教育改革与发展的一个重要举措,也是促进学校可持续发展、教师专业发展和学生全面发展的重要保证。

实际上,教师、学生的发展是和学校的发展联系在一起的。教师的成功,离不开学校这个平台,学校的发展,更需要大批的优秀教师。教师和学生发展了,学校必然会发展;学校发展了,必然也会带动师生的发展。因此,在“办学生喜欢的学校”的过程中,我们必须做到“三个立足”,即立足学校、立足教师、立足学生。只有找到“办学生喜欢的学校”的立足点和着力点,才有可能实现这一目标,使学校真正成为学生最喜欢的地方。

一、立足学校，重在特色与文化的构建

在现代学校建设中，一般的关注点主要在三个方面：

其一，学校特色的创建。立足学校，首先要站在学校发展的高度，把学校发展与创建学校特色结合起来，既要保持原有特色，又要创建新特色。所谓学校特色，就是要创办适合自己学校可持续发展的教育特色和教育品牌，以区别其他学校的办学特征。从哲学观点来看，世界上没有完全相同的两片叶子，世界上也没有完全相同的两所学校。举例来说，上海市格致中学的办学特色是“和谐发展，理科见长”；上海市七宝中学的办学特色是“全面发展，人文见长”；上海市建平中学的“合格 + 特长”，则为学生提供多种适合选择的“特长”课程。可见，办学特色，是指与同级其他学校之间的区别之处，主要体现为办学的侧重点和着力点不同。某种程度上，学校特色发展的实践过程，也就是广大师生积极参与的过程。实践证明，有特色，学校才有活力。当然，创见学校特色，关键还在校长。教育的发展有其自身规律，校长如果不懂教育科学，不研究教育教学，就不能形成正确的办学思想，也就不可能办出有特色的学校。

其二，学校文化的创设。无论是教师发展，还是学生发展，学校文化都十分重要。从某种意义上说，文化环境资源决定着教师和学生发展的方向和质量。有人说，没有了文化，人也就什么都不是。文化是人类群体与个体告别动物界、走向文明的重要界限。而学校是教书育人的地方，学校功能的本质是传承文化。没有优秀的文化，不会有卓越的学校。学校的发展在本质上是文化的发展。学校文化是凝聚和激励学校群体成员的巨大力量，是学校发展的强大驱动力。有学者说：“一流的学校靠文化，二流的学校靠制度，三流的学校靠权力。”这话是有一定道理的。

学校文化建设的核心是精神文化建设，它是“以人为本”理念的重要体现。所以，学校要通过构建并完善教师学习制度，加强学生民族精神与人文

精神的教育，让文化融入师生的日常生活。从师生活动的环境看，学校文化是有形的，更是无形的。它弥漫在学校的各个角落，渗透在每个人的行为中。正是在这个意义上，我们认为，文化对人的影响不在于灌输，而在于熏陶与浸润。真正的教育从来都是“润物细无声”的，触动人心灵的教育也从来都是“当春乃发生”的。文化即生活，不是喊个口号就能实现的。在学校教育中，很多东西是在自然和不自然中潜移默化地影响到学生的心灵的。有人说，看一所学校办得怎样，看看师生的言谈举止、精神面貌，就可知其大概。

的确如此，一所文化深厚的学校，师生在这种文化氛围里，耳濡目染，也逐渐地会文化起来。当一个人拥有了文化之后，那种挥之不去的文化气息就会如影随形地环绕在你的身边，让你的言谈举止都体现文化的能量。我国一流教育大师没有一个不是高层次文化的追求者，孔子、陶行知、张伯苓等是教育家，也是文化大师。我一直认为，文化是一个民族的思想，是一所学校的灵魂，是一个人价值观、人文修养和思维方式的体现。学校有了文化，学校才有凝聚力；课堂上有了文化，课堂才有味道；教师有了文化，教师才有魅力；学生有了文化，学生才有活力。多年来，我们一直在强调制度建设，却不知“文化，在制度管不着的地方起作用”。学校有了特色，有了文化底蕴，就有了潜移默化的发展动力，这比制度上的规定和要求要有效得多。

其三，学校课程的建设。实践告诉我们：办学生喜欢的学校，离不开适合学生选择的课程。正如上海市黄浦区教育局局长王伟鸣所说：“学生是否喜欢课程，是学生能否喜欢学校的至关重要的因素。”为此，近年来，上海市黄浦区在课程改革实践中，十分重视和加强学校的课程建设。从现有的情况来看，不少学校的课程都能较为鲜明地体现学校的办学特色和育人目标，而且富有时代气息。例如，上海市格致中学的课程由四大类（公民人格、文化科学、身心意志、创意技艺），八个学科（民族历史和文化、科学知识和技能、人与自然和社会、艺术审美和体验、心智体能和意志、社会实践和团体、学科竞赛和实践、世界文化和交流）和一百多门校本课程构成，既传承了格致书院“经世致用”的精神，又体现了“生本、多元、整合、创意”的课程理念。又如，上海市大同中学开发的“大同文化”、“中国古建筑文化”、“中国古代文化常识”、“网络文明”、“地理双语”、“生命科学双语”等八十多门拓展型课程，在传承大同历史文化传统的同时，力求体现与时俱进的现代学校特征，在一定意义上满足了学生多元化的学习需求。

二、立足教师，重在整体素质的提升

随着基础教育由规模发展向内涵发展的转变，提升教育质量成为基础教育发展的核心问题。质量立校，关键靠教师。安德鲁·卡内齐曾经说过：“带走我的员工，把厂留下，不久后，工厂就会长满杂草；拿走我的工厂，把我的员工留下，不久后，我们还会有更好的工厂。”企业管理如此，学校管理亦然。中国人民大学附属中学校长刘彭芝说得好：“如果说学生成才是教育工作的着眼点，那么，教师发展就是教育工作的着力点。”教师是教育事业的第一资源，没有高素质的教师队伍，就没有高质量的教育。换言之，只有高素质的教师，才是学生喜欢的教师。“做学生喜欢的教师”，是每个教师的追求目标。那么，如何才能做学生喜欢的教师呢？我认为，就是我们常说的“学高”和“身正”。

关于教师的以身作则和模范作用，我曾看到这么一段话写得颇为精彩：“播撒一种思想，收获一种行为；播撒一种行为，收获一种习惯；播撒一种习惯，收获一种性格；播撒一种性格，收获一种命运。”可见，无论从哪个角度讲，教师对学生的影响都是至关重要的。

学校盛行这样一句话：先让学生喜欢“你这个人”，再让学生喜欢“你的课”，最后才会出现学生喜欢“你教的这门学科”。古人所说的“亲其师，信其道”，就是这个道理。这样看来，有一点是显而易见的，即做学生喜欢的教师，必须先做人。因为，做人是一个人的立身之本。美国首位华裔市长黄锦波博士说：“一切的成功都是做人的成功。”《左传》有云：“太上有立德，其次有立功，又次有立言，虽久不废，此之谓不朽。”其中“立德”是首位，即做人应以德为先。对于教师这一职业来说，道德规范的意义比一般职业显得更加突出。因为教师本身蕴含了很深的道德色彩，“教师”一词本身就有“模范”、“榜样”的意思。“为人师表”、“敬业爱生”是教师职业道德的集中体现，也是教师的天职。正如俄国大教育家乌申斯基所说：“教师人格是教育事业的一切。”在教育过程中，教师的一言一行，无不在潜移默化中影响着学生对世界的看法，进而积淀为价值观和人生观。其实，在汉字的造字意象中，“教”是一个由外而内的过程；而“育”则是一个由内而外的过程，“教”和“育”连在一起，包含了两个不同的过程，既强调由外而内的“教”的一面，更注重发自内在力量的“育”的一面。显然，“育人”是教育的根本。

因此，从育人来说，教师的职业道德是十分重要的。所谓师德，乃为师之品德。更进一步说，现今教师的角色定位已不再是传统的“严师”，而是以人格魅力启迪、感染学生的“人师”。为“人”师者，首先应该目中有“人”，这样才能教书育人。这里需要强调是，师德的价值不仅在于教师的自身发展，更在于促进学生的发展。

当然，作为当今的教师，光有良好的师德是不够的，还要有真正的专业水平。因为，教育的高度永远是与教师的专业水平同在的。陶行知先生说：“要想学生好学，必须先生好学。惟有学而不厌的先生，才能教出学而不厌的学生。”这要求教师建构精深而广博的知识结构，广泛涉猎，为学生素质的提高奠定坚实的基础。所以，要做一个与时俱进的新型教师，我们在专业上一定要“术业有专攻”，一定要尽力超过所有的学生，这样才能站在学科教育思想的高度，高屋建瓴地认识问题，分析问题，以致达到“会当凌绝顶，一览众山小”的视界，在学生学科知识的学习和能力的培养方面真正起到引领的作用。

说到“教书”，还有一个理论和方法的问题。俗话说，授之以鱼，不如授之以渔。作为教师，多学一点教育孩子的理论与方法，就会提高教育教学的效果。有人说：“平庸的老师传达知识，水平一般的老师解释知识，好的老师演示知识；伟大的老师激励学生去学习知识。”是啊，教育是科学和艺术的结合。科学，就是符合教育规律；艺术，就是讲究方法。事实证明，只有老师“会教”，学生才可能“会学”；只有学生“会学”，他才可能学得快乐。

可以说，提升教师整体素质和专业水平，乃当务之急。需要指出的是，教师的专业发展，不是靠口号和理论就能支撑起来的，它需要一个有效的机制和途径。长期以来，我们一直强调的是教师的社会价值、工具价值，但很少真正关心教师自身的发展、成长、健康和幸福。这也是造成教师“职业倦怠”的一个重要因素。

现在有一种观点：“名师不是评出来的，而是培养出来的。”这话没错，但我认为，教师成长需要一个好的生存环境。因此，要让教师“做学生喜欢的教师”，学校必须通过营造氛围，优化管理，为教师创设一个民主、宽松的环境。只有让教师带着轻松、愉快的心情面对学生，才能使教师心情舒畅地投入到工作中，才能激发教师的积极性和创造性，进而唤起“教书育人”的热情。

诚然，教师专业成长需要一定的外部环境，但更取决于教师自身的努力。实践证明，中小学教师能力的提高、素质的提升，主要是在教育教学实践和教育科研中获得。因此，学校可以根据不同阶段、不同教师的特点，探索多元化的培养和培训策略，为他们提供成长的舞台。与此同时，通过科学的激励机制和有效载体，加强教师个体的自主学习、教学反思，强化“专业自觉”意识。

毫无疑问，没有教师专业发展的自主性，缺乏教师专业发展的内动力和需求，学校开展的任何学习活动在一定意义上都是低效甚至是无效的。从职业角度看，教师的生存方式往往是重复的，日复一日、年复一年的课堂教学很容易造成教师新鲜感的消退、创造激情的淡化，以致产生职业倦怠。如果一个教师没有对工作的热情，也就没有创新、永不满足的动力。所以，学校只有通过任务驱动、教学反思等活动，唤醒教师的“专业自觉”和创新意识，教师的潜能才能得到发挥，其生命价值才能得以彰显。

从社会来讲，不仅要尊重教师，而且要给教师一个宽松的教育空间。教育学生是学校和老师的事，也是全社会的事。家长把孩子送往学校就是想通过教师的培养和教育，使孩子将来成为对社会有用的人。正如陶行知先生所说，“教师操着民族和人类的命运”。

三、立足学生，重在创新能力的培养

知易行难。以学生发展为本，这个理念大家都有，但是真正做到却并不容易。长期以来，我国学校教育似乎更关注教师如何教，而很少关注学生如何学；许多教师也往往更专注于研究教材，而很少研究学生实际，以致在很多课堂上，还是老师提问，学生回答问题，然后由老师提供一个标准答案：这是不利于学生创新思维和创新能力培养的。杨振宁院士曾经作过这样的对比调研：中国留学生在美国学习时，成绩比美国学生好得多，但十年以后的科研成果却比美国学生少得多，究其根源在于中国的基础教育只注重解答问题，而忽视了对学生发现问题、提出问题和独立思考问题的能力的培养。要知道，发现问题、提出问题，是分析问题、解决问题的基础和前提。

因此，在教学活动中提倡质疑，让学生提出问题，鼓励学生发表与教材、教师和权威不同的见解，这一点是非常重要的。曾任英国首相的撒切尔夫人，在谈及中国威胁论的时候，冷冷地说了一句话，她说：“中国没有什么可怕的，他们可以出口电视机，但他们出口不了电视节目。”听了这话，我们可以愤怒，但是不得不承认，她的确击中了我们教育的要害。在培养学生的阅读能力、理解能力、质疑能力和创新能力方面，外国的老师往往比我们做得好。有这样一件事情：爱因斯坦上小学时，一次数学老师讲“加法”，老师拿出苹果问：“一个苹果加一个苹果等于几个苹果？”学生齐声答道：“两个。”老师又用别的实物做类似演示，边说边在黑板上写出“1 + 1 = 2”。此时，爱因斯坦站起来说：“老师，1 加1 也等于1。”老师当时愣住了。只见爱因斯坦从口袋里取出两块糖，一只手拿一块，然后把两块糖用力地捏在一起，举起来说:“老师,您看,这不是‘1+1=1’吗?”同学们感到很有趣,开心地笑了。老师和蔼地说:“两块软糖粘在一起,是变成了一块,但那是一大块。”爱因斯坦说:“大1也是1啊。”老师一时也不知该如何解释,只是轻轻地重复了一句:“对,大1也是1。”爱因斯坦这种善于思考、敢于质疑的精神是值得肯定的,而他的老师也并不因此而认为他是在捣乱,对他的回答没有加以否定,这是尊重学生、鼓励学生质疑的具体体现。俗话说:小疑则小进,大疑则大进。疑问往往是一系列积极思维的开端,是创造发明的起点。在学生提出了不同的问题之后,教师要善于鼓励和引导。有了问题,有了质疑,才能产生创新的火花,才可能有创新思维和创新能力,才能促进学生兴趣形成和个性发展。

进而言之,教育要从研究学生开始。研究学生,就是研究教育。我区提出“办学生喜欢的学校,做学生喜欢的教师”,就是研究学生的结果。上海市教育委员会副主任尹后庆说:“学生是教育的出发点和归宿点,研究学生不是一项外在叠加的研究任务或工作要求,而是教师最基本的能力。”可见,研究学生是教师的工作需要和重要职责。

研究学生,首先要从尊重学生做起。作为教师,只有尊重学生,你才有可能去了解学生,观察学生的世界,更多地思考学生的求知需要,从而激发学生的学习兴趣。有道是,“兴趣是最好的老师”。诺贝尔物理奖获得者丁肇中博士说,“成为一个杰出科学家最重要的,第一是要对科学有兴趣”,对于一个学生来说,“第一名并不代表什么,最重要的是要有兴趣”。从发展的眼光看,浓厚的兴趣不仅对学生当前学习有很大作用,而且是其今后学习生涯和事业生涯取得成功必不可少的心理保证。

其次,研究是为了改进教学方法,增强课堂教学效果。“减负”不是喊几句口号就可以减下来的,要落实到教育教学各个环节。学校要为学生创设良好的学习环境,教师要在关注学生的学习方式的前提下改变教学方式,针对不同的学生采取不同的教学策略,因材施教,使每一个学生的潜能、智慧都能得到充分的发挥,成为最好的自己。作为教师,我们在引领学生成长的同时，我们自己也在成长。我们常说“教学相长”，这话是有一定道理的。因为教师也不是完人，有时我们在很多方面还不如学生。韩愈早就说过："弟子不必不如师，师不必贤于弟子。”在现代，就更是如此。陶行知先生说：“我们要向小孩子学习，不愿意向小孩子学习的人，不配做小孩的先生，一个人不懂小孩的心理，小孩的问题，小孩的困难，小孩的愿望，小孩的脾气，如何能教小孩？如何知道小孩的力量？”这就告诫我们，不了解学生、不尊重学生、不虚心向学生学习的人，是不配做学生的老师的。北京市第四中学著名特级教师刘景昆先生说：“学习好的学生是我提高业务能力的老师，学习差的学生是我改进教学方法的老师。”作为教育家、名师，尚且有这种“学生”意识，何况其他老师？因此，我们的教师也应该向学生学习。只有这样，学生才会更加尊敬教师、信任教师，师生关系也才会变得更加和谐、融洽。

再次，教育的最终目的是让人自由、快乐、健康地成长。康德说过，什么是教育的目的？人就是教育的目的。教育，本来应该是师生共同享受幸福的过程。两千多年前，孔子与众弟子围坐一堂，纵论天下，共同发出“学而时习之，不亦说（悦）乎”的感慨，其乐可见。而现在的孩子们，为了考上名牌大学，每天背着沉重的书包，连休息日都要去参加各种补习班，脸上的疲惫和无奈盖住了天真的笑容，哪还有什么快乐可言？其实，在儒家创始人看来，学是主动的，教是被动的，主动地学比被动地教更有效，因此在《论语》中有56个“学”字，在《学记》中有48个“学”字，远远超过“教”字出现的频率。放眼当下，也应当如此。通常来说，教学活动是由教和学组成的。教师的教是为了学生的学，学生的学才是最终目的。不过，重视学生的学习需求只是教育的一个方面，其主动健康的成长需求才是真正的需求。从现实情况看，教师对学生的“成长需求”关注不够，尤其是对所谓“差生”的了解和关心不多，以致对他们造成较大的伤害，严重影响到他们的心理健康和成长。无怪乎有人套用一句名言：每一个成绩优秀的学生都是相似的，而每一个“差生”背后，却有着各自不同的“问题”。从这个意义上说，“差生”更需要学校和教师的关爱、理解和帮助。当然，教育中“爱”的缺失，不仅仅是教育思想和观念的问题，也有政策、制度等多方面的问题。因此，我们要从教育的本质入手，加大制度改革的力度，同时从根本上转变教师的教育观念。

值得指出的是，《规划纲要》已经指出，要“推进培养模式多样化，满足不同潜质学生的发展需要”，特别提出要“探索有的科目一年多次考试的办法”，这无疑是一个正确的方向，有利于今后创新人才的培养，包括考生自己都要完全从“一考定终身”的应试教育中走出来。教育体制改革的不断深入，特别是高考制度改革步伐的加快，将更加有利于激发基础教育阶段学生学习的积极性、主动性，从而使他们快乐地投入到学习中。只有当学生能够自主发展的时候，他们才会真正拥有尊严感，才会真正得到幸福和快乐。

当然，“快乐”是一种能力，也是需要学习的。西方一位哲学家说过，人有避苦趋乐的本性。现实生活中，人人都追求幸福和快乐，但结果大相径庭。因为，实现快乐的能力不可能与生俱来，只能在社会生活中靠学习、思考、实践而逐步形成并不断发展提高。因此，教师要善于引导学生“喜欢”，帮助学生找到实现“快乐”的途径与方法。有一句话说得好：“只有了解，才会喜欢。”作为教师，我们只有了解学生，读懂学生，才能真正走进学生的内心世界，主动去关心每一个学生的成长。著名教育家斯普朗格曾说过：“教育之为教育，正在于它是一种人格心灵的‘唤醒’，这是教育的核心所在。”实践证明，作为学生能否受到老师的关注、欣赏和鼓励，这对学生心情和成长有着至关重要的影响。我相信，教师如果能真正了解自己的学生，并像孩子父母一样真心喜欢他们、关心他们，学生自然也会尊重教师、喜欢教师，进而视学校为家园和乐园。

最后需要指出的是，教育的主体是“人”。教育主体的“人”，应该是由教师和学生两个部分组成的。从这个意义上说，教育是双向的，是教师与学生互动的结果，没有学的教和没有教的学都不成其为教育。正如上海市大同中学校长盛雅萍所说：“要研究‘办学生喜欢的学校’这一课题，必须首先确立教师与学生两个主体。因为教育以学生为本,以学生为主体,办学以人才为本,以教师为主体。”我非常赞同这个观点,充分确立两个主体的意识,是教育规律的体现,也是贯彻落实“以人为本”科学发展观的出发点和落脚点。

总之,办学生喜欢的学校,关键在于“三个立足”:只有立足学校,加强学校的特色与文化建设,才能为学生搭建优良的整体成长舞台;只有立足教师,着力提高教师的整体水平,才能有效提高教学质量;只有立足学生,努力改变学生的学习方式,注重学生创新能力的培养,才能激发学生的学习兴趣,进而让学生喜欢教师、喜欢课程、喜欢学校。只有让学校成为学生最喜欢的地方,让教师成为人们发自内心的敬称,让读书学习成为广大师生的一种生存与生活方式,我们的教育才能赢得家长和社会的认可,“办学生喜欢的学校”的目标才能真正得以实现。

第二十章　以科学发展观为指导，实现学院可持续发展

科学发展观的提出，是我们党关于经济社会发展指导思想的重大创新。在全面实施素质教育、深入推进上海“二期课改”、加快黄浦教育现代化进程的新形势下，要实现区级培训机构的跨越式发展，必须牢固树立和全面落实科学发展观，把坚持以人为本，实现全面、协调、可持续发展的要求真正落实到学院改革发展的各个方面和整个过程。

一、实现学院可持续发展，必须实行以人为本的管理

管理是学校永恒的主题，是永不竣工的工程。学校管理的真谛在于最大限度地调动人的积极性、主动性和创造性，最大限度地发挥人的潜能，发挥人的个性，实现人的自身价值。

近年来，随着我国师范教育体制由三级向二级转轨，区县教师进修院校的改革与发展也面临着前所未有的严峻挑战。在经历了又一次“转型”之后，教育学院开始把注意力聚焦在内在质量的提升上，适应教育改革的要求、促进教师专业化发展已成为学院新一轮改革的重中之重。

在学院改革与发展的过程中，我们必须坚持“以人为本”的管理理念，这是因为学校管理不同于企业管理，教师是塑造人类灵魂的工程师，教师劳动的创造性、自主性、科学性、艺术性决定了其工作不同于企业流水线上的生产劳动。作为区级培训机构，教育学院担负着全区师训、干训的重要任务，并负责全区基础教育的教育研究、教育科研和德育研究的管理、指导和

服务工作。从功能定位来看,教育学院更应该实行以人为本的管理,一切为了提高教师的教育教学能力和专业水平,促进教师的可持续发展。眼下,在学习科学发展观的过程中,学院管理更要突出人的发展,更要鲜明地体现“以人为本”的思想,人的发展既是管理的手段,更是管理的目的。这是因为,说到底,人是学校管理的主体和关键,学院的所有教育资源无一不需要“人”来盘活。学校的办学条件和工作条件再好,如果没有科学的管理,没有全体教职工良好的精神面貌、拼搏创新,提高办学水平和工作效率将无从谈起。

另一方面,实践“以人为本”的科学发展观也是学院改革发展的需要。教育学院要提高师训、干训质量,充分发挥教育科研的专业引领作用,加强德育和教育教学研究,办出特色,办出品牌,必须依靠全体教职员工的共同努力。

在学院的办学理念中强调“以人为本”,需要一个和谐民主、蓬勃向上的人际环境。身处这样和谐的环境中,人会有一种美的感觉,即哲人所说的“和谐即美”。当然,这个和谐是全方位的,是需要大家共同营造的。学院的制度大家定,学院的工作大家做。学院的每一位教职工都要关心学院的发展,支持学院的改革,参与学院的管理。全院的教职工要有大局意识、正气意识、责任意识、合作意识和服务意识。每一位教职工都应该成为站直了的大写的人,应该成大事业,有大胸怀、大境界、大精神。

要知道,在学校管理中,最核心、最重要的就是对人的管理。人的管理,说到底就是文化的管理。一个学校的发展,主要是以文化的方式体现的。因此,在学院管理中,要努力营造文化。学院文化是学院的魂,不可东施效颦,一定要有思想、理念。从某种意义上讲,文化是思想、理念的一种显性化表现。作为学院精神文明建设的一个重要载体,文化是靠人去创造、营造、设计的。为此,学院要通过文艺沙龙、文化社团和读书交流等一系列活动,去展示教工的风采,提升教工的人文素养和思想境界。

在学院文化的构建中,要大力倡导民主管理,注重人文关怀。关于“人文”一词，有一个朴素的理解，就是“用好的文化塑造理想人格”。因此，在物质主义压倒一切的今天，我们更要坚持以人为本，以“人文关怀”激发教师的积极性和创造性，特别要注重对青年教师的关心与帮助，真正做到以事业留人、以感情留人、以待遇留人、以服务留人。学院不仅要为教师工作创造良好的硬件环境，更要创设良好的“心灵环境”，让学院上下“多一点微笑，少一点严厉；多一点包容，少一点指责”，大家团结协作，齐心合力，努力把新一轮黄浦教育改革与发展中的各项工作做好。

二、实现学院可持续发展，必须坚持“依法治院，以德治院”

任何一项改革都需要勇气和热情，更需要科学精神和科学态度，如果忽视了学院管理制度的重建和完善，不紧紧抓住管理这根缰绳，那么，任何改革都不可能最终获得成功。不以规矩，不成方圆。一个有效管理的学校，要善于建章立制，善于用制度来规范和约束教职工的行为。因此，我们要坚持依法治院的原则，建立健全各种规章制度。过去一提到“依法治校”，就有人认为是制定严格的制度，把人管住、管牢，没有个人精神的舒畅和自由。这种认识是非常片面的。其实，现代的依法治理，强调的是法制制度要促进个人和社会的和谐、人与自然的和谐，人的个性在法律中受到尊重和保护，人的整体利益得到前所未有的关注。同时，我们还要确立“以德立校”的办学思想，使二者优势互补，只有德法兼治，才能使学院管理更趋全面和完善。可见，作为一种现代管理理念，“以人为本，德法兼治”反映了时代的要求。

在行政管理方面，学院将本着“理念先行，要求规范，管理科学，运行高效”的原则，围绕“以目标管理为导向，以过程管理为基础，以情感管理为动力，以质量管理为核心”的思想，进一步建立和完善学院内部管理运作机制。

三、实现学院可持续发展，必须注重各方面发展的整体协调

科学发展观强调全面、和谐、可持续发展，强调“五个统筹”，具有极强的现实针对性。

根据全面、协调、可持续的发展观，我们不能眼睛里只盯着自己部门，而要加强各部门之间的内在联系和有效整合，互相支持，团结合作，推进学院各项工作的协调发展。

需要指出的是，强调学院发展的整体协调不等于各部门同步发展，而是各部门之间既有分工又有合作，优势互补，共同进步。尤其是在新课程背景下，我们要打破部门间的界限，进一步整合教育资源，用“研训一体化”的培训模式发挥学院的整体优势。

在全球化的今天，要实现可持续发展，光靠院内发展的整体协调是不够的。海纳百川，有容乃大。因此，我们除了要加强院内各部门之间的合作外，还要聘请院外特级教师、学科带头人以及一线优秀教师参与学院的师训、干训和其他业务活动。同时，尽一切可能聘请国内外有关高等院校、科研单位和本市兄弟区县中小学、幼儿园以及社会各界的名师专家作为兼职教师。只有充分利用社会各种教育资源，做到各方面发展的整体协调和良性互动，才能确保学院可持续发展。

四、实现学院可持续发展，必须加强本院自身队伍建设

新课改的实施，关键在于教师。新课改下学校的发展，关键在于有一支善于学习创新、基础专业过硬的高素质教师队伍。教师的专业发展，是一个学习和创新的过程。作为教师专业化发展的加油站，区县教师进修院校如

何创建一个让教师互相学习,合作研究,拓展专业发展视野,进行自主反思、对话交流的平台,以促进教师的专业发展,提升教师的专业能力和教育境界,是目前学院面临的重要任务和研究课题。

师资队伍的建设不仅是基础教育,也是教师继续教育发展的关键环节之一。

在学院自身队伍建设上,我们要抓好两支队伍:一支是干部队伍,一支是教师队伍。

在干部队伍建设方面,首先要加强院级领导班子的自身建设。学院党政工领导班子成员要以“三个代表”重要思想为指导,坚持社会主义办学方向,全心全意依靠广大教职工,做好学院管理工作,使其成为一个团结协作、民主高效、艰苦创业、改革创新、求真务实、追求卓越的领导班子。其次,充分发挥学院中层干部的作用,使其有职有权,更好地带领本部门的教职工完成学院的各项任务。再次,要加强对青年干部的培养、选拔工作。

在教师队伍建设方面,要根据学院的定位和自身特点,抓住培养、吸引、使用人才三个环节,创新人才资源开发的观念、体制、机制及手段,吸引优秀人才聚集到学院来,培养一批胜任型人才、骨干型人才和名师型人才,使我院教师队伍在结构、数量、质量等方面,与学院可持续发展相适应,与实现黄浦区“办学生喜欢的学校”的教育目标相适应,与上海“二期课改”的不断深入开展相适应。

从我院干部、教师队伍的现状看,要建设一支好的干部、教师队伍,靠“输血”不解决根本问题,靠“换血”更不现实,所以必须要走内涵发展的道路,加大对骨干教师培养的力度。目前,在新课改背景下,影响教师专业发展的相关因素很多,值得我们思索的问题也不少,但只要我们在“以人为本”科学发展观的指导下,充分调动广大教职工的积极性,发挥名师的示范作用、骨干教师的带头作用、优秀教师的激励作用,那么,在学院自身队伍的建设道路上就一定会取得令人满意的成绩。

总之,在落实以人为本科学发展观的过程中,我们必须明确科学发展观是用来指导发展的，必须坚持发展这个主题，突出学院当前的主要工作，即以德育研究为核心，以教育科研为特色，以聚焦课堂教学为突破口，积极推进“二期课改”；以需求为导向，创新培训机制，更新培训内容，改革培训模式，促进干部、教师专业化发展；以提高师德修养为重点，加强本院自身队伍建设。各部门要增强促进发展的紧迫感，围绕学院的中心工作，充分调动和切实保护广大教职工加快发展的积极性，坚定不移地推动学院向着“又好又快”的方向发展。

第二十一章　新形势下教师培训者的角色定位与专业素质要求

在基础教育走入内涵发展的今天，上海市区县培训机构的作用更是不能低估。尤其是在社会与教育的转型时期，建设一支高素质的教师培训者队伍，是区县教师进修院校可持续发展的关键。而在教师培训工作的改革与发展中，教师培训者的角色定位与专业发展是重中之重。没有高水平的教师培训者，就没有高品质的教师培训。因此，本文拟就新形势下教师培训者的角色定位与专业素质要求谈一点自己的看法，与同行们共同探讨。

一、传统的教师培训者角色

传统的教师培训，大都是“任务型”的教师培训。其培训的内容带有一定的刚性，教师必须完成规定的任务，才能“达到合格”。在培训的组织方式上，这种培训以单向传授为主，“你讲我听”成为培训常态。

很显然，教师培训过去基本上是“卖方市场”，“我提供什么，你就学什么”，这样虽然能体现集体学习、进修“划一性”的优势，但是，作为培训主体的教师的内在动力并没有充分调动起来。于是，培训者与参加培训者就成了“教与被教”的关系，培训者即知识传授者，参加培训的教师只是接受培训的对象，被学习，被培训，教师的“主体地位”缺失，教师参加培训的积极性不高。

更为重要的是，培训者忽视了教师个体的存在与发展。因此，培训存在着通识性过强而个性化不足的问题。由于大多教师培训者习惯于唱“独角戏”，有的培训者从未有过中小学教育教学经验，有的只是脱离实际教学的理论,较陈旧,不易操作,教师培训的效果越来越差。难怪有参加培训的教师说:“培训者用枯燥无味的语言告诉我们怎样在课堂上避免讲课无味,用不重视参与者地位的方法告诉我们要重视学生的主体地位。”

这些问题的存在严重影响了教师参加培训的积极性,教师的培训如何在教师专业发展观的指导下引领教师不断走向专业化,如何从“任务型”走向“服务型”,由“低效”走向“高效”,教师培训者的角色定位和专业素质要求是这种“转型”取得成功的最大挑战所在。

二、教师培训者新的角色定位及其内涵

《国家中长期教育改革和发展规划纲要》和《教育部关于大力加强中小学教师培训工作的意见》的出台,对于教师培训者而言,既是挑战,更是机遇。对此,培训者必须转变观念,对自己的角色定位进行重新认识。

按照“一专多能”的要求,新形势下的教师培训者,不仅是培训活动的组织者、参与者和管理者,同时又是中小学教师教育教学的研究者、指导者和服务者。

1. 从事教师培训是培训者的基本任务,也是培训者的主要角色。作为一个培训者,如果自己承担的培训课程都上不好,怎么能体现自己的专业优势?怎么能成为中小学教师学习发展和研修的导航者?

在新形势下,要提高培训的质量和效益,培训者必须坚持以邓小平理论和“三个代表”的重要思想为指导,以科学发展观为统领,根据“按需施教,分层培训”的原则,以课程改革和教师专业化发展为主要内容,以需求、实践和问题为导向,采取“灵活开放”的培训方式,以满足不同年龄、不同发展阶段、不同层次教师的实际需求。

为了增强培训的针对性和实效性,我们必须提倡“研训一体化”。“研训一体化”模式以新课程改革为实践基础,将学科专业知识,课程改革的教育思想、教育方式和科研方法,现代信息技术与教师培训有机结合,融为一

体。在“研训一体化”的培训活动中，培训者要紧密结合中小学教育教学实践，组织形式多样的专题研讨活动，注重教师的参与，破解教师在教学实践中的难题，以适应教师的实际需求，引领教师发展。我们常说，教育没有最好，只有“适合”；同样，教师培训没有最好，也只有“适合”。作为教师培训者，在“教学”方面要求更高，不仅自己会上课，还要指导和帮助中小学教师提高课堂教学能力。

2. 培训者要确立科研引领者的角色意识。教育科研是教师自主发展的“发动机”，它能够让教师不断地反思，不断地进步，将教师职业带入“柳暗花明”的境界。我们从很多教育家和特级教师发展的历程就能看出研究的重要性，这也是当前很多教师努力成为“研究型”教师的原因所在。那么，作为教师培训者，我们应该研究什么呢？在新课程改革的背景下，培训者要把自己的研究与教师培训工作结合起来，研究教学，研究课改，研究教师，尤其是要研究“师情”，研究不同发展阶段的教师的不同特点，研究教师成长的规律，研究教师专业发展的需求，研究教师培训的机制、内容、模式，等等。新课改实施以来，人们对于教师发展提得最多的有三个关键词：一是校本研修，其中提出了三要素：自我反思、同伴互助和专业引领；二是叙事研究，指让老师讲自己的故事；三是行动研究，指老师们通过不断反思、改进，然后将所学到的理论知识直接作用于自己的教育教学实践。对于这些热门话题，培训者都应该予以关注和研究。研究，是教师培训的基础。没有研究的培训，是没有生命力的培训。

3. 培训者要确立学习管理者的角色意识。与基础教育改革相呼应的是，教师培训在组织、管理、策划等方面的力度要加大。根据上海市教委有关精神和专家的意见，今后对教师培训机构应适度开放，引入竞争，对培训项目进行招标，课程资源市级共享。教师培训能否引入竞争机制，关键在于管理与评价。现在的教师普遍压力较大，如果既花时间又费精力，培训收效不大，教师就没有太大的积极性。基层教师期盼规范教师培训，希望建立科学高效的培训机制。为此，培训者应考虑到教师工作生活实际，在课程建设、培训项目制定、培训方案实施等具体环节上，广泛听取一线教师和有关领导、专家的意见，使培训工作真正做到因地制宜、有的放矢。

从教师培训者角度来讲，一方面，每一位培训者都是主讲教师，在与学员交流、互动中进行“讲座”，组织学员学习、研讨；另一方面，培训者又是培训活动的组织者和管理者，积极参与培训规划的制定、培训方案的设计、培训课程的建设与开发等管理工作。组织、管理工作，既要规范，又要创新。推陈出新才有生机。因此，教师培训管理要实现感性认识上升到理性认识的飞跃，必须用科学的思维方法。创造性思维要求人们以科学、先进的现代理论为指导，面对实际，要敢于提出问题和解决问题，敢于打破常规，善于另辟蹊径。时代在不断地变化和发展，教师的角色也在不断地变化和发展，教师培训工作不能拘泥于传统的培训机制和管理模式，而是要与时俱进，不断创新。

4．培训者要确立教师学习服务者的角色意识。教师不是不合格、不适应才来参加培训，而是要学习、要发展才需要培训。教师培训的本质是教师的学习，而教师学习的目的是为了自身的专业发展。从这个意义上说，教师是学习者、成长者，培训者是教师学习过程中的参与者、组织者、引领者和服务者。

根据教师进修院校的功能定位，教师培训者在基础教育中的主要工作职责是“研究、管理、指导与服务”。其中，服务是一种意识，是一种境界。只要当“研究”、“管理”和“指导”都变成了“服务”时，培训者新的角色意识也就体现出来了。作为服务角色的培训者，在工作中要做到“三个服务”，即服务学校、服务课改、服务教师。有了这种服务意识，培训者就会在设计教学、组织活动时重视教师的主体参与，把学习的主动权还给教师，真正做到“以教师发展为本”。

三、教师培训者的专业素质要求

教师进修院校的培训者要做中小学教师学习发展和研修的导航者，其专业能力和素质要求是很高的。作为“教师专业发展的先行者”，教师培训者除了要加强学习、研究和反思，还必须从以下几个方面来提升自己的专业素质，努力做到“一专多能”。

1. 精于业务，在教学中学教学。教师培训者除了做好教师培训的组织管理工作，还必须承担一定课时的培训任务。在教师的职业生涯中，教学是一个重要的角色。教师培训者也是教师，人称“教师中的教师”。培训者上好培训课的前提，是要用心备课。俗话说，“十年磨一剑”，“台上一分钟，台下十年功”，这些都是至理名言。备课也是如此。尤其是教师培训，培训者要有“大备课”的概念，如深入基层学校听课评课，加强与培训者之间的交流等。著名京剧大师梅兰芳曾告诫他的弟子：不看别人的戏，就唱不好自己的戏。教师培训中，参加培训的教师是有差异的，如何面对和利用这些“差异”，是值得每一位教师培训者深入研究的。因此，教师培训要做到个性发展与全面发展相结合，不仅要让教师倾听，更要让教师参与，让不同教师的知识背景成为培训的重要课程资源，这是体现培训个性化的重要方面。实践证明，教师培训质量的提高不是靠“专家讲座——教师聆听”的单向传递活动实现的，而是要靠教师通过参与、合作和在专家指导下的“自我反思”过程来实现。

2. 善于管理，在管理中增长才干。管理管理，只有管没有理，是不能叫做管理的。我们对管与理的理解是：管，就是靠制度和法律法规约束；理，就是以人为本，强调沟通。每一个被管理者都是活生生的个体，你不把被管理者放在应有的位置上尊重他们，理解他们，甚至热爱他们，你的管理就不会有太大的成效。管理，其实是组织才华的艺术，又是开发才华的艺术。一个管理者，更应该注意欣赏才华，使才华最大限度地升值，这里面有着不同的智慧和境界。尤其是教育管理，必须在大处着眼，在细微处着手。环节要简单，简单是最成熟的美，不贪大求全，一件件落实。在教师培训管理方面，我们要坚持“以人为本”的理念，在细节上下工夫，精心设计，狠抓落实，注重实效。有人说，教育诗篇的每一笔都是务实的。管理工作更需要务实。

有三句话可以衡量工作是否到位：脑子动在前面——策划了吗？眼睛盯在后面——有效果吗？工夫下在中间——过程实吗？因此，在教师培训项目的管理工作中，一定要注重设计，关注过程，做到“责任到人，落实到位”。要知道，真正的教育管理是一种潜管理，可以化有形为无形。正如印度哲学家奥修所说的，“当鞋合脚时，脚就被忘记了”，这才是管理的最高境界。

3. 勇于实践，在实践中提升专业能力。教育是一门实践性很强的科学，源于实践，高于实践。教育最可怕的是“坐而论道”。说着容易做着难，所以我们绝大部分人选择了说。说以学生发展为本，说培养学生的创新精神和实践能力，说中国为什么培养不出创新人才……但是，我们没有去做。因此，教师培训者要以行动研究为主要方式，深入中小学第一线，积极发现教师在教育教学中的困难与问题。在此基础上，以课例或案例为载体，精心设计一个个短小精悍的培训专题，并通过参与、互动的方式，对中小学教师进行培训。只有基于教学实践的培训，才是有效的培训。

4. 敢于“拿来”，在“拿来”中提高培训境界。它山之石，可以攻玉，尤其是国外的一些培训理念和好的做法，还有企业的培训方法，我们要“拿”到教师培训中来。真正能够“拿来”有用的东西，是需要眼光与水平的，这其中有取舍，更有自己思想的在场。我们无法给有效教师培训下一个定义，但是我们知道：只有讲授，没有互动，肯定不是有效培训；只有理论，没有实践，肯定不是有效培训；只有模仿，没有创新，肯定不是有效培训。教师培训要有吸引力，必须从培训制度上加大改革，让教师充分地享有培训自主权，从“要我学”转变为“我要学”，真正把培训当做一种福利。

可以说，21 世纪的今天，培训已成为教师的一种职业习惯，并最终成为教师的一种学习文化。新的培训文化要求培训者和参加培训者都能够转换角色，不像以往那样是“教与被教”的关系，而是相互学习、相互促进、共同研讨、共同提高。在培训过程中，大家都是学习者、参与者。或许，到那时，我们所期待的教师学习“共同体”才会真正形成，而“培训”只是教师与培训者的一个学习、交流平台。

第二十二章　中学语文学科建设现状、问题与对策研究

一、问题的提出

千年国学，百年语文。百年以来，在国内外各种教育思潮的影响下，中国语文教育从风风雨雨中走过，不同历史时期有不同的经验教训值得我们汲取。尤其是20世纪90年代末开始的那场社会多方参与的语文教育大讨论，给中国语文界带来的影响无异于一场大地震，它使许多语文界人士纷纷觉醒，并意识到语文教育的确存在许多不足之处，但紧接着也产生了更大的困惑：中国语文怎么了？今后的语文怎么教？语文教育到了非改革不可的境地。

在教育的发展与改革已成为世界各国应对日趋激烈的国际竞争的重要战略的背景下，我国的基础教育课程改革全面启动。随着课改的不断深入，新的语文课程标准出台了，在否定了原来的语、修、逻、文等“基础知识”之后，新的知识体系如何构建？过去的语文教学强调以课堂为中心、以书本为中心、以教师为中心的局面能否从根本上转变？新课程强调教师、学生、课文作者等教学要素之间的平等对话，但其精神实质，我们是否真的把握准确了呢？

语文学科是普通教育中最基础的学科，它是学生理解和掌握科学文化知识、形成学习能力、培养审美情趣和文化修养的基础，语文课程的质量如何直接影响和制约其他学科的教学，所以语文学科始终处于教育改革的前沿。目前，世界各国在学科建设与课程设置上，一方面加强了学科之间的横

向联系，另一方面有意开设具有综合性的课程。语文这门学科，在促进各个学科，尤其是文理科课程之间的横向联系、相互融合方面起着最为关键的作用。古今中外建立千秋功业而彪炳史册的创造性人才，从张衡、祖冲之到杨振宁、华罗庚，从达·芬奇、笛卡儿到牛顿、爱因斯坦……大多是文理兼长、德才兼备，科学、人文比翼双飞的综合性人才。当代的中学生，理应树立这样的目标。但当前最让人担忧的是语文课程的简单化、浅化、矮化。如果你去作个调查，什么学科最不受欢迎？什么学科可学可不学？答案准是语文。有人认为语文课也不过是认几个字、读几本书、写几篇文章，没有什么可学的，不少人认为语文课学不学一个样，误几堂课没有什么，所以很多学生不愿学语文，不在语文学习上下工夫，语文成了一门无足轻重、让学生厌倦而无奈的课程，不少学生失去了学习语文的兴趣，尤其是高中男生。语文学科不受欢迎，仿佛已是个掩遮不了的事实。学生叫"烦"——语文课尽做些莫名其妙的题目！社会问罪——误尽苍生是语文！老师呢，夹在中间，恐怕只能喊冤叫苦了。这是一种很危险的潮流，如果得不到及时转变，势必会影响语文课程质量与人才质量，造成语文的大滑坡。因此，如何在语文课堂教学中培养中学生的学习兴趣，从根本上提高语文课堂教学的效率，促进语文课程改革的发展，是今日语文学科建设中一个刻不容缓的课题。

二、语文学科建设的定性与定位问题

语文学科受到的批评比其他学科多，是由语文学科的特点决定的。因此，只要我们正确把握语文学科的性质特点，就可以在教学中少走弯路，从而提高语文课堂教学的有效性。对语文课程的性质、功用和地位问题，上海市新的课程标准有精辟的表述："语文是人类重要的交际工具，也是人们学习、工作和生活的重要工具；它是人类文化的载体，也是人类文化的重要组成部分。工具性和人文性是语文课程的本质特征。"的确，工具性与人文性的统一，是语文课程的基本特点，也是《义务教育语文课程标准》和《普通高中语文课程标准》中的一个核心概念。语言是工具，是载体，它是语文课程的外在意义和价值，是语文课程的“形体”。人文性是指语文实践活动是人的生命活动，是人实现自我成长、完善人性的过程，是语文课程的人文意义，是语文课程的“灵魂”。工具性与人文性的统一，就是学生在教师指导下，在语文实践活动中，学习语文知识，培养语文能力，熏陶思想感情，发展个性，塑造人格的过程，这是工具性与人文性的结合，它的结合体就是“语文素养”。语文素养所要包含的内容有的是专门性的，有的可能是边缘的、和其他学科交叉的。语文课程，无论内容是专门还是边缘，根本目的要着眼于学生整体素质的提高，要为学生的终身发展打下坚实的基础。

三、语文学科建设的目标和要求

语文是一门最贴近生活、最丰富多彩的课程。记得我上学的时候，语文是主课，是赫然排在中小学所有课程首位的重头戏。所有的老师和学生都对语文相当重视，谁的语文成绩好，是很受大家尊重与羡慕的。而如今语文课的重要程度在学生心目中已大打折扣。为什么有些中小学生讨厌语文课呢？根源不在孩子，是我们做教师的没有真正理解和把握语文课程的内涵、目标和要求。语文课承载着重要的教育责任，是培养学生人文素质的重要内容，它绝不仅仅是培养语言能力、能写好作文那么简单。事实上语文课程中包括哲学历史、经济社会、人性人情等多重内涵，人们可以从一篇篇课文中层层深入地感知世界、洞察人性，它是一个对人的思维方式、处世方式、品德修养的全方位培养过程。甚至可以这么说，不少理科学生人文素养的锻造，其实就是在中小学阶段的语文课上完成的。所以，学好语文课，是一辈子的事；数、理、化学得好只是一种狭义上的聪明，会分析问题、解决问题，勇于面对挫折，有理性和前瞻性，才是一种更大意义上的聪明，未来也才可能更成功。这一切，都离不开语文课。中国科学院杨叔子院士说，没有现代科学，没有现代技术，一个国家一个民族一打就垮。但是，如果没有人文精神，没有民族文化传统,一个国家一个民族不打就垮。他问道:"如果我们培养一个人出来,外语好,数学好,业务好,懂美元英镑,会打经济小算盘,但不了解长江、黄河,对民族历史知之甚少,不了解《史记》、'四书',将来会不会为中国服务?算不算中国人?"①

根据语文课程的性质、特点,从"以学生发展为本"的基本理念出发,中学语文必须改变"学科中心"、"知识本位"和"能力至上"的倾向,坚持"知识和能力、过程和方法、情感态度和价值观"三个维度目标的融合,体现出以下三个方面的"课程目标"特点:

首先,时代性、基础性和选择性。课程目标努力体现社会发展的要求和当今时代的教育观念。无论是基础型课程、拓展型课程,还是研究(探究)型课程,其课程目标都十分注意从基础教育课程的特点出发,提出对学生语文素养的基本要求。课程目标对于学生的发展方向、心理品质、学习习惯和方法等,都非常注重个性化和选择性。

其次,专门性、交叉性和综合性。课程目标中有些内容是语文学科专有的,有些目标是多门学科共同追求的,有些内容是多门学科交叉的。对于多学科交叉的内容,语文课程则结合本学科的特点提出目标。课程目标大多是综合的,有的是学科内的综合,有的是跨领域的综合。

再次,既有总目标,也有阶段目标,体现了普通高中和九年义务教育语文课程目标的层次差别。

当然,课程目标有对具体内容达成度的要求,但更主要的是体现"育人"的根本目标。

四、语文学科建设的思考与探索

1. 关于课程。过去,我们几乎不从课程理论的角度去思考语文学科的

---

① 详见《人民政协报》,2001 年 3 月 12 日。

建设与发展，没有用正确的课程理论指导和规范我们的研究，导致语文教育长期以来左右摇摆，经常用一种倾向掩盖另一种倾向。因此，加强课程理论的宏观指导，积极开展对语文学科的课程理念、课程管理政策、课程形态、课程功能和课程开发策略等多方位的研究，是当前语文学科建设中的一项重要任务。

2. 关于教材。有什么样的课程就应该有什么样的教材。作为语文教育的重要载体，语文教材和相关阅读文本承载着太多的使命：陶冶情操、心智与灵魂，培养科学与人文的精神，让学生的能力和智力在阅读的过程中获得尽可能大的发展，等等。但长期以来，我国基础教育的语文学科只有必修课教材，缺乏选修课教材和活动课教材；只有基础型教材，而无拓展型教材、研究型教材；只有按中央课程编制的统一教材，而无适应地方课程和学校课程的不同层次的教材；语文教材品种单一、模式固定。这种状况在新一轮课改中得到了明显的改变。上海“二期课改”的教材，建立了以基础型课程、拓展型课程和研究（探究）型课程为主干的课程结构，并以专题组合成单元（“一期课改”前的教材，主要是以文体知识来构成单元的），这都是教材体系的变化。

3. 关于语文教师。我国的语文教师，历来扮演的是知识传授者和教材使用者的角色，但在新课程的实施过程中，教师必须参与校本课程的开发、从事校本教材的编写。这样，他们的角色定位就从原来单纯的教材使用者转变为集教材的使用者、评价者和开发者于一身，甚至不仅是教材文化的开发者，也是整个课程文化和学校文化的创造者。他们如果不实现由“传授型”向“研究型”转变，就无法承担新课程政策下的历史使命。

从根本上说，提高学生学习语文的兴趣，关键在于教师。华东师范大学中文系副教授赵志伟曾指出：“如今学生不喜欢阅读，有一大半原因来自现代文阅读。一篇课文，被解读得支离破碎，逐段讲解。过多的停顿，减弱了阅读兴趣。”尽管这其中有“考试”的原因，但文学作品的解读应该是多元的，有其独特的语言风格和艺术魅力，更何况“语文不仅仅是语言文字，还承载着文化传承的使命”。为此,语文教师任重而道远。

4. 关于考试评价。“考什么”和“怎么考”,历来是语文考试的两大难题。过去,我们对这两个问题并没有解决好。有考试就有应试,语文教学如何从理论与实践上正确区分应试教育与正常的应试,至今仍是一线教师争论不休的一个焦点。语文考试的重心由知识本位向能力本位转移,语文课程的评价方式由过去注重“量”的评价到更重视“质”的评价发展,这是历史的进步;但理想的、科学的、简便易行的语文考试和评价的模式又是什么呢?诸如此类的问题是值得我们进一步认真思考与探索的。不过,单就语文试题而言,应趋于简单。有道是,“大道至简”。简洁的方式往往最有效,也易于坚持。我留意20世纪二三十年代的一些语文考卷,它的主要特点就是简单。一般说来,无非解释几个成语,把没有标点的一段文言文译成白话,然后就是作文,通常是命题作文。这个传统真正改变,其实也就是近二十年的事。我们的前辈发现了命题作文大体可以看出一个学生的语文程度,这个传统不应轻易放弃,对于语文考试来说,很难再找出一个比这更高明的办法。

可是,现在的语文考试中,不时传出“诸葛亮”称作“孔明”被判错、“雪融化了是春天”的回答被斥责、“找回童年”写成“回忆童年”被判离题,等等。更有甚者,有一道考题,要求写出“日照香炉生紫烟”诗句的作者,考生写“唐李白”,却不得分,因为标准答案是“李白”。著名语文教育专家刘国正先生曾对语文考试的标准化提出了尖锐批评:“现在的考试,我能得70分就不错了。让学生从‘铅笔掉在地下了’和‘铅笔掉在地上了’中间选择标准答案,真是可笑,因为语文很大空间是模糊的,没有单纯的对错,这样的考试只会抹杀学生对语文的兴趣。”《收获》杂志编辑部主任、文学博士叶开认为,目前语文考试标准化,其实是在戕害学生的阅读能力——以考能力为名,采用标准答案方式,使学生对语文厌倦畏惧。著名语文特级教师于漪老师也曾经针对语文教学中标准化考试过多现象说过,人文题应该是多解的,不可能用一解进行标准化解释,这样做的后果就是将学生本身学习人文课程的灵气全部抹杀，只会把语文教学引入死路中去。现在的教学已经从育人变成"育分"，教学还是应该以人为本。

五、语文学科建设的主要措施与方法

1. 关注学科前沿研究动态，大力推进语文学科建设。当前中学语文教育改革存在哪些问题？怎样解决？这是每一个语文教育工作者必须关注和研究的课题。应该看到，我们的语文教育改革前一个时期主要着手的是解决教育理念陈旧，进行新的教育理念的建设问题，新的课程标准就集中体现了这方面的成果。当然，这些新的理念还有待实践的检验，也会有某些调整，但大体上已经确定下来了。那么，现在语文教育改革迫切需要解决的是哪些问题呢？钱理群教授和孙绍振教授的《对话语文》中涉及了这样一些问题：知识陈旧，建立新的知识体系的问题；从过去忽略学生主体性这个极端，矫枉过正，走向忽略教师作用的另一个极端；当前语文教学改革，有脱离文本的问题；评价体系问题；为多媒体而多媒体的问题等。要从根本上解决这些问题，首先必须加强学科建设。学科建设是语文课程建设的基础。学科建设是集学科梯队、学科方向、课堂教学、教育科研、基础条件和人才培养于一体的综合性建设。学科建设必须以人为本。一方面，要加强教研组建设，积极开展以校为本的教研活动，培养教学、科研骨干和拔尖人才，为学科建设提供强有力的人才保障。另一方面，要关注学科研究动态，积极开展项目研究，加强学术交流，提升研究层次，实现学科专业建设的跨越式发展。但应该看到，我们现在绝大部分教师大学毕业，在学校工作几年后，几乎就不再关心科学前沿，对科学发展的最新动态不了解、不熟悉甚至没有热情。这是非常可怕的。因此，于漪老师在《一辈子学做人师》一文中指出："现代教学中，老师的教跟学生的学在一个平面上移动，学生是不服你的！你一定要棋高一着，也就说是在深度上要挖掘，在广度上要开拓，你对学科发展的前沿、对学科的走势、对学科的来龙去脉要有所了解。"

2. 坚持"以学生发展为本"的理念,不断完善课程体系。在课程规划方面,我国以往缺乏"课程意识",把课程理解为少数人研制、多数人被动实施的过程,造成了分科主义课程的格局。这次课程改革则迈出了回归专业的第一步。从纲要文本来看,它体现了国际教育界倡导的教育发展的基本准则——"国际视野"与"本土行动"。《课程方案》强调:改变课程内容"繁、难、偏、旧"和过于注重书本知识的现状,加强课程内容与学生生活以及现代社会和科技发展的联系,贴近学生实际,关注学生的学习兴趣和经验,精选终身学习必备的基础知识和技能。课程内容的这一转变,力争反映现代科技发展的成果,使课程具有时代精神。

3. 以德育为核心,加强"人文教育"。反思我们的教育,走过的是一条忽视人性追求的"不见人"的教育路径。在新世纪里,要使教育真正涵盖学生的生活、生命、人性、价值诸层面,最终塑造出具有健全人格和主动发展精神的人,我们就必须走进人文教育。科学教育和人文教育是两种基础性教育方式,科学教育要建立国家的骨骼肌肉,它使国家强大有力。人文教育塑造的是民族健康的灵魂,没有健全的灵魂则是可悲的。"人文"一词本源于周易"观于人文以化成天下",在现代汉语中引入对人类生存目的和意义的深切关怀。陈漱渝先生认为,随着时代的发展,"人文"也应被赋予新的色彩,如热爱国家、解放思想、发扬求是精神、勇于创新、知难而进、无私奉献,等等。21 世纪将是科学文化与人文文化交融的时代,人文教育对一个人来说更为重要,它解决的是怎样做人的问题,而科学教育主要是解决怎样做事的问题。

语文是基础教育中的重要学科,也是思想道德建设的重要阵地。因此,语文教师要更新观念,"在培养语文能力的同时,教师要善于引导提高思想认识、道德修养、文化品位和审美情趣"(《语文教学大纲》),通过语文学科教学,培养下一代对民族文化的亲切感、认同感、归宿感,进一步弘扬民族精神。

提高学生的思想道德水平和人文素养,除了在原有课程中增加人文教育的内容、组织丰富的课外实践活动外，开设传统文化经典诵读课程不失为一个很好的方式。经典诵读的意义不单单在于锻炼青少年的记忆力，增强语言文字的理解能力，更重要的是在于通过反复诵读，夯实文化修养基础，让融会古圣贤智慧精华的经典对青少年起到潜移默化的影响，从而陶冶性情，健全人格。

4. 优化学习方式，改进教学方法。怎样从高耗低效、机械训练的语文教学中走出来？怎样让学生喜欢语文、快乐地学习语文，让语文成为孩子生命的一部分？依笔者之见，要让语文课堂充满生命的生机与活力，必须优化学习方式，改进教学方法，提高课堂效率。《普通高中语文课程标准（实验）》明确指出："教科书应突出语文课程的特点，要便于指导学生自学。内容的确定和教学方法的选择，都要有利于学生自主、合作与探究的学习，掌握自学的方法，养成自学的习惯，不断提高独立学习和自主探究的能力。"试想，一个学生对语文学习不感兴趣，怎么能让他很好地去自主学习和探究？所以我认为语文学习重在兴趣培养。爱因斯坦曾说过"兴趣是最好的老师"，孔子也说"知之者不如好之者，好之者不如乐之者"。兴趣是学习语文的动力，也是学好语文的关键，而有效的教学方式方法是培养学生学习兴趣、提高语文教学吸引力和感染力的重要手段。因此，在教学中，我们要提倡启发式、参与式、感悟式、对话式、研究式教学，多用通俗易懂的语言、生动活泼的案例、新颖活泼的形式，增强语文课堂教学的效果。有人说："教英语必须有三个层次，一是教英语，二是教方法，三是用英语教。"我想，教语文亦是如此。无论语文教学如何改革，"星星还是那颗星星，月亮还是那个月亮"，语文课最本质的东西是永远不会变的。因此，语文课不应该是教课文，而应该是用课文教语文，要有"语文味"。

5. 聚焦课堂，推进语文教学改革。课程改革是伴随解放思想、更新观念前行的，观念更新最核心的问题就是要树立以学生发展为本的基本理念，但说起来容易做起来难。应该看到，当前语文教学改革仍然存在着"穿新鞋走老路"的问题，以学生发展为本的理念远远没有落实到位。那么，在新一轮课改中怎样推进语文教学改革呢?

第一,创新语文课堂教学。《语文课程标准》提出:"努力建设开放而有活力的语文课程","在发展学生语言能力的同时,更应发展思维能力、想象能力和创新能力"。在课程改革的背景下,如何在语文课堂教学中培养学生的创新思维能力,提高学生的语文学习兴趣,是很多教师都在认真探讨的问题。

第二,组织集体备课活动。尤其是对于基地学校的教师来说,新教材无论是内容,还是教法,都是一种挑战。我们可以将试用同一新教材的教师组成研究共同体,开展集体备课活动,钻研新教材,进行语文课堂教学设计与案例研究。在备课活动中,参与者相互启发,共享成果,减轻教师的心理压力和精神负担。

第三,开展以校为本的教研活动。在集体备课的基础上,还应该以教研组为单位,组织一系列观摩课和研讨课,对教学中的一些具体问题进行研讨、交流。同时,各校要经常开展校本教研活动。教师在校本教研中,要有主动参与的意识,并能通过"自我反思、同伴互助、专业引领"三个环节促进自身的专业发展。

第四,开展相关课题研究。以课题研究来带动和促进语文教学改革,提高课堂效率。在听课时,我常发现有些教师只会照搬教案,生硬乏味,学生一点儿不来劲。症结在哪里呢?关键是缺乏研究,没有属于自己的东西。没有研究,就不能对教学文本深刻解读;没有研究,就不能提供贴近学生需求的教学方法,使教学成为一种"无效的教学";没有研究,也就没有教师个性化的教学特色。因此,在新课程背景下,教师角色也必须从传统意义的"教书匠"向具有科研意识的"研究者"转变。对于中小学一线教师的"研究"而言,我们认为首先是要找准"研究"这个切入点,将问题转化为课题。任何一个课题的产生,都是与问题紧密相关的。在我们中小学的教育管理与教学实践中,问题可以说无处不在,关键是要培养自己发现问题的能力。在教师专业化越来越受到重视的今天,教师的学习成为关注的焦点和研究的热门话题。时代呼唤教育研究工作者深入教学实践中去,时代也要求从事教学实践工作的教师不仅仅是教案的执行者,还必须是教学问题的研究者,纯粹“教书匠”的时代已经结束。其次,选题要小。小而具体的选题决定了课题研究的可行性和可操作性。再次,研究要实。教育科研不在于“深”,能“实”则灵,不搞脱离实际、纸上谈兵,否则会失去实效性。总之,有研究,才有反思;有研究,才有合作;有研究,才有实效;有研究,才有发展。

六、加强语文学科建设,要以队伍建设为支撑

在学校开展教育教学改革进程中,教师是教学改革的主力军。推进基础教育课程教材改革,全面提高教育教学质量和水平,关键在教师。因此,呼唤语文学科的重建,实现语文教育的新突破,除了要有良好的社会环境和其他配套措施之外,还需要有高素质的教师队伍支撑。在新课程实施中提出一个响亮的口号——“教师即课程”,但要把这个口号化成每一个教师的专业成长,需要改变教师长期处于“教书匠”的状态。教师是新课改的实施者,是学生成长的标杆。在新一轮课改中,教师所面临的首要问题是如何认识新课程,理解新课程,并通过教学方式、教学策略的转变,落实课程改革的目标。为了充分调动教师投入课改的积极性,教育行政部门要调整投入经费的结构与比例,较大幅度地提高教师待遇,增强教师岗位的吸引力。但是,物质的改善可以解决一定的问题,却难以转化为持久的内驱力。对于教师而言,其职业生涯中的成就和辉煌比物质待遇更具有吸引力。针对教师这一价值观,要以政策吸引教师投入课改,完善自我,追求成功的幸福体验。一个优秀的教师,不是因为他培养了多少高考明星,而是他工作时的那种有滋有味的幸福感,那种在日复一日,平常、平淡、平凡的工作中,不断能发现新奇、新鲜、新意的无限乐趣,那种看到自己的教育智慧在学生身上得以验证的满足感、成就感。为此,应重点建立和完善教师队伍培训体系,采取脱产进修、攻读学位、名师指导、社会考察、国内外学术交流等措施,形成多层

次、多渠道、多方位的培训格局，努力造就一批具有先进教育思想、学贯中西、教学技艺精湛的语文教育名师，造就一批理论功底扎实、科研能力强、教学经验丰富、勇于开拓创新、善于理论联系实际的语文学科带头人，造就一批政治业务素质好、年富力强、锐意进取的语文教学骨干。

当前，还要以校本研修为抓手，促进教师自主发展。同时，进一步发挥区级培训机构的专业引领作用，要求培训者根据新课改的实际需求，按照一定思路，主动探索新形势下干部和教师专业发展的培训模式，以提高培训的针对性和实效性。

除了强调“教师培训”、“校本研修”之外，教师的自我发展意识和发展能力似乎更为重要。《中国教育报》记者张贵勇指出：“教师的专业发展，是一个长期的过程，需要树立起学习意识，更需要不断实践。”（《念好“学习经”》）实际上，专业能力和专业态度具有很强的个人色彩。这些能力和态度养成的途径，只能是实践，只能在日常教学实践中反复地体验、思考、感悟、总结。同时，作为一线中小学教师，还要以各种形式积极从事教育教学研究，包括“教育叙事”、“教学研究”、“行动研究”，等等。而对于语文老师，还应该有本学科的专业要求。中国当代教育家、杭州学军小学校长杨一青认为，优秀的语文教师应该是：不是诗人，但有一点诗人的气质；不是演员，但有一点演员的风采。而实现这些理想、志向，除了客观因素的影响之外，主要靠的就是内驱力，通过自主学习不断充实自己。

作为语文教师，我们不仅要热爱自己的学科，同时还要批判自己的学科，但更重要的是建设自己的学科。从破到立，从批判走向建设的过程，也是一个幸福的过程。就语文学科而言，尽管这几年语文教学、语文教师受到的批评、责难乃至谩骂很多，但其中许多问题是可以解决的。“路漫漫其修远兮”，让我们携手并肩，上下而求索。

主要参考文献

1. 巴丹:《阅读改变人生》,东方出版社,2004 年。
2. 曹正文:《百位名家谈读书》,上海人民出版社,2006 年。
3. 陈永明:《教师教育研究》,华东师范大学出版社,2003 年。
4. 程黎曦:《教师与新课程》,中国人事出版社,2004 年。
5. 费孝通:《费孝通论文化与文化自觉》,群言出版社,2007 年。
6. 傅道春:《新课程中教师行为的转变》,首都师范大学出版社,2001 年。
7. 傅国杰:《聆听大师》,人民教育出版社,2009 年。
8. 傅建明:《教师专业发展——途径与方法》,华东师范大学出版社,2007 年。
9. 教育部师范教育司编:《教师专业发展的理论与实践》,人民教育出版社,2001 年。
10. 金美福:《教师自主发展论——教学研同期互动的教职生涯研究》,教育科学出版社,2005 年。
11. 李希贵:《学生第二》,华东师范大学出版社,2006 年。
12. 林华民:《新课程下我们怎样当老师》,华语教学出版社,2007 年。
13. 刘捷:《专业化: 挑战 21 世纪的教师》,教育科学出版社,2002 年。
14. 刘良华:《校本研究丛书——校本行动研究》,四川教育出版社,2002 年。
15. [美]阿瑟 · W. 库姆斯等:《学校领导新概念——以人为本的挑战》,罗德荣、黄爱萍等译,中国宇航出版社,2002 年。
16. [美]Lynda Fielstein & Patricia Phelps:《教师新概念——教师教育理论与实践》,王建平等译,中国轻工业出版社,2002 年。
17. [日]佐藤学:《课程与教师》,钟启泉译,教育科学出版社,2003 年。

18. [苏]B. A. 苏霍姆林斯基:《给教师的建议》,杜殿坤编译,教育科学出版社,1984 年。
19. 汪中求:《细节决定成败》,新华出版社,2004 年。
20. 王建军:《学校转型中的教师发展》,教育科学出版社,2008 年。
21. 王洁、顾泠沅:《行动研究——教师在职学习的范式革新》,华东师范大学出版社,2007 年。
22. 吴非:《致青年教师》,教育科学出版社,2010 年。
23. 夏立群:《与名人一起读书》,北京师范大学出版社,2006 年。
24. 肖川:《教师:与新课程共成长》,上海教育出版社,2004 年。
25. [新西兰]戈登·德莱顿、[美国]珍妮特·沃斯:《学习的革命》,三联书店,1997 年。
26. 徐碧美:《追求卓越——教师专业发展案例研究》,人民教育出版社,2003 年。
27. 许传利:《教育,细节的深度反思》,西南师范大学出版社,2011 年。
28. 荀渊、唐玉光主编:《教师专业发展制度》,教育科学出版社,2011 年。
29. 闫学:《教育阅读的爱与怕》,华东师范大学出版社,2008 年。
30. 严华银:《让语文安静——严华银讲语文》,华东师范大学出版社,2011 年。
31. 叶澜主编:《教师角色与教师发展新探》,教育科学出版社,2001 年。
32. [英]Catherine Burke & Ian Grosvenor:《我喜欢的学校——通过孩子们的心声反思当今教育》,祝莉丽、张娜译,中国轻工业出版社,2006 年。
33. 于漪:《岁月如歌》,上海教育出版社,2007 年。
34. 袁振国:《教育新理念》,教育科学出版社,2002 年。
35. 赵健:《学习共同体的构建》,上海教育出版社,2008 年。
36. 郑金洲:《案例教学指南》,华东师范大学出版社,2000 年。
37. 郑太年:《学习:为人的发展》,上海教育出版社,2008 年。
38. 朱永新:《我的阅读观》,中国人民大学出版社,2012 年。

后　　记

当前，要研究教师专业化，我们应当注意到这样一个背景：随着我国基础教育由规模发展向内涵发展的转变，提升教育质量已成为基础教育发展的核心问题。而在社会变革和教育转型的背景下，以人为本的教育理念正在逐步深化。在这场深刻而又艰苦的教育转型中，一个普遍的共识是，要提高教育质量，关键在于教师。教师质量既取决于教师教育的质量，也在很大程度上依赖于与教师相关的制度建设。

"教师发展"是我非常感兴趣的研究课题之一。多年来，我一直在思考这个问题。我想，要研究教师发展，就不能不提到"专业化"。教师的专业化发展是教师成长的必由之路。在我看来，专业化的核心关键词是那个"化"字，那是个动词，"化"的过程是动态的、持续的，甚至是终身的。这个"动态"的发展过程，既指教师的专业成长过程，也指促进教师专业成长的教师教育过程，它需要一定的载体和形式。诸如"以人为本"的教育管理方式，以需求为导向的在职培训，以读书为习惯的学习态度，以教科研为指导的科学精神，以及现代教育技术的运用等一系列举措，都是有利于促进教师专业成长的。

关注教师发展，必须强调"以人为本"。在学校，实施"以人为本"的教育理念是当今我国教育改革的重要课题。从本质上说，"以人文本"的教育就是"生本"教育，但同时也包括教师的发展。我们提倡教育要"以学生为主体"，但学生的主体性由谁来启迪？要靠教师。因此，在学校管理中，教师是教育事业的第一资源，没有高素质的教师队伍，就没有高质量的教育。中国人民大学附属中学校长刘彭芝说得好："如果说学生成才是教育工作的着眼点，那么，教师发展就是教育工作的着力点。"其实，人的全面、可持续发展是现代教育的共同追求。尽管本书也站在“学生”的立场上，强调教育要“以学生为中心”，但其着力点在教师。“百年大计，教育为本；教育大计，教师为本”，教师是教育成败的关键。

写到此处我不禁想起那句大家耳熟能详的名言：“大学者，非大楼之谓也，乃大师之谓也！”这句话道出了“优秀教师乃是一所学校的灵魂所在”这一真谛。作为教书育人的学校，人才资源水平的高低关系到学校的质量和地位。加强师资队伍建设，促进教师专业化发展，实现教育内涵发展，是新形势下我国教育发展的“重头戏”。

十几年来，由于工作的关系，我走访了许多学校，听了许多课，了解了一线教师的生存状况和内在需求，并与他们保持着密切的联系。本书的形成从主题到内容，都与本人从事的教师教育工作直接相关。书中收录的文字，有我从事教师教育工作的点滴体会，有对教师专业发展的粗浅看法，有关于教师读书经验和方法的介绍，还有对教育实践的思考和我个人观点的提炼。这些文字，大部分是我在全国各地所作的一些报告的讲稿，很多是“命题作文”，也不乏自己的研究与思考，带有很强的现场感和即兴色彩；有些报告的全文或部分通过录音整理和改写之后，已在《中国教育报》、《现代教育报》、《教师报》、《东方教育时报》、《中小学教师培训》、《师资建设》、《教育发展研究》、《基础教育》、《上海教育》、《教育参考》、《上海教育科研》、《素质教育大参考》、《现代教学》、《安庆师范学院学报》等报刊上发表。不难看出，书中的一些观点和提法，随着时间的推移，似乎显得有些不合时宜。尤其是《国家中长期教育改革与发展规划纲要》和《上海市中长期教育改革与发展规划纲要》颁布以后，对教育改革和教师队伍建设提出了新的目标和要求。但考虑到书稿的“历史感”和个人思考的轨迹，这次出版时未对旧稿作太大修改，基本上保留了它的原貌。

实际上，关于教师发展的任何一个话题，展开后都是很庞大的。但从根本上说，是要形成尊师重教的社会共识，并在具体工作中加以落实。可以这么说，教师专业化不仅是一种观念，更是一种制度。基于这样的认识，本书以中小学、幼儿园教师为研究对象，结合我国基础教育课程改革和区域教师队伍建设的经验，从教师专业发展、教师阅读、教师继续教育和教育思考等四个方面，阐述了新时期教育改革与发展给教师带来的新机遇与新挑战，并通过大量的教育实践和理性思考，创造性地提出了教师发展的新理念、新思路、新方法、新途径。

在教师专业发展的过程中，有“要我发展”和“我要发展”的问题。一般来说，教师的专业发展是一个长期的、充满着困难和艰辛的过程，需要“内外动力”的激发和助推。对此，上海市教育科学研究院顾泠沅教授曾精辟地指出：从教师成长总体看，第一是机遇，也就是说教师即使“有素质、有能耐”，但碰不上机会，也不容易成长起来。所以，范围、机制、体制对教师的成长很重要。第二，就是想干、拼命地干。教师不光要有较好的知识底蕴、有投入工作的热情、有战胜困难的激情，还要不断地调动、维护、充实和更新成长的“动力源”，组织、调动好“动力”分配，以求发现机会、珍惜机会、抓住机会，从而加速成长。

从外在因素方面来讲，许多地方骨干教师、学科带头人的评选和培养，名师基地的带教制度，有效的教师培训和出国进修等，都在很大程度上给教师的成长提供了很好的机会和平台，同时也是帮助教师走出“职业倦怠”的有效途径。

不过，被动地让一个人发展是不够的。人的一生是不断发现自我、不断自我成长的一生。对教师而言，我坚信陆游说的“功夫在诗外”，没有任何一门课程或一次培训可以直截了当地教给你教育的智慧。教育智慧是教师在知识、经验、情感、理性等学习或习得的基础上，在教育教学实践中，通过自我反思和修炼获得的。比之外部环境和条件，教师的“自主发展”意识和能力显得更为重要。

这本书包括了我近十年来对教师教育、教育管理，尤其是教师发展问题的思考，无论是理论学习还是实践探索，都坚持以人为本的思想，从教师的实际需求出发。只有这样，我们的研究和实践才是有效的。

我曾在大学任教,也当过中小学教师,后来又从事教师培训和教育管理工作。作为一名教师,同时也是一个普通人,我深深地体会到：人生是酸甜苦辣咸五味俱全的,有时候是你为自己努力,也有时候是你为别人付出,但更多的时候是他人在为你奉献。

不管怎样,本书的出版,总算了结了自己的一个心愿,不免有如释重负之感。但这里我要说的是,当今世界是一个"合作"的时代,个人的力量是十分渺小的。任何人,做任何事,都离不开他人的支持与帮助。有道是：一个人独行可以走得快,但结伴而行可以走得远。因此,在本书完成之际,我的内心充满喜悦,更充满感激之情。

广西师范大学出版社曾出版过我的《唐宋词的魅力》一书,其图书策划、编辑和装帧水平都很高。此次又蒙好友刘广汉先生厚爱,同意将拙著纳入出版计划。书稿交出后,责任编辑刘冬雪女士认真地审阅全书,提出了许多修改意见。没有他们的关心和努力,本书不可能在如此短的时间内面世。感谢刘广汉先生的信任,感谢刘冬雪女士的辛勤劳动!

我要特别感谢上海市教育科学研究院普教所副所长王洁研究员,她在百忙之中审阅了书稿,并为本书撰写序言,其精辟的见解和优美的文字为本书增色不少。

我还要感谢上海市黄浦区教育局和区教育学院的领导,多年来给了我很多机会和支持,特别是唐海宝书记、王伟鸣局长和奚晓晶院长的亲切关怀与热情指导,当难相忘;感谢同事们在工作中对我的智慧支撑和具体帮助,他们无私奉献和勇于创新的精神,对教师教育工作的热爱和对教育的执著,让我感动;感谢我的学生和同事夏军博士,他在收集、整理书稿的过程中协助做了一些具体工作。这么多年来,其中的人和事虽无法用文字一一表达,但我十分珍惜这一份情谊。因为我相信,这也是一种缘分。

当然,借此机会,还要感谢我的妻子周忠桂女士,她几乎是我写下的所有文字的第一个读者,正是她的关爱和理解,给予了我源源不断的动力。

另外,在本书写作过程中,我研读了许多相关领域的理论著作,同时参考了一些学者的观点和研究成果,在此谨向有关作者表示崇高的敬意和诚挚的感谢!

最后,我想要说的是,由于本书是断断续续写成的,各部分之间虽然不无关联,但终究难成体系,粗疏与缺憾之处,只好请读者原谅了。我希望广大读者,尤其是中小学教师能从本书中得到一些启发和帮助,为自己的专业成长找到一条有效的路径,当然更希望大家对书中的内容和观点提出批评、建议,以便将来有机会再版时修订、完善,实现"更上一层楼"的美好愿望。

潘裕民

2012 年 9 月教师节前夕于上海